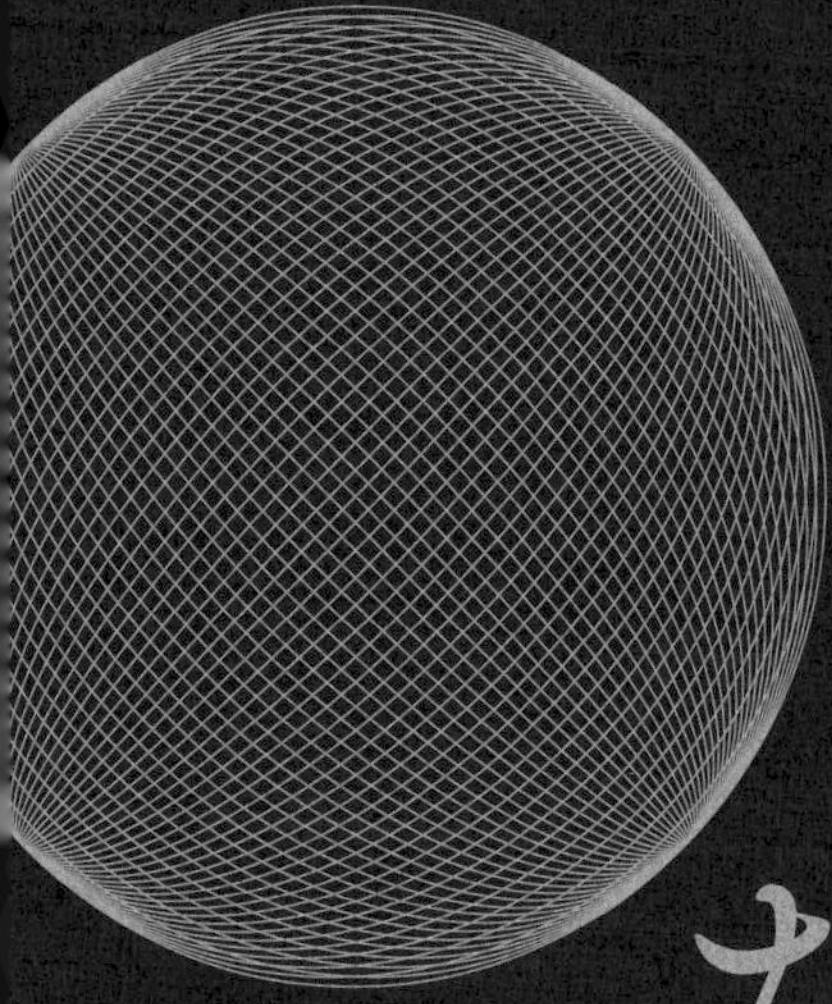

なぜ貧しい国はなくならないのか

第2版

正しい開発戦略を考える

大塚啓二郎

日本経済新聞出版

第2版はしがき

本書の初版を刊行したのが２０１４年であるから、早いものでもう6年の歳月が経過した。「経済学を勉強したことのない人でも読める開発経済学の入門書」を目標にして、多くの方々に読んでいただきたいと思いながら書いた本だが、本当に多くの方に読んでいただけたようである。うれしい限りである。さらにうれしいことに、いろいろな場面でいろいろな方々から直接激励をいただいた。また多くの開発経済学を専攻する先生方が教科書に使っていただいたようである。ただし皮肉なことに、著者自身はこの本を教科書として使う講義を担当することはなかった。

この間、著者が考えている開発経済学の中味に大きな変化はなかった。ただし、本書のデータが古くなっているので第2版を出版することにした。図表では、できる限り最近の年までカバーするようにした。

開発経済学に大きな変化があったとしたら、社会実験が流行し、それを広めた Michael Kremer、Esther Duflo、Abhijit Banerjee の3人が２０１９年にノーベル経済学賞を受賞したことであろうか。すでに第1版でもこのことに触れているが、第3章でより詳しく論じることにした。

著者は最近特に、開発経済学の知見を現実の開発に活用しようという気持ちが強くなっている。例えば、現在着手している南アフリカの自動車産業の研究では、日本的な経営であるカイゼンを普及することによって、停滞してきたこの産業に活力を与えたいと思っている。パキスタンでは、農産物加工の集積を発展させることに取り組むことを考えている。こうした気持ちの変化や、この数年間の研究の成果を反映して、第2版ではいくつかの新しい議論を追加した。

世界の貧困問題は、依然として深刻である。少しでも多くの方々に第2版をお読みいただき、貧困問題についてご理解いただければ、幸いである。本書の改訂にあたっては、油谷章代さんに図表のデータのアップデートをお願いした。記して感謝したい。

なお、初版の「はしがき」は変更しなかったが、当時の所属を示した方々の中には所属が変更になっているケースもある。それはあえて変更しなかったが、問題があればご容赦いただきたい。第2版では、この本を教科書として使っていただく先生方の便宜を考え、名前と所属と講義名を大塚(otsuka@econ.kobe-u.ac.jp)に連絡していただければ、パワーポイントファイルを無料で提供することにした。是非、活用していただきたい。

2020年1月

大塚 啓二郎

はしがき

本書は、経済学はともかくも「開発経済学」については知りたいと思っている人のための入門書である。政府開発援助（ODA）に関わっている省庁の人、国内であるいは途上国で開発援助の実務に携わっている人、NGOのメンバーで途上国での貧困問題や女性の地位向上に取り組んでいる人、あるいは将来途上国支援の仕事に就こうかと考えている学生などを念頭に、私が考える「開発経済学」をできるだけやさしく説明したものである。

そもそも開発経済学の入門書は、非常に少ない。その少ない教科書も、経済学をマスターした大学院生向けであったり、特定の狭い領域に焦点をあてていたりといったものばかりだ。それらを理解しようとすれば、経済学を初歩から学ばなければならない。しかも経済理論は数学的でなかなか難解であり、開発問題とは無関係な理論も多いので、大変な苦労が必要なわりに実りは少ないのである。しかし他方で、ODAに携わっている人や開発の現場で活躍している人の中には、実は「開発経済学」の基礎だけは勉強したいと思っている人が少なくない。また学生の中にもこの分野に興味を持っている人は、結構多い。にもかかわらず、開発経済学についての入門書は少ない。なぜだろうか。

それは開発問題が多岐にわたるために、単独あるいは少数の研究者でこの問題についての入門書や教科書を書くことは容易ではないからだと思う。例えば日本経済であれば、金融、財政、産業組織、労働、経済史、教育、農業、貿易、規制、エネルギー、医療、福祉等々のそれぞれの分野に専門家がいて、別々の教科書を書いている。途上国は数が多いから、重要な経済問題も多種多様である。しかもそれぞれの国の中で、日本と同じように金融、財政、……等々の問題がある。だから途上国全体を相手に、様々な分野を包括した開発経済学の入門書はなかなか書きにくいのである。

しかし、研究者と行政官と実務家と学生との間でコミュニケーションが取れていないという現在の状況は、非常に望ましくない。研究者が実務家から学ぶべきことは多いし、実務家が研究者から学ぶことも多いはずである。また研究者は、若者とのコミュニケーションを通じて、将来の研究者や専門家を育成しなければならない。

こうした現状を少しでも打破すべく、私の限られた知識をふり絞って執筆したのが本書である。本書の中でも述べているが、経済学は「常識を体系化」した学問であり、一見難しそうにみえる話も、実はやさしく話せるはずであると、私は強く信じている。読者には、是非、私の考えが正しいかどうか、本書を読んでテストしていただきたい。

本書では、他のあらゆる経済学の著作と同じように、所得とか国全体の生産額（ＧＤＰ）という概念が頻繁に使われる。なぜならば、「所得」は生活水準ばかりでなく、教育、健康、寿命等の「人生の質」と深く関係しているからである。「経済発展は途上国にとって望ましいのか」という疑問を持つ人が少なくないようだが、そうした方々には、現地を訪問することをお勧めしたい。所得が低く、貧困であることが、どれほど厳しいことかを身にしみて感じることができるであろう。

例えば、最近、フィリピンを大型の台風が襲い、高潮によって数千人の犠牲者が出たというニュースがあったが、どういう人々がそんな危険な場所に住んでいるのかを考えていただきたい。あの水と食糧が渇望されているときに、フィリピンには救援物資を運ぶためのヘリコプターが、たったの4機しかなかったのはどうしてか、考えていただきたい。こうした状況を打破し、生活の質を高めるためには、所得を増大させることは非常に重要なことである。

私は、農業と製造業の双方について、アジアとアフリカで現地調査型の研究を重ねてきた。実証研究をしたことがある国や地域は、中国、台湾、ベトナム、フィリピン、タイ、インドネシア、インド、ネパール、スリランカ、ガーナ、コートジボワール、エチオピア、ケニア、ウガンダ、タンザニア、マラウィである。また、農業や産業の発展ばかりでなく、環境問題、国家の役割、ジェンダーについても関心を払ってきた。開発経済学者としては、カバーする地域も分野も広いほうであると自負している。しかしそれでも私が理解していることは、開発問題全体から見れば、氷山の一角でしかないだろう。だから読者には、本書が定説をまんべんなく解説した通常の教科書や入門書とは異なることを理解してほしい。

本書は、あくまで私の知っていることを中心に書いた「入門書」であり、おのずとカバーしたテーマは狭くかつバイアスもかかっている。また論争中のテーマについては、私の思い違いから、誤った議論をしている場合があるかもしれない。

本書は、過去35年間にわたる私自身の開発経済学の研究の成果を土台に書き上げたものである。その意味では、私の研究者としての到達点を示した研究書であるというべきかもしれない。振り返れば、ここまで到達するには実に多くの方々にお世話になった。まず感謝したいのは、1972−74年の東京都立大学大学院時代からご指導をいただいた故速水佑次郎先生である。すさまじく厳しかったけれども、先生の心のこもったご指導なくしては、今日の自分はありえない。先生との共同研究や共著の出版から、筆舌に尽くしがたい多くのことを学ばせていただいた。そして、大学時代の筆者が研究者を志すことに決定的な影響を与え、シカゴ大学大学院では初年度の奨学金を個人の資金で負担していただいただけでなく、その後も研究面で多くの激励をしてくださった故 Theodore W. Schultz 教授に感謝したい。私にとってこのお二人は、最も尊敬する開発経済学者である。こうした巨人ともいえる研究者から直接指導を仰ぐことができたのは、私にとって幸運としかいいようがない。

大学院時代には、故秋野正勝東京大学助教授に一方ならぬお世話をいただいた。大学院を修了したあとも、信じられないほど多くの素晴らしい共同研究者に恵まれた。あまりにも多くの方々と共同論文を発表し、多くの共著書や共編書を出版してきたので、すべての方々のお名前を挙げることはできないが、菊池眞夫（千葉大学）、故 Gustav Ranis、浜田宏一（ともにイェール大学）、東郷賢（武蔵大学）、Cristina David（元国際稲研究所）、劉徳強（京都大学）、村上直樹（日本大学）、Frank Place（World Agroforestry Centre）、Peter Hazell、Agnes Quisumbing（ともに国際食糧政策研究所）、神門善久（明治学院大学）、黒崎卓（一橋大学）、黒田誼（筑波大学）、本間正義、櫻井武司、澤田康幸、岡崎哲二（ともに東京大学）、Kaliappa Kalirajan（オーストラリア国立大学）、Stein Holden（ノルウェー生命科学大学）、山野峰（国際稲研究所）、加治佐敬（青山学院大学）、Donald Larson、Klaus Deininger（ともに世界銀行）、橋野知子（神戸大学）、弦間正彦、不破信彦（ともに早稲田大学）、政策研究大学院大学の同僚の園部哲史、Jonna P. Estudillo、白石隆の各氏には、とりわけお世話になった。神門教授には貴重なデータの提供をいただいた。橋野教授には初稿全体に対して数え切れないほど多くの適切なコメントをいただいた。この場をお借りして、感謝申し上げたい。またかつて大学院等で指導したことのある劉徳強（京都大学）、木島陽子（筑波大学）、松本朋哉（政策研究大学院大学）、真野裕吉（一橋大学）、山村英司（西南学院大学）、矢口優（拓殖大学）、鈴木綾（東京大学）、高橋和志（アジア経済研究所）、木村伸吾（ＯＥＣＤ）、中野優子（筑波大学）、津坂卓志（国際半乾燥地熱帯作物研究所）、村岡里恵（ミシガン州立大学）の各氏からは、初稿について多くの有益なコメントをいただいた。政策研究大学院大学に在籍中の中島麻貴さんと、アシスタントの前嶋靖子さんには、図表の作成をはじめ、本書の執筆全般にわたってお世話になった。お礼を申し上げたい。

この本の土台となった諸研究には、数えられないほど多くのかつ潤沢な研究資金をいただいた。とりわけ、東京都立大学特定研究（１９９８－99年）、政策研究大学院大学21世紀ＣＯＥプログラム「アジアの開発経験と他地域への適応可能性」（２００３－２００７年度）、同グローバルＣＯＥプログラム「東アジアの開発戦略と国家建設の適用可能性」（２００８－12年度）には、貴重な支援をいただいた。記して感謝の意を表したい。また、何年も前から私の集大成となる著書の出版を辛抱強く待ち続けてくれた日本経済新聞出版社の堀口祐介氏に、心からの感謝を申し上げたい。

本書が、開発経済学の研究の世界と開発援助の世界との架け橋になることが、私の切なる願いである。

２０１４年１月

大塚　啓二郎

目次

第Ⅱ部　何が起こっているのか？

第4章　飢餓は是が非でも避けたい……118

第5章　東アジアから何を学ぶか？……149

装丁・野網雄太

第Ⅰ部
何が問題なのか？

第1章　開発経済学とは何か？

1 まず定義からはじめよう

どの研究領域も同じだと思うが、あらためて「○○学とは何か？」と聞かれると困ることが多い。開発経済学の場合には、テーマが多様であり、現在も発展途上のため分野が拡大したり内容が深化したりしているから、ますます定義しにくい。そういう事情もあるせいか、開発経済学について世界中で広く受け入れられている一般的な定義は、未だない。

私は、「開発経済学」を「貧しい開発途上国の貧困削減に貢献する戦略を研究する学問分野である」と定義したい。しかし、この定義に賛成しない開発経済学者も多いであろう。例えば、開発経済学は貧困削減ばかりを研究しているわけではなく、中進国がどうすれば先進国の仲間入りを果たせるのかも重要なテーマである、と主張する人もいるだろう。あるいは、貧困な開発途上国であった明治初期の日本が、どのようにして先進国になったかも重要なテーマである。

たしかに、日本の経験は貴重だし、全体として豊かになったとはいえまだ貧しさが残る中国やインドなど、最近勢いよく成長している新興国の発展も重要である。しかし、これは学問的には本質的な問題ではない。なぜなら、貧しい人々の所得を引き上げる方法と、中くらいの所得の人々を高所得者にする方法には、原理的に共通点が多いからである。同様に、なぜ日本のような先進国経済の発展スピードが鈍いのかも、開発経済学の視点から分析することができる。

また、貧富の格差が激しいような中進国では、たとえ平均的な所得が高くても貧困が深刻な問題になっている場合もある。内陸部の農村の発展が遅れている中国やカーストによる身分差別とそれによる所得の格差が著しいインドは、これにあてはまる。

したがって「開発経済学」を広めに定義すれば、「新興国を含む、開発途上国全般の発展戦略と貧困削減戦略を研究する学問である」ということになる。

なお、「開発経済学」と酷似した学問分野に「経済発展論」がある。英語でいえば、両者ともDevelopment Economicsとなる。ただし前者が、経済が発展するような方策を考えようというニュアンスがあるのに対して、後者は経済の内発的な発展を重視する、という若干の立場上の相違があるように思う。それと同様に、「開発途上国」と「発展途上国」という類似した用語についても、両者は基本的に同じである。本書では、前者を用いることにする。

より根本的な異議が唱えられそうなのは、「戦略」の部分である。１９５０－60年代に開発経済学が生まれて、まだ学問としてよちよち歩きをしていた70年代ごろまでは、この分野の研究者の関心は「貧困削減」あるいは「貧しい人々の所得の引き上げ」を目指した戦略の構築にあった。その後、当時の研究者による開発理論の大半は、残念ながら非現実的であることが判明し、徐々に忘れ去られていった（ＢＯＸ１－１参照）。困ったことは、それとともに開発「戦略」の構築への関心も薄れていった点である。現在では、開発経済学者を名乗る研究者の大半は、たとえ貧困問題を分析することに興味があっても、貧困削減の戦略を構築することにはさほど関心を示さないように思われる。

つまり、医者が診断と

かという問いを立て、それを理論的に究明した。

彼らによると、生産的な仕事をつくり出して、失業者に仕事を提供することが経済発展の鍵を握るということになる。仕事をつくり出すことが重要であるという点は正しいと思うが、途上国の都市の貧しい労働者で仕事もせずにぶらぶらしている人（つまり失業中の人）はほとんどいない。そんな余裕はなく、多くの人がゴミの収集や道路での物売り等、低収入の仕事に就いている。仕事がないのが問題ではなく、教育がないなどの理由で収入の低い仕事に従事せざるをえないことが問題なのである。だから単に賃金の高い高級な仕事を創出したとしても、貧しい労働者がその仕事に就ける可能性はほとんど皆無であろう。

Lewis や Harris and Todaro のような思いつきともいえる議論は、幸いなことに時間とともに忘れ去られようとしている。現在主流を占めているのは、Lewis と同じく 1979 年にノーベル経済学賞を受賞した Schultz（1964）が最初に主張したように、途上国の人々も当然合理的な経済主体であり、彼らが貧しいのは、教育が低いこと、生産性の高い技術が普及していないことに原因があるという考え方である。つまり開発に特効薬はなく、地道に教育や技術改善への投資を積み重ねることが経済発展の基本条件ということなのである。この議論は、途上国ばかりでなく先進国にもあてはまる。

それに基づく治療をするのと同じように、多くの開発経済学者も分析（診断）をして対応策（治療）を示すが、発育を増進する（つまり経済が発展する）ような根本的な開発戦略は考えていないように思われる。

このことを私が痛感したのは、２０１１―12年に世界銀行で『世界開発報告２０１３年：仕事』（World Bank 2012）の執筆にコアメンバーとして参加したときのことである。

世界銀行といえば、開

BOX1－1　開発に特効薬なし

1950—60年代に開発経済学が誕生したころは、ほとんどの経済学者が途上国の人々を、自分たちとは考え方の違う特殊な人々であると考えていた。その代表は1979年にノーベル経済学賞を受賞した、Arthur Lewisである。

Lewis（1954）は、途上国の農民は非生産的な農作業に従事しており、働きに応じて所得を得ているわけではない。してもしなくてもいいような非生産的な作業をしているのであるから、もし生産性に応じて所得を得るとすれば、所得が低すぎて生きていくことすらできないことになる。だから、そうした農民は生きるためにぎりぎりの「生存水準」の所得を得ている、と主張している。

この考え方に従えば、非生産的な作業をしている農民を、生産的な非農業の仕事に就くようにすれば経済は発展することになる。だが、もし本当に「生存水準」で農民の所得が決まっているのであれば、多くの農民の所得は似かよっているはずである。しかしながら、そんな証拠はどこにもない。例えばアフリカでも、アジアの農村と同じように農家の間でかなりの所得格差がある（Otsuka et al. 2009）。

またHarris and Todaro（1970）は、途上国では多数の農民が都市に流入しているが、何も仕事をせずに失業する人が多いのはなぜ

発問題に関する世界の頭脳が集まり、開発経済学の研究でも、数ある欧米の有名大学の経済学部を抑えて、世界ナンバーワンを誇っている。ところが驚いたことに、世界銀行は、効果的な開発戦略を構築しようとする意識が希薄であった。その基本的なスタンスは、「それぞれの国には、それぞれの事情があり、したがって効果的な開発戦略も様々である」というものである[1]。

各国には固有の事情があるから、効果的な発展戦略が異なる部分はあるだろう。しかし共通部分はないのか。学問というのはまさにその共通部分、あるいは普遍的な部分を明らかにすることにこそ使命があるのではないか。私は、世界銀行のこの態度には大いに失望してしまった。この問題については、のちに第3章で再び議論しよう。

誤解のないように前もっていっておいたほうがいいと思うが、途上国の貧困削減に興味があるということは、貧困から脱した国々や豊かな先進国の発展に無関心であるという意味ではない。むしろ逆で、過去の成功例から発展の秘訣を学び取ることは非常に重要である。

1980年代前半に私は、まだ貧困な国であった戦前日本の綿紡績業の発展について研究した[2]。80年代後半以降はしばらくアジア諸国の発展の研究に軸足を移し[3]、90年代中ごろからはアジアとアフリカの比較を行い[4]、やがてアフリカの発展を中心に研究するようになった[5]。

偶然とはいえ、これは幸運であった。途上国の発展を考えるうえで日本の歴史から学ぶことは多いし、台湾や中国がどのように発展してきたかを理解することは、私が他のアジア諸国やアフリカの発展戦略を考えるときに決定的に重要になった。また開発経済学の立場から、戦後日本の高度成長とそれに続く長期的停滞について研究したことも、貴重な経験になった[6]。

定義に関する議論の最後に、「経済学とは何か」について少しだけ述べておこう。新聞を見ると、為替レートとか、デフレとか、利子率、財政赤字等の文字がおどっている。そこで、こうした問題を研究するのが経済学であると考える人が多い。しかしこれはマクロ経済学の対象で、私や大半の開発経済学者はミクロ経済学が専門である。経済学全般を見渡しても、ミクロ経済学者のほうがマクロ経済学者よりはるかに人数が多い。では「ミクロ経済学とは何か」ということになると、またややこしくなるので詳細は省略するが、消費者、企業、労働者、農民、自営業者などの経済主体の行動様式を分析するのがミクロ経済学である。こうした人間や組織の行動の分析を積み上げて、産業や農業、さらには経済の発展を考察するのである。

これまで私は、アジアとアフリカの多くの国々で農民と企業の行動についてアンケート方式の調査を実施し、独自の情報を収集して分析するというアプローチをとってきた。しっかりしたアンケート調査を実施するためには、しっかりとした現実認識がなければならないので、無数ともいえる数の農民や企業家の話に耳を傾けた。

本書では随所に、現地調査の成果に基づいた「経済学的」議論が、一見すると経済学とは思われない平易な言葉を用いて展開されることになる。もし読者が、本書からミクロ経済学の「香り」を感じ取ってもらえたら、私にとってはありがたいかぎりである。

2 所得の国際比較

経済学者はすぐに所得の話をするが、「所得だけが人生じゃないだろう」と感じている読者もいるだろう。全くその通りだと思う。しかし所得が低ければやはり生活が悲惨であるし、不作や病気などの不測の事態に対処できないという問題も起こる。他方、所得が高いと資産を保有できるだけに人生に余裕が生まれるし、選択肢も多くなる。不満のある読者もいると思うが、少し我慢してここでの議論に付き合っていただきたい。この章のあとのほうでは、やはり所得は重要だと納得できる指標を示したいと思う。

まず調べておきたい基本的な統計は、世界各国の1人当たりの平均所得の格差と変化である。そのためにまず、それぞれの国の国内総生産額（ＧＤＰ）を人口で割って、１人当たりのＧＤＰを求める。しかしそれは各国の通貨で表現されているので、各国間で比較できない。そこで比較のために為替レートを使って、ドルに換算する。しかし各国の物価が異なるし、物価は年とともに変動するので、直接比較はできない。例えば、ヘア・カットは日本では４０００円以上も珍しくないが、途上国では１００円以下のところもたくさんある。

そこで経済学では、物価の差を考慮した「購買力平価」調整済み1人当たり実質ＧＤＰを用いて、所得を比較する。しかし、物価の比較のためにどんな財やサービスの価格を選ぶのかが大きな問題となる。こうした統計上の問題はあるが、大まかには物価差調整済みの所得から各国の生活水準とその変化を比較することは可能である。また、物価の年ごとの変化も考慮に入れなければならない。ここでも物価がどれくらい変化したかを示す物価指数を使って、物価の変化を調整した実質ＧＤＰを用いる。(7) いくつかの国々について、その値を１９９０年、２０００年、２０１５年について示したのが、表１－１である。(8)

２０１０年のアメリカの物価を基準にしているが、最後の欄に、２０１５年のアメリカとの物価比率を示しておいた。それによれば、日本はアメリカより12％物価が低く、エチオピアの物価はアメリカの39％でしかない。直観的にいえば、エチオピアで39セント持っているなら、アメリカで１ドル持っているのと同じくらいの物やサービスを買えるということである。

１９９０年について見ると、ここで選んだ先進４カ国の１人当たりＧＤＰと比較して、東アジア４カ国の平均は３％弱、南アジアとアフリカ（正確にはサハラ砂漠以南のアフリカだが、以後、単にアフリカと呼ぶ）は約１・５～３％でしかなかった。もし仮に１ドルを１００円として円換算すれば、物価差を調整しても日本人の年間所得が３８１万円のときに、最も貧しい国々の１つであるエチオピアは２万円、ネパールとバングラデシュは４万円弱ということになる。こう考えれば、これら３つの国の所得は想像を絶する低さである。

東アジアは中国の成長に牽引されながら急速に成長し、２０１５年には先進国の14％のところまで所得水準が上がってきた。東アジアの年平均成長率は１９９０年代、２０００年代ともに７％を超えているが、７％というのは複利計算すると10年で所得が倍増することを意味する。なお東アジアとは、北東は日本、韓国、中国、そして南西はミャンマーまでを含む地域を指す。

表1－1　1人当たり実質国内総生産（GDP）の国際比較（2010年のUSドル基準）[a]

	1990	2000	2015	1990-2000 年平均 成長率（%）	2000-2015 年平均 成長率（%）	2015年の アメリカとの 物価比率
高所得国	**35,414**	**42,548**	**48,538**	**1.9**	**0.9**	**0.97**
日本	38,074	42,170	47,163	1.0	0.7	0.85
アメリカ	36,312	45,056	51,933	2.2	1.0	1.00
UK	28,691	35,577	41,537	2.2	1.0	1.06
フランス	32,544	38,461	41,642	1.7	0.5	0.90
東アジア	**1,161**	**2,284**	**6,609**	**7.0**	**7.3**	**0.53**
インドネシア	1,708	2,143	3,828	2.3	3.9	0.30
中国	731	1,772	6,497	9.3	9.0	0.56
タイ	2,503	3,458	5,740	3.3	3.4	0.36
韓国	8,465	15,105	24,871	6.0	3.4	0.76
南アジア	**540**	**741**	**1,596**	**3.2**	**5.2**	**0.27**
バングラデシュ	399	509	972	2.5	4.4	0.36
パキスタン	742	849	1,140	1.4	2.0	0.28
インド	536	762	1,759	3.6	5.7	0.26
ネパール	357	459	690	2.5	2.8	0.30
アフリカ（サブサハラ）	**1,055**	**946**	**1,722**	**−1.1**	**4.1**	**0.44**
エチオピア	207	197	487	−0.5	6.2	0.39
ナイジェリア	1,514	1,383	2,563	−0.9	4.2	0.45
ケニア	930	833	1,108	−1.1	1.9	0.45
南アメリカ	**7,136**	**8,092**	**10,615**	**1.3**	**1.8**	**0.57**
ペルー	2,680	3,311	5,937	2.1	4.0	0.48
ブラジル	7,987	8,779	11,352	1.0	1.7	0.56
アルゼンチン	6,225	8,183	10,499	2.8	1.7	0.67

a サンプル国のグループの平均値はその年の人口を用いた加重平均
（出所）世界銀行 World Development Indicators

東アジアと比較すると、南アジアの成長はより緩慢である。それでも年平均成長率は、１９９０年代の３・２％から２０００年以降の５・２％へと加速する傾向が見られる。特に眠れる巨人、インドの加速が目ざましい。対照的に、成長が緩慢でアジアに差をつけられているのがアフリカである。救いは、２０００年代になって成長率が上昇していることであろう。しかしながら、所得水準は相変わらずきわめて低い。開発経済学の対象が、アジアからアフリカに大きくシフトしているのもうなずけるであろう。

南アメリカの所得水準は高いが、成長が緩慢であり、そう遠くない将来に東アジアに追い抜かれそうな情勢である。信じられないかもしれないが、１９３０年代にはアルゼンチンはアメリカより豊かであった。長期的に見ると、南アメリカの停滞は際立っている。これは過去の成果に満足し、さらなる進歩を目指すような改革を怠ったために、「中進国の罠」にはまってしまったためかもしれない。これまでは好調な発展を続けている東アジアの国々も、発展への努力を怠ればこの罠にはまる可能性は十分にある。

3 所得と「人生の質」の指標

15年ほど前、ケニアの西の方の、いかにも貧しそうな農村に行ったことがある。表１－１に示したように、ケニアはアフリカでは特に貧しい国ではないので、この村がアフリカで取りたてて貧しいわけではないと思う。しかしこの村の畑のトウモロコシはひょろひょろとしていて、実のつき方が貧弱であった。赤土でできた未舗装の道路には、トラックが開けてしまったと思われる深い穴があり、普通の車はもう通れそうもない。家屋も貧弱である。

そこで村人に、「1日に何回食事をしていますか」と聞いてみた。驚いたことに答えは「1回」。ただし、「朝は1杯の牛乳を飲んでいる」ということだった。これには、多くの貧しい村を訪問したことのある私もショックであった。

これでは昼間はお腹がすきっぱなしだろうし、元気も出ないだろう。病気にもかかりやすいだろうが、お金がないし診療所も近くにはない。たとえ病気になっても医者にかかることすらできない。体の弱い乳幼児であれば、死んでしまうかもしれない。また、親は子供を学校に行かせたくても、生活に追われてついつい農作業の手伝いを優先させてしまうかもしれない。

表1－2には、表1－1と同じ国々について、1歳までの乳児死亡率と生まれた時点で予想される平均余命、すなわち平均寿命が示されている。乳児死亡率を取ったのは、親にとって幼い子供が死亡するほど辛いことはないと思うからである。日本のように寿命が伸びて超高齢化社会になれば、今度は介護等の問題もいろいろ出てくるから、一概に寿命は長いほどいいとは言い切れないが、若くして死亡してしまう人が多いのは、やはり悲惨である。問題は、こうした「人生の質」の指標と1人当たり所得が密接に関連しているかである。

表1－2からいくつかの重要な事実が読み取れる。まず第1は、乳児死亡率は高所得国で低く低所得国で高いこと、平均寿命は前者で長く後者で短いことである。最も悲惨なのはナイジェリアで、この国の1000人当たりの乳児死亡者数は1990年で127人、2015年でも69人である。これ

表1－2　乳幼児死亡率と平均寿命の国際比較[a]

	乳児死亡率（1,000人あたりの人数）		平均寿命（年）	
	1990	2015	1990	2015
高所得国	**7.7**	**4.5**	**76.4**	**80.5**
日本	4.6	2.1	78.8	83.8
アメリカ	9.4	5.8	75.2	78.7
UK	7.8	3.8	75.9	81.0
フランス	7.3	3.5	76.6	82.3
東アジア	**39.3**	**11.0**	**68.7**	**75.2**
インドネシア	54.1	22.9	62.1	69.0
中国	38.7	9.2	69.5	76.1
タイ	28.8	9.0	72.5	75.1
韓国	6.4	3.0	71.3	82.0
南アジア	**84.1**	**38.0**	**58.6**	**68.5**
バングラデシュ	96.5	29.8	59.5	72.2
パキスタン	94.6	64.6	60.8	66.3
インド	81.0	35.3	58.4	68.3
ネパール	93.5	29.9	54.0	69.9
アフリカ（サブサハラ）	**115.5**	**56.4**	**47.9**	**58.6**
エチオピア	118.2	44.2	47.0	65.0
ナイジェリア	126.6	68.7	45.6	53.0
ケニア	63.5	35.1	59.3	66.7
南アメリカ	**45.4**	**13.3**	**67.1**	**75.4**
ペルー	53.6	12.6	65.5	74.7
ブラジル	48.8	14.0	66.3	75.3
アルゼンチン	24.4	10.2	71.5	76.4

a サンプル国のグループの平均値はその年の人口を用いた加重平均
（出所）世界銀行 World Development Indicators

はあまりにも高い。この国の平均寿命も、50歳前後であり、これまたあまりにも短い。ナイジェリアは最貧国ではないから、平均所得以外の要因（例えば所得の不平等）が乳児死亡率や寿命に大きな影響を与えていると思われる。しかしながら一般的傾向としては、所得と乳児死亡率との間には強い負の関係があり、所得と寿命との間には正の関係があることがこの表から読み取れよう。

第2は、所得が急成長する東アジアにおいては、乳児死亡率は１９９０年から２０１５年にかけて大幅に減少し、平均寿命は同期間に大幅に上がっていることである。南アジアでも、東アジアほどではないが、事態は改善されている。つまり所得の上昇は、乳児死亡率を減少させ、寿命を増加させると見ることができよう。

ここで強調したい点は、１人当たり所得は単に物質的満足度ばかりでなく、健康や医療の水準とも関係しているということである。読者には、所得が生活の質と密接に関係していることを理解してほしい。

表1－3には、小学校と中学校の子供の就学率を示した。分子は就学年齢にある子供の就学者数であり（ただし、留年などで就学年齢を超えた児童を除く）、分母は就学年齢にある子供の人口である。就学率のデータは未整備で、過去にさかのぼるのが難しいため、２０１５年かそれに近い最近年のデータのみが示されている。

教育がなければ就きたい仕事にも就けないというのは世界共通の現象であり、教育は所得の最も重要な決定因である（大塚・黒崎 2003; Otsuka et al. 2009）。だから教育があるかないかは、途上国の

表1－3　小・中学校の就学率の国際比較(％、2010－2015年)[a]

	小学校	中学校
高所得国	**96**	**92**
日本	99	99
アメリカ	94	91
UK	100	99
フランス	98	94
東アジア	**96**	**80**
インドネシア	91	77
中国	99	n.a.[b]
タイ	98	77
韓国	97	98
南アジア	**90**	**60**
バングラデシュ	91	57
パキスタン	74	44
インド	92	62
ネパール	97	60
アフリカ(サブサハラ)	**77**	**35**
エチオピア	85	31
ナイジェリア	64	26
ケニア	82	48
南アメリカ	**93**	**77**
ペルー	94	78
ブラジル	95	82
アルゼンチン	99	89

a 2015年またはそれに最も近い年のデータが示されている。グループの平均は、出所に示された統計から直接取った
b データなし
(出所) 世界銀行 World Development Indicators

人々にとってばかりでなく、開発問題に関心のある実務家、官僚、政治家、研究者にとっても重大な関心事である。

この表によれば、小学校への就学率は高所得国、東アジア、南アメリカでは100％に近いが、南アジアでは90％でしかなく、アフリカでは77％しかない。データの不備はあるが、中学校への就学率については各国間でより大きなばらつきがあることがわかる。しかしここでも、所得の低い国や地域で就学率が低い傾向があることは、読み取れよう。

所得が教育への投資に影響を与え、教育投資の結果が所得に影響するという両方向の関係があるから、因果関係は定かではない。しかし、所得が子供の教育と密接に関係していることは疑う余地がない。ここでも所得が、「人生の質」に関するある種の指標になっているということができるであろう。

4　所得と貧困

ある個人または家計の生活水準を考えるときには、所得のデータよりも消費のデータを使用するほうが望ましい。なぜならば所得は、たまたま悪天候で不作であったり、働き盛りの人が病気や事故で働けなくなったり、失業したりすると大きく減少するのに対して、消費はより安定しているからである。

例えば一家の働き頭が失業したとしても、貯蓄があってそれを取り崩すことができるかもしれないし、将来の収入を見込んで親戚の人や友人からお金を借りることができるかもしれない。つまり消費は家計の長期的な所得水準と関係しているのに対し、年ごとの所得は不慮の出来事等によっても左右されるから、ある年の所得が低いことをもって貧困の尺度とするのは不適切である。しかし、消費のデータは入手しにくいことも事実であるので、所得のデータを使わざるをえない場合が多い。国レベルのデータであれば、個々人や家計レベルでの運、不運は相殺されるので、所得のデータを用いて生活水準の指標としてもさほど大きな差支えはないと考えられる。

では、貧困とはどのように定義し、どう計測するのであろうか。基本的な視点は、生活に必要な最低限のカロリーと栄養を取るのに、どれくらいの費用がかかるかである。しかし衣食住といわれるように、食べるだけが生活ではないから、最低限の食費に若干の最低必要経費を加えた費用を貧困ラインの所得と定義する。「若干」の部分には主観が入るから、貧困ラインが客観的に定義されているわけではない。

そうした問題はあるが、この貧困ライン以下の所得しか得ていない人々を貧困者とみなすのが、基本的な考え方である（Haughton and Khandker 2009）。これに沿って、多くの途上国で独自の貧困ラインが設定されている。しかしそれでは国際比較には不便であるため、世界銀行は1日当たりの所得1・25ドル（購買力平価調整後）を貧困ラインであると想定している[9]。

この金額の妥当性に議論の余地はあるが、1つの尺度としてこの貧困ラインが世界中で広く採用されている。本書でもこの基準を用いて、貧困者比率（貧困者数／その国の人口）の国際比較を試みよう（表1－4参照[10]）。

その国の平均所得がたとえ高くても、所得の分布に偏りがあれば、一部の大金持ちと多数の貧困者

表1－4　貧困者比率の国際比較[a]

	1990年頃[b]		2015年頃[c]	
東アジア	**62.9**		**1.7**	
インドネシア	58.8	(1990)	7.2	(2015)
中国	66.2	(1990)	0.7	(2015)
タイ	9.4	(1990)	0.1	(2012)
南アジア	**46.3**		**18.4**	
バングラデシュ	44.2	(1991)	14.8	(2016)
パキスタン	58.9	(1990)	3.9	(2015)
インド	45.9	(1993)	21.2	(2011)
ネパール	61.9	(1995)	15.0	(2010)
アフリカ(サブサハラ)	**57.9**		**42.2**	
エチオピア	71.1	(1995)	27.3	(2015)
ナイジェリア	57.1	(1992)	53.5	(2009)
ケニア	31.4	(1992)	36.8	(2015)
南アメリカ	**17.9**		**3.0**	
ペルー	17.9	(1997)	3.6	(2015)
ブラジル	21.6	(1990)	3.4	(2015)
アルゼンチン	1.1	(1991)	0.7	(2014)

a 貧困ラインは 1 日 1.25 ドル。サンプル国のグループの平均値はその年の人口を用いた加重平均。括弧内の数値はデータのとれた年を示す

b 1990 年に最も近いデータのある年

c 2015 年に最も近いデータのある年

（出所）世界銀行 World Development Indicators

図1－1　1人当たり実質国内総生産（GDP）と貧困者比率との相関

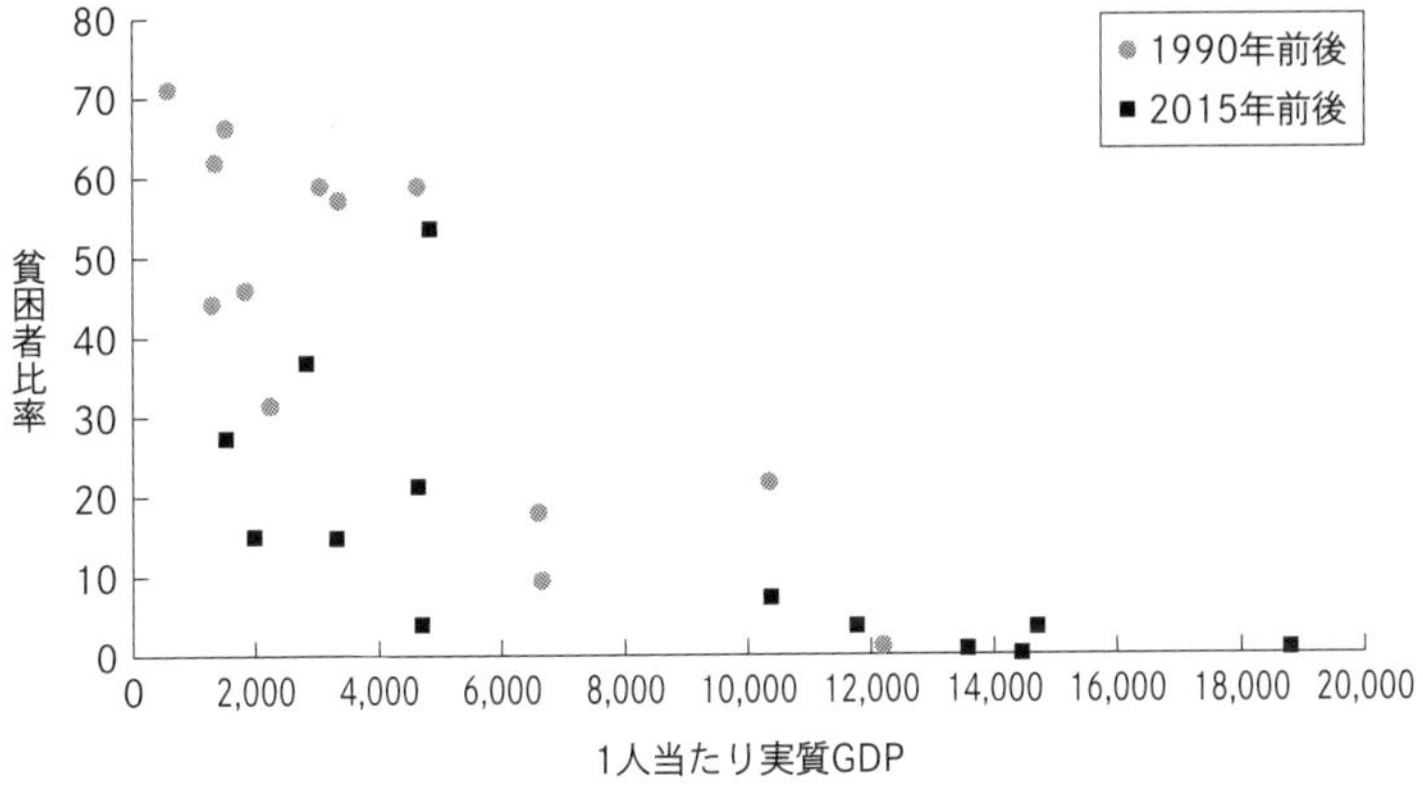

（出所）世界銀行 World Development Indicators

が併存するということはありうる。南アメリカやフィリピンなどでは、植民地時代に大農場がつくられて、その格差が子孫にまで及んでいる。そのため、所得分配は著しく不平等である。また、最近の中国では、所得分配が南アメリカ並みに不平等になっているといわれる。富める都市と貧しい農村の格差、発展する沿海部と停滞する内陸部の格差のために、貧富の差が大きくなっているのである。それに加えて、都市の土地の利用権を獲得した階層も大きな所得を得ている。日本では都市周辺の農家は豊かだが、土地が国有の中国では、都市部の土地の利用権をうまく獲得した人々がビルの賃料などを得て非常に豊かになっている。そういう状況では、平均所得が高くても貧困者比率は高いままなのかもしれない。これについては、第2章で改めて検討する。

表1－4によれば、各国間で所得分配の格差に相違があるにもかかわらず、表1－1の所得と貧困者比率との間には、きわめて明確な強い負の相関がある。図

1−1は、それを一目瞭然に示している。1990年についても、2015年についても、1人当たり所得と貧困者比率の間には、安定した負の関係がある。これは経済を発展させ、平均的な所得を引き上げないと、貧困を撲滅するのが難しいことを示すものであろう。

それはなぜか。全くの喩えだが、もし東京での労働者の月収が100万円で、ある地方都市での月収が10万円であるとしよう。これはひどい格差である。しかしこの状態が長続きするであろうか。地方都市の労働者のうち何人かは、東京に移住しようとするであろう。そうすると地方は次第に人手不足になって、東京は人手が増える。だから地方の月収が上がって、東京の月収は下がり気味になる。また東京近辺に工場を持っている企業は、安い労働力を求めて地方に工場を移転するかもしれない。そうすると、以前よりは東京で人手が余って、地方で不足気味になるから所得が平準化する。他の要因もあるかもしれないが、日本では労働者の移動や工場の移転で地域間の所得は平準化してきたように思われる。日本で各地を旅行すると、家のたたずまいが非常に似かよっていることに驚かされる。

日本ほどでないにせよ、同じ仕事の労働所得については1つの国の中で大きく異なるものではない。つまり、ある国の一部が発展して労働者の所得が上がれば、他の地域の労働者の所得も上がるのである。そういうメカニズムが働いているために、平均所得と貧困者比率との相関が強いのであろう。ただし、労働所得以外の資産所得の不平等は解消されにくい。

所得の不平等を放置すべきであるとはもちろんいわないが、貧困を減らすためには、やはり所得を高めることが必須の条件であると思う。特に、貧困にあえぐ人々が就職しやすいような産業を発展させることが大切である。詳細はのちの章に譲るとして、ここではっきりさせたいのは、所得の増大の重要性である。所得が増大しないことには、乳児死亡率を下げることもできないし、寿命も引き上げられない。そればかりか、教育の改善も貧困者の削減もきわめて困難なのである。

5 基本的視点と本書の構成

「経済発展」によく似た言葉に、「経済成長」がある。類似点は多いのだが、経済成長が所得の上昇を主に問題にするのに対して、経済発展は経済の構造的変化を重視する。例えば貧困な経済は農業が主体だが、中進国では製造業が活発になり、先進国だとサービス産業が主流になる。開発経済学では、どうしてそうした構造変化が起こるのか、どうしたらそういう経済構造変化を促進できるかが問題になる。

実際問題、1人当たりの所得と経済構造との間には密接な関係がある。日本のケースを含めて、通常は経済の発展にともなって農業→工業→サービス産業というふうに、産業の主役が変化していく。それを各国の所得水準と産業構造の関係から示したのが、表1－5である。所得が低い国ほど農業の重要性が高く、所得が高い国ほどサービス産業が重要であることが読み取れよう。

どうしてそうなるのか。歴史をさかのぼると、現在の先進国といえども昔は農業国で、ほとんどの国民が農業に従事していた。そこからだんだん豊かになっても、農産物の需要はさほど増えないことが、重要なポイントである。

所得が増加して、低級な食材から高級な食材へのシフトがあるにしても、胃袋の大きさには限界が

表1－5　産業構造の国際比較(GDPの構成比割合、%)[a]

	1990			2000			2015		
	農林水産業	工業[b]	サービス産業	農林水産業	工業[b]	サービス産業	農林水産業	工業[b]	サービス産業
高所得国	**2.3**	**30.9**	**66.8**	**1.4**	**25.7**	**72.9**	**1.1**	**21.7**	**77.2**
日本	2.1	37.5	60.4	1.5	31.1	67.4	1.1	29.2	69.7
アメリカ	2.1	27.9	70.1	1.2	23.4	75.4	1.1	19.4	79.5
UK	1.8	34.1	64.1	1.0	27.3	71.7	0.7	20.0	79.3
フランス	4.2	27.1	68.7	2.8	22.9	74.2	1.8	19.8	78.5
東アジア	**25.0**	**40.9**	**34.1**	**14.6**	**45.5**	**39.9**	**9.1**	**40.9**	**50.0**
インドネシア	19.4	39.1	41.5	15.6	45.9	38.5	13.9	41.4	44.7
中国	27.1	41.3	31.5	15.1	45.9	39.0	8.4	41.1	50.5
タイ	12.5	37.2	50.3	9.0	42.0	49.0	8.9	36.3	54.8
韓国	8.9	41.6	49.5	4.6	38.1	57.3	2.3	38.3	59.4
南アジア	**30.3**	**29.3**	**40.4**	**24.0**	**25.7**	**50.4**	**18.5**	**28.4**	**53.1**
バングラデシュ	30.3	21.5	48.3	25.5	25.3	49.2	15.5	28.1	56.3
パキスタン	26.0	25.2	48.8	25.9	23.3	50.7	25.1	20.1	54.9
インド	30.4	31.0	38.6	23.1	26.1	50.8	17.7	29.9	52.4
ネパール	51.6	16.2	32.1	40.8	22.1	37.0	31.7	14.8	53.4
アフリカ(サブサハラ)	**31.9**	**25.8**	**42.2**	**31.4**	**25.1**	**43.5**	**28.3**	**19.5**	**52.2**
エチオピア	54.3	11.1	34.5	49.9	12.4	37.8	39.2	17.7	43.0
ナイジェリア	21.2	34.9	43.9	21.4	33.9	44.7	21.2	20.7	58.1
ケニア	29.5	19.0	51.4	32.4	16.9	50.7	32.2	18.5	49.3
南アメリカ	**8.2**	**37.1**	**54.8**	**5.8**	**27.9**	**66.2**	**5.5**	**24.5**	**70.0**
ペルー	8.5	27.4	64.1	8.5	29.9	61.6	7.7	33.2	59.0
ブラジル	8.1	38.7	53.2	5.6	27.7	66.7	5.0	22.5	72.5
アルゼンチン	8.1	36.0	55.9	5.0	27.6	67.4	6.1	27.5	66.3

a サンプル国のグループの平均値はその年の人口を用いた加重平均
b 工業は、鉱業、生産業、建設、電力、水道、都市ガスを含む
（出所）世界銀行 World Development Indicators

あって、農産物需要の増加は緩慢である。これが、農業の相対的重要性が経済発展とともに減少する最大の理由である。

所得の増加とともに、電化製品などの工業製品への需要が増える。日本では1960年代後半に、カラーテレビ、クーラー、自動車が新3種の神器と呼ばれた。そうした製品への需要が増えるとともに、それを生産する製造業が発展した。

さらに豊かになってくると、より快適な家に住みたい、子供により良い教育を受けさせたい、より良い医療を受けたい、旅行をしたいなど、サービスへの需要が高まる。だから先進国では、サービス産業が発展するのである。

それと同時に、農業に従事するのに高い教育はそれほど重要ではないが、製造業では教育の重要性が一段と高まり、コンピュータを駆使するようなサービス産業では、教育が決定的に重要な要素となることも、産業構造と1人当たり所得が関係している理由である。

それでは、農業や製造業を無視してサービス産業の発展を支援すれば、経済は発展して国民は豊かになるであろうか。農業→サービス産業という近道はできないのか。最近のインドやフィリピンの経済発展を見ていると、農業→サービス産業という発展経路も可能ではないかと思えてくる。それが本当に可能であるか、また可能であるとしても、それによって貧困削減が実現されるのか。これは、開発経済学の大きなテーマである。

ここで再び、ケニアの貧しい農村の話に話題を戻そう。こういうひどい貧困状態が生まれてしまうのは、経済のシステムのどこかが「故障」しているからである。例えば、トウモロコシの改良品種がない、肥料が高くて買えない、教育がないので村の外でいい働き口を見つけるのが難しい、等々の問題が考えられる。

では、どうすればいいのか。道路を舗装して輸送費を下げ、携帯電話で農民が就職情報を簡単に収集できるようにし、肥料に補助金をつけるとともに貧しい農民が銀行から低利でお金を借りられるように法令を整備し、なおかつ村に小学校ばかりでなく中学校や高等学校を建てて子供たちが学校に行きやすいようにするのはどうか。それは一案で

ることが政権の安定にとって重要なことは理解しており、経済はかなり急速に発展した。最近になるとインドネシアやフィリピンで民主化と経済発展が、同時並行的に進展するようになった。国家の建設と経済発展の関係は複雑ではあるが、国家が効果的な発展戦略を理解しそれを政策として実行に移せば、効果的な開発政策→経済発展→民主的国家の建設という好循環が生まれる可能性はある。

ただし現在の民主国家の過去の歴史を振り返れば、それが決して平坦な道ではないことは明らかである（Otsuka and Shiraishi 2014）。他方、経済のほうは、政治を安定させ、それによって経済を安定させ、それと同時に教育振興やインフラ建設のような最低限の役割を国家が果たせば、ある程度は成長する。それをさらに加速させるような効果的な開発戦略を考えよう、というのが開発経済学の狙いである。

また隣国が経済発展に成功すれば、まわりの国々もそれにならって発展するという傾向がある。その点では、日本が東アジアで果たした役割は大きい。それとは正反対に、アフリカでは成功例があまりにも少ない。しかしアフリカでもいくつかの国が発展すれば、連鎖反応が起こる可能性がある。アジアの経験からすると、国家の質と経済発展の関係は、近隣諸国の状況に大きく左右されると考えるのが妥当なように思われる。

はあるが、それが本当に望ましいことなのかは疑問である。

こういう問題こそ、開発経済学の重要な研究課題である。開発のための予算も人員もあり余るほどあれば、様々な対策を講じるのもいいだろう。しかし予算も人員も限られているのが現実であり、望ましいと思われるすべての政策を実行することはできない。開発政策に優先順位をつけて実行するためには、途上国の現状を的確に把握し、貧困の根本的原因を理解することが第一歩である。

BOX1－2　国家の役割と開発経済学

いくら国民が経済発展のために一生懸命努力したとしても、国家が腐敗し社会情勢が不安定で、なおかつまともな開発政策が採用されていないような国では、経済は発展しないという議論がある。たしかに高率のハイパーインフレに見舞われたり、いつ政権が転覆するかわからない状況では、将来を見据えた投資が行われにくいであろうから、経済は発展しない。またせっかく道路等のインフラ投資が計画されたとしても、政治家が大きく上前をはねるような社会では、インフラの建設も進まない。

しかし私は、腐敗していたり非民主的であるような国家では経済は発展しえないという主張には、実証的根拠が乏しいと思っている。そもそも、腐敗がなくクリーンで民主的な国家の形成を貧しい国々に求めることには、無理がある。そうではなく、持続的な経済発展を成し遂げる能力のある国家の形成と経済発展との間には、相互依存的な関係があると見るべきである（大塚・白石 2010）。

例えば、明治政府は民主的ではなかったし、効果的な経済政策を実行する能力があったわけではないが、日本経済は緩やかなスピードで着実に発展した。インドネシア、タイ、マレーシアでは、1990 年代まで国家は非民主的で腐敗していたが、経済を発展させ

私自身も完璧な答えは用意していないが、一般論とすれば、所得の平等化を気にしつつ、費用に比べて効果（あるいは便益）の大きい目的のために資源を投入すべきであろう。

では、すべきことは道路の舗装か、携帯電話の普及か、肥料への補助金か、銀行の融資の指導か、あるいは学校の建設が優先されるのか。「言うは易く行うは難し」で、厳密な費用対効果の測定はそう簡単ではない。

特に、あることに投資した結果、他の投資が刺激されるという波及効果がある場合、費用対効果の正確な測定は難しくなる。例えば、道路を舗装した結果、輸送費が減って肥料価格が減少し、肥料投入が増えて農家の所得が増大したというような場合、その便益を数量的に測定することは容易ではない。しかしそれにしても、費用対効果の計測がほとんど行われていないのは、大きな問題である。それについては、第3章でまた議論したい。

私はこれまでの研究で、いつも費用対効果の計算をしてきたわけではないが、そういうことを常に念頭に置いてきた。本書の第4章から第7章では、費用に比べて効果の大きい発展政策や発展戦略を追い求めてみたいと思う。第4章では農業発展の特徴と現状について分析し、第5章では工業化の実態を解明する。第6章は、間違ってもしてほしくない、あるいはするべきでない開発政策について議論し、第7章では私が効果的であると確信する経済発展戦略について説明する。そして最終章の第8章では、気候変動を緩和しつつ途上国の持続的発展を実現するにはどうしたらいいかという、これからの時代の最大の難題に対して、開発経済学の立場を説明したいと思う。

その前に、貧困な人々はどこにいるのか、彼（女）らがどのような人々なのか、その数がどれほど変化しているのか、を第2章で検討し、貧困削減の対象を明確化しよう。第3章では、なぜ人類が貧困を撲滅できないか、という最も根底的な課題について考察を加えてみたい。

ここまできて、ふと疑問を感じる読者がいるかもしれない。つまり、いくら経済合理的で効果的かつ持続的な開発戦略がわかったとしても、多くの貧困な国々では汚職にまみれた非民主的な政府が実権を握っており、そうした国々はしょせん効果的な発展戦略を受け入れないであろうし、結局のところ経済発展は実現しえないのではないかという疑問である。それについて私は、全否定はしないがあまり賛成もしたくない。この問題に興味のある読者は、ＢＯＸ１－２での議論を参照してほしい。

6 まとめ

最後に、本章の重要な論点を復習しておこう。

- 私は、「開発経済学」を「貧しい開発途上国の貧困削減に貢献する戦略を研究する学問分野である」と定義したい。しかしそのためには、先進国や中進国の経験を研究することも重要である。
- 1人当たりの所得は、経済的な豊かさを示すだけでなく、乳児死亡率、平均寿命、教育水準などの「人生の質の指標」とも密接に関係している。
- 1人当たり所得は、貧困者の割合と深い相関関係がある。
- 経済を発展させ、1人当たり所得を引き上げて貧困を解消するには、限られた資源を有効に活用する「戦略」を考えなければならない。それを究明することが、本書の目的である。

第2章　貧困は減っているか？

貧困削減は開発の最も重要な目標であり、その実現は世界的関心事である（大塚・櫻井２００７）。こうした潮流が生まれた直接のきっかけは、２０００年9月の国連ミレニアム・サミットで採択された「国連ミレニアム宣言」と、それに基づいて作成された「ミレニアム開発目標」（Millennium Development Goals ＭＤＧｓ）にある。

そこでは国際社会が達成すべき8つの目標が掲げられているが、その第1の、そしておそらく最も重要な目標として「２０１５年までに1日1ドル（現在は1・25ドル）未満で生活する人口の割合を１９９０年の水準の半数に減少させる」ことがうたわれている（http://www.mofa.go.jp/mofaj/gaiko/oda/doukou/mdgs.html#goal）[1]。

２０１５年9月の国連総会では、「持続可能な開発目標」（Sustainable Development Goals ＳＤＧｓ）が掲げられ、持続可能な開発のための17のグローバル目標と１６９のターゲットが示されたが、そこでの第1の目標は、２０３０年までに貧困を根絶することである。

この章では、この目標に沿って世界の貧困が減少しているかをまず検討したい。そして次に、貧困と関係が深い人口の年齢構成、産業別就業構造、所得分配との関係について概観するとともに、貧困者の割合の高い農村で一体どのような人々が貧困なのかを検討する。

1 貧困者はどの国にどれだけいるのか？

すでに貧困者比率は第1章で検討したので、ここでは表2－1を用いて、途上国における貧困者の絶対数の各国間の相違と変化を検討してみよう。ネパールの1990年前後のデータが欠けているように、データのない国も多いので、ここでは世界全体ではなく、表に示された主要な途上国における貧困者数だけを問題にする。なお、表2－1に含まれている国々の総人口は、2015年で約39・1億人であり、途上国全体の人口は約60億人であるので、その約67％に相当する。

この表によれば、1990年前後には15億人もの貧困者がいた。その半分以上の約8億人が東アジアにおり、その中の7億人近くが中国にいた。中国は1978年に経済改革を開始したが、非効率な社会主義的経済運営のおかげで、1990年になっても貧困が蔓延していたのである。南アジアにも6億人近い貧困者がおり、そのうち4億5000万人がインドにいた。アフリカは全体の人口が少ないために、表に示された3カ国での貧困者数は1億人であった。

2015年前後になると、貧困者の総数は4億6000万人に減少し、1990年前後に比べて31％にまで減少した。この間、世界の総人口は約52・8億人から約72・2億人に増えているから、貧困者比率は半分以下に減ったことになる。このトレンドのおかげで、2015年には貧困者の絶対数

表2－1　主な途上国の貧困者数の比較(百万人)[a]

	貧困者数				比率
	1990年前後		2015年前後		(2)/(1)
	(1)		(2)		
東アジア[b]	**789.8**		**28.2**		**3.6%**
インドネシア	100.0	(1990)	18.6	(2015)	18.6%
中国	683.2	(1990)	9.6	(2015)	1.4%
タイ	6.6	(1990)	0.0	(2015)	0.0%
南アジア[b]	**591.8**		**300.0**		**50.7%**
バングラデシュ	68.5	(1989)	24.1	(2016)	35.2%
パキスタン	74.4	(1991)	7.4	(2015)	9.9%
インド	448.9	(1988)	264.4	(2011)	58.9%
ネパール	n.a.[d]		4.1	(2010)	
アフリカ(サブサハラ)[b]	**107.6**		**127.3**		**118.3%**
エチオピア	34.5	(1995)	27.3	(2015)	79.0%
ナイジェリア	63.4	(1992)	82.6	(2009)	130.3%
ケニア	9.6	(1992)	17.4	(2015)	180.7%
南アメリカ[b]	**29.0**		**8.4**		**29.0%**
ペルー	3.0	(1994)	1.1	(2015)	37.3%
ブラジル	25.8	(1990)	7.0	(2015)	27.2%
アルゼンチン	0.2	(1991)	0.3	(2016)	144.5%
合計[c]	**1,518.1**		**463.8**		**30.6%**
総人口	**2,847.0**	**(1990)**	**3,907.3**	**(2015)**	**137.2%**

a 貧困ラインは 1 日 1.25 ドル。括弧内の数値はデータのとれた年を示す
b 地域における各国の人口の割合での加重平均
c 合計は、サンプル国の数値の合計
d データなし
(出所) 世界銀行 World Development Indicators

もおよそ3分の1まで減った。つまり、MDGsの第1の目標の達成はほぼ確実となり、これは、疑いもなく大きな成果である。(2)

すさまじく貧困者が減ったのは、中国である。表の合計で見ると、25年間で貧困者の総数は約10億4000万人減ったのだが、中国だけで6億7400万人も減っている。ということは、国連が音頭を取って世界中が開発に努力した結果、貧困者数が大幅に減ったというよりは、中国が経済改革を推し進めて発展したおかげで、貧困が減ったと考えるべきであろう。順調に経済が成長しているインドネシアでも、貧困者数は1990年前後の1億人から2015年の約1900万人にまで減っている。

一方、経済発展が緩慢な南アジアでは、貧困者数はそれほど減っていない。表1－4で検討したように、南アジアの貧困者比率はこの25年間で46％から18％に減っているが、絶対数から見れば、貧困問題が大きく改善したとは言い難い。2015年前後の4億6400万人の貧困者のうち、じつに3億人が南アジアにいるのである。南アジア以上に経済が停滞するアフリカの場合には、20年間で貧困者数が20％近く増えている。アフリカでの貧困者比率は40％を超えており、この地域で貧困問題が解決に向かう兆候が弱いことは、大きな問題である。

こうした状況を考えると、たとえ世界全体で貧困者比率が1990年から2015年にかけて半減したとしても、決して手放しで喜べるような状況ではない。南アジアの貧困は依然として深刻だし、アフリカでは貧困問題の解決の糸口さえつかめていないのである。MDGs（つまりはSDGs）は2015年に終了することになるが、こうした状況ではポストMDGsが議論になりつつあるのも当然である。それについては、第8章で若干の議論をしたいと思う。

図2－1　1人当たり実質GDP(米ドル)と貧困者比率(%)の長期的変化の比較[a]

(a) 中国

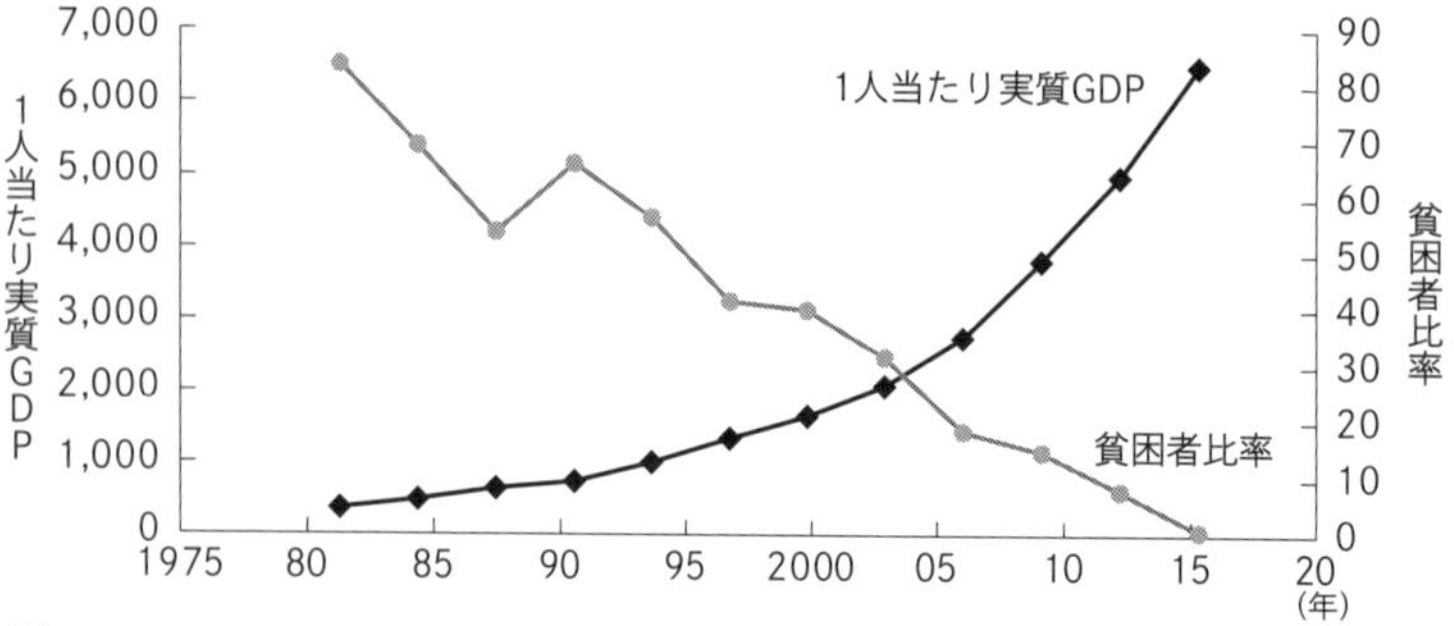

(b) インドネシア

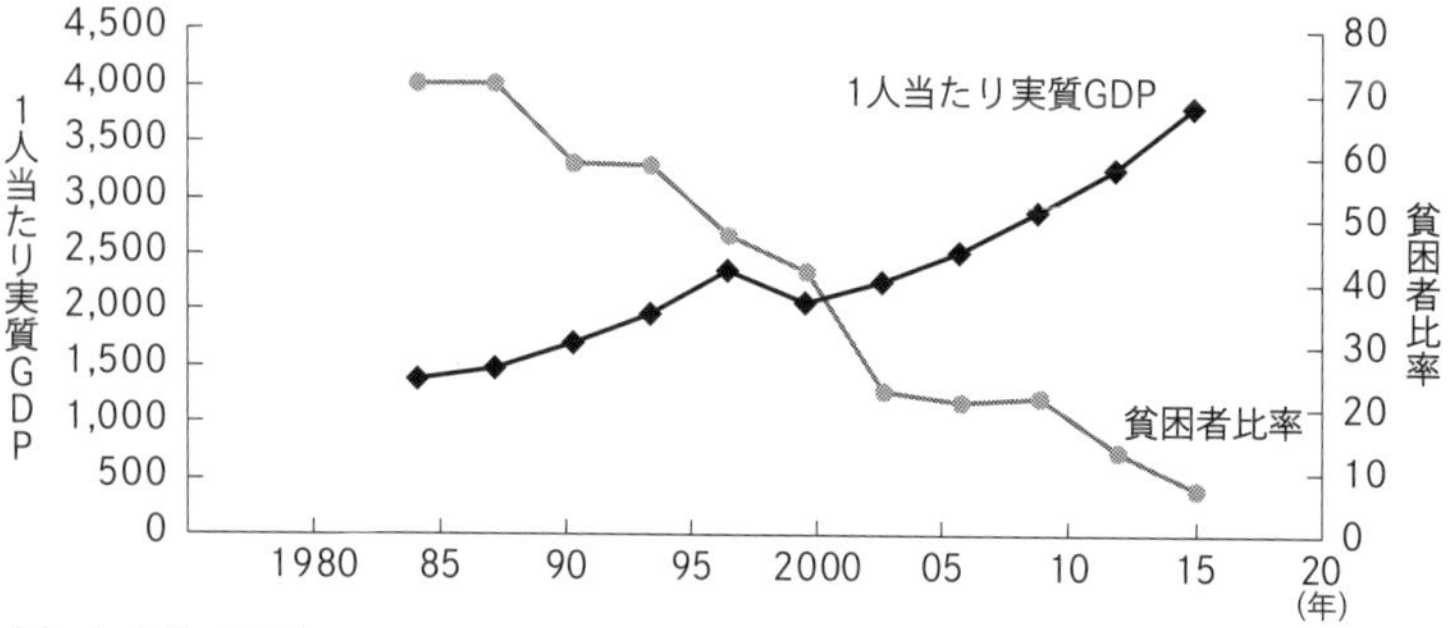

(c) ナイジェリア[b]

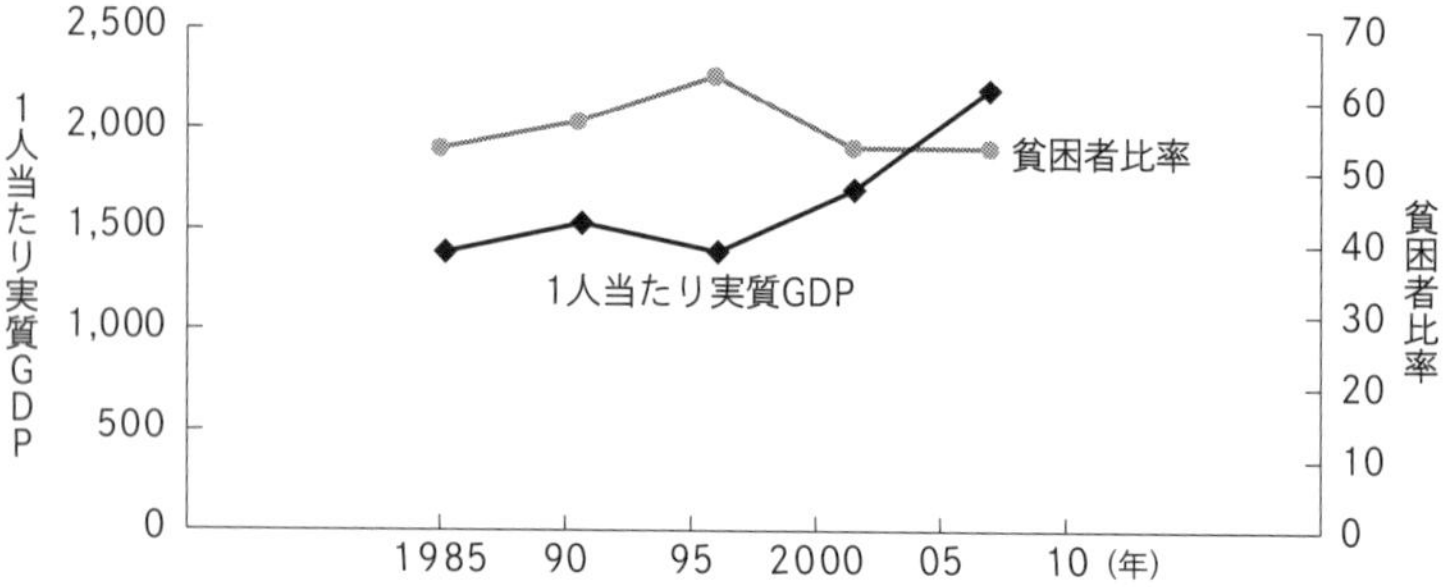

a 1人当たり実質GDPは2011年の米ドル
b ナイジェリアは2010年以降のデータがない
(出所) 世界銀行 World Development Indicators

図2－1に示したように、中国やインドネシアでは1人当たりの実質GDPが上昇するとともに、貧困者比率が目に見えて減少している。それとは対照的に、ナイジェリアでは実質所得の上昇は鈍く、貧困者比率も減少傾向にない。所得の増大が貧困削減の決め手であることは、強調しても強調しすぎることはないであろう。

2 貧困の構造を考えよう

経済学は数学をよく使うが、本書ではもちろん使わない。しかし話をわかりやすくするために、簡単な関係式を使うことにしたい。まず家計の所得だが、これは労働所得と資産所得に分けることができる。

家計所得 ＝ 労働所得 ＋ 資産所得

所得とは必要な経費を差し引いたネットの収入であるから、自営業者の場合や農家の場合、原材料費、肥料代、労賃、家賃などの実際の支出は収入から差し引いてある。また農家が自分で収穫した作物を自家消費すれば、その市場価値が収入とみなされる。

労働所得は、文字通り働いて稼いだ所得である。サラリーマンであれば、労働所得は勤務先から受け取る給与のことである。しかし、自営業者や農民の場合には、自分の労働に対して賃金が支払われないから、所得を明確に労働所得と資産所得に分割できるわけではない。しかしその場合でも、概念的には労働が生み出した所得の部分と、その他の部分に分けることは可能であろう。もしその人が労働者として外で同じような仕事をしたとすればいくら収入があったかがわかれば、それが労働所得に近い。自営業者や農民の所得の残りの部分は、所有している資産が稼いだ所得である。資産所得には所有する土地から得られる所得、建物から得られる所得、機械から得られる所得、それに利子や配当所得などがある。もし土地や建物を貸し出せば、小作料や家賃の収入も所得である。

労働所得は、労働者の数とそれぞれの労働者が受け取る報酬に依存する。もし同じような労働者が家計内に数名いれば、次の関係が成立する。

家計所得 ≒ 労働者数 × 労働報酬 ＋ 資産所得

複数の労働者がいて、年齢、学歴、経験、職種が違えば、労働報酬も違うから、所得の式はもう少し複雑になる。しかしここでは単純化のために、そうした相違は無視することにする。貧困は家計のメンバーの１人当たりの所得と関係するから、上の式を家計の人数で割ると、次式が得られる。

１人当たり所得 ＝ 家計内労働者比率 × 労働報酬 ＋ １人当たり資産所得

ここで家計内労働者比率とは、実際に働いている家計のメンバーの比率である。なお、子供と老人と青年では必要な消費量が違うので、子供は大人の０・５人分というようなウェイトをつけて家計の人数を数えることもある。

単純な関係式だが、ここから多くのことがわかる。貧しいということは、①労働者の比率が低いか、②1人当たりの労働報酬が低いか、③1人当たりの資産所得が低いか、あるいはこのいずれもが低いか、であろう。したがって、貧困を削減するためには、この3つの変数の値が大きくなるようにすればいいことになる。

①の問題から考えてみよう。家計内の労働者比率が低いということは、基本的には子供の数または高齢者が多いということである。ただし就業年齢にある人でも、出産、育児、介護に忙しくて収入のある仕事に就けなければ労働者比率は低くなる。また就業可能な年齢の子供が学校に通っていても、この比率は低くなる。データの制約のために、労働者比率を各国間で厳密に比較することは困難であるが、就業年齢にある人口（つまり生産年齢人口）の比率は労働者比率に近い値を取るであろう。そこで第3節では、生産年齢人口比率の国際比較をしてみよう。

②の労働報酬は、それぞれのタイプの労働の需要と供給で決まる。ここではあまり厳密な議論はしないが、労働報酬を決める重要な要因は、(a)労働者の質、(b)労働者が補完的に使用する設備、機械、土地などの量と質、(c)技術の水準、(d)それぞれのタイプの労働者の希少性、である。経済学では労働の質を「人的資本」とも呼ぶ。人的資本の「量」は、主に知的能力と健康状態によって決まる。生まれつき頭が良くて丈夫であれば、人的資本の量は多い。しかしながら、教育や職場での訓練で獲得した能力のほうが大きいし、健康は運動や栄養摂取に大きく左右される。人的資本は大切な概念なので、BOX2－1で若干の補足的説明を行っておこう。

人的資本の豊かな労働者には、一般に高い労働報酬が支払われる。例えば、医者、弁護士、著名なデザイナー、匠の技を持ったような熟練工などの労働報酬は概して高い。しかしコンピュータのような補完的設備がなければ、あるいは医学やその他の科学の進歩がなければ、高い能力を発揮できないかもしれない。

またいくら能力が高くても、労働に補完的な設備が整っていても、同じような能力の人がたくさんいれば、労働報酬はさほど高くはならない。例えば、日本では弁護士の労働報酬は驚くほど高かったが、司法試験の合格者を増やしたら、弁護士の「希少性」が減って報酬が激減した。逆に家事の手伝いなどは、それほど専門的な仕事ではないが、希望者が少ないせいか労働報酬はそれほど低くない。[3]

労働報酬の国際比較は、比較

どの人も、ある時点である一定の知的能力のストックを持っている。ここで勉強して新しい知識を獲得すれば、能力は高まるのでこのストックは増える。ただし、ある期間の間に忘れてしまう知識も多いので、能力のストックのネットの増加は、獲得した能力から失ってしまった能力を差し引いたものになる。この意味では、機械への投資の話とよく似ている。違うのは、人的資本への投資のコストの大半が、金銭的なコストではなく時間のコストだということである。「時は金なり」のことわざの通り、勉強しないで働いた場合にいくら収入があったかがわかれば、それが金額表示の投資コストであると考えることができる。

概念的には、健康状態についても同じ議論があてはまる。健康状態というストックがあり、適度な運動をし、バランスの取れた食事を摂り、飲みすぎに注意し、十分な睡眠を取れば、健康状態というストックは増加する。こうした健康改善への努力は、将来のより良い健康から得られる喜びのための投資であると考えることができる。しかしいくら頑張っても、資本の減耗と同じように加齢とともに健康のストックは徐々に減少する。したがって、後者が前者を上回れば健康のストックは減少することになる。

可能なデータが乏しいために難しい。そこで第4節と第5節では、産業別の労働生産性の比較や都市と農村の貧困者比率などの比較を通じて、労働報酬の国際比較の糸口を探ってみたい。

資産所得は、文字通り所有する資産に対する報酬である。貧困者の場合には、資産の所有は少ない。農村で貧困なのは、ちっぽけな農地しか所有していない零細農や、農地を全く所有しない「土地なし農業労働者」である。フィリピンや南アジアには、多くの土地なし労働者がいる。農村に行ってとりわけ質素な家があれば、彼らの家であると見て間違いない。

BOX2－1　人的資本とは何か？

機械や建物のような資本財であれば、投資をすると（つまり新たに機械や建物を購入すると）その量は増える。資本量のように、ある時点で測った量のことをストックと呼ぶ。貯水池にたまっている水の量は、ストックである。それに対して、ある一定期間に行う行為から生じる変化はフローと呼ぶ。投資はフローであり、貯水池に流れ込む水の量もフローである。このストックとフローの違いは重要であり、次章の議論で特に重要になる。

ところで機械はある期間使っていると摩耗したりするので、投資の量だけ資本ストックが増えるわけではない。つまり資本ストックのネットの増加は、投資から原価償却分（減耗分）を差し引いたものになる。

これと同じことを人間の知的能力や健康状態に応用したのが、「人的資本」という考え方である。Theodore Schultz が創始者であり、人的資本論を精緻化して経済学の重要な一分野にまで高めたのが、Gary Becker（1964）である。この理論では、人間の労働者としての質は、知的能力が高くて健康であるほど高い、と想定されている。

「農地改革」をして、大農から零細農や土地なし労働者に土地を移転すれば、貧困削減に直結すると考える人は多いが、政治力のある大地主から土地を取り上げることは容易ではない。私の最近の共同研究によれば、アジアで実施された過去の農地改革は、貧困を解消するどころか深刻化させてしまった。この問題については、第6章の「してはいけないこと」の議論で改めて取り上げる。

都市の貧困者であれば、資産はほとんどなく、スラムに住んでいるようなケースが多い。累進的所得税をかけて、裕福な階層から貧困な階層に所得を移転するのが望ましい政策であると思うかもしれないが、役所に登録もされていないインフォーマルセクターで働く人々が多い途上国では、所得税はなかなか徴収できない。それに加えて、誰が本当に貧困であるかを見極めることも容易ではない。日本ですら、自営業者や農家の所得を正確に捕捉できておらず、所得税の適正な徴収ができないでいる。また生活に困っていない人が、生活保護費を不正に受給していることが問題になったりしている。貧困者が多く、裕福な層の少ない途上国では、残念ながら資産所得を再配分して貧困を解消することは、現実的な政策ではない。

3 人口の年齢構成と貧困

生産年齢人口とは、一般には、生産的な仕事に就くことのできる15歳から64歳までの人口を指す。日本ではほとんどの青少年が高等学校に行き、その半分近くは大学に行くので、15歳から22歳あたりの青年を生産年齢人口に含めることは適切ではないが、国際比較のためにこの定義を採用することと

表2－2　生産年齢人口比率と人口成長率の国際比較[a]

	生産年齢人口比率			年平均人口成長率		
	1970	1990	2015	1970－1980年(%)	1990－2000年(%)	2005－2015年(%)
高所得国	**63.8**	**66.7**	**64.4**	**1.1**	**1.2**	**0.8**
日本	68.8	69.7	61.0	1.1	0.3	0.0
アメリカ	61.8	65.8	66.1	1.0	1.2	0.8
UK	62.9	65.3	64.3	0.1	0.3	0.8
フランス	62.3	65.9	62.8	0.6	0.4	0.5
東アジア	**55.8**	**65.3**	**71.8**	**1.8**	**1.0**	**0.4**
インドネシア	53.5	59.8	67.0	2.5	1.6	1.3
中国	56.4	66.0	72.6	1.8	1.1	0.5
タイ	52.5	65.3	71.4	2.5	1.0	0.5
韓国	54.6	69.4	73.1	1.8	0.9	0.6
南アジア	**55.1**	**57.1**	**65.0**	**2.3**	**1.8**	**1.3**
バングラデシュ	51.8	53.8	65.5	2.2	2.1	1.2
パキスタン	53.6	52.5	60.5	3.1	2.6	2.1
インド	55.7	58.3	65.7	2.3	1.8	1.4
ネパール	55.6	54.4	62.0	2.2	2.5	1.1
アフリカ(サブサハラ)	**52.9**	**51.5**	**54.1**	**2.7**	**2.6**	**2.7**
エチオピア	53.3	52.1	54.9	2.2	3.2	2.7
ナイジェリア	54.0	52.0	53.1	2.8	2.5	2.7
ケニア	47.5	48.3	56.1	3.8	2.9	2.7
南アメリカ	**55.5**	**60.1**	**68.2**	**2.4**	**1.6**	**0.9**
ペルー	52.6	57.8	65.3	2.8	1.8	1.3
ブラジル	54.2	60.4	69.5	2.4	1.5	1.0
アルゼンチン	63.8	60.4	63.9	1.6	1.2	1.0

a サンプル国のグループの平均値はその年の人口を用いた加重平均
　生産年齢人口は 15～64 歳を指す
（出所）世界銀行 World Development Indicators

する。総人口に対する生産年齢人口の比率は、労働者比率の代理変数であると考えることができる。表2－2には1970年、1990年、2015年について、各国の生産年齢人口比率を示した。

この表から、興味深いいくつかの傾向がわかる。第1は、高所得国では生産人口比率は64－67％前後と高く、しかも安定していることである。第2は、アフリカでは生産人口比率が52－54％程度と低いことで

（20―39歳）に限られるとしよう。さらに、基準時点では人口成長率はゼロで、年齢の配分は、各年齢層ともに2人（あるいは200万人でも2,000人でもいい）であるとしよう（下表の第2欄を参照）。ここで何らかの理由で、壮年の夫婦が2（1＋x）人の子供をつくるようになったと仮定する。例えば、xが0.5なら3人の子供を持つことになる。すると20年後の若年層の人口は2（1＋x）人になる（第3欄参照）。それを繰り返していくと60年後には、40年後と比較して各年齢階層ともに（1＋x）倍に人口が増えている。したがって、全体の人口も20年間で（1＋x）倍に増えることになる。

年齢層	基準時	20年後	40年後	60年後
老年（40―59歳）	2	2	2	$2(1+x)$
壮年（20―39歳）	2	2	$2(1+x)$	$2(1+x)^2$
若年　（0―19歳）	2	$2(1+x)$	$2(1+x)^2$	$2(1+x)^3$
総人口	6	$6+2x$	$6+3x+2x^2$	………………

上述したように、年率の人口成長率が3％ということは、20年間で人口が1.81倍になることを意味する。ということは、xは0.81であり、そうすると一組の夫婦が育てる子供の数は平均して3.62人（2×1.81人）になる。つまり、家族に4人近い子供がいるのが普通であるような開発途上国の社会では、確実に人口爆発が起こるのである。

[4]ある。しかし、高所得国とアフリカの生産人口比率の差はさほど大きなものではなく、この程度の格差では、両地域間の著しい所得格差の一部しか説明できない。第3に、東アジアと南アメリカでは、生産年齢人口比率が急速に増加している。この両地域ほどではないが、南アジアでも同様の傾向が見られる。こうした生産年齢人口比率の上昇は、これらの地域における1人当たりの所得の向上に少なからぬ貢献をしていると思われる。

BOX2－2　年率3％の人口成長で人口は爆発するか？

人口爆発という言葉があるが、読者は年率の人口成長率が何％くらいになれば「人口爆発」になると思っているだろうか。3％という人口成長率は、途上国の中でもかなり高いほうだが（表2―2参照）、これは完全に「人口爆発」につながっている。そのことを説明してみよう。

年率3％で成長するということは、10年後には人口が1.03の10乗倍になることを意味する。それを計算すると、1.34倍となる。これはたいした数字ではないと思うかもしれない。しかし20年後だと1.81倍になり、50年後は4.38倍、100年後には何と19.22倍になる。

日本の明治5年（1872年）の人口は3,480万人だったから、もし戦争もなく年率3％で2012年まで140年間人口が成長してきたとしたら、現在の日本の人口は22億人になっていることになる。これは、まぎれもなく「人口爆発」である。

では人口が年率3％で成長する場合、平均的な家族に何人くらい子供がいることになるであろうか。それは寿命と女性が子供を産む年齢によっても異なるが、以下では単純化したケースを考えてみよう。すなわちすべての人が59歳で亡くなり、若年層（0―19歳）と老年層（40―59歳）は子供を産まず、子供を産むのは壮年者

生産年齢人口比率の各国間の相違と変化は、どういう理由によるものであろうか。それは、表2－2の右側で示した人口成長率と関係している。高所得国では人口成長率が低く子供の数が相対的に少ないので、生産年齢人口比率が高い。それとは対照的に、アフリカでは人口成長率が3％近くで著しく高く、子供の数が多いために生産年齢人口比率は低い。

他方、東アジアや南アメリカでも1970年ころには、生産年齢人口比率はアフリカ並みの低さであったが、その後人口成長率が激減し、これが子供の数を減らして生産年齢人口比率を高めている。また南アジアでも、長期的に人口成長率がかなり減少しており、その結果、生産年齢人口比率が高まっている。なお、3％近い人口成長率というのは、人口爆発につながる急速な成長率である（これについては、BOX2－2を参照）。人口成長率が多くの地域で下がってきているのは、地球環境の保全や世界的食糧不足の未然の防止という観点から望ましい。

2015年を見ると、高所得国の生産年齢人口比率が東アジアや南アメリカより低い。これは高所得国で、急速な高齢化が進んでいることを反映している。図2－2が示しているように、高所得国では1970年から2015年にかけて、若年者比率が激減する一方、65歳以上の高齢者の比率が急増している。日本はまさに、その先頭を走っているわけである。東アジアでも、韓国をはじめとして高齢者比率は上昇傾向にあり、やがて先進国型の高齢化問題が深刻になると見られる。(5)

すでに指摘したように、生産年齢人口比率は高所得国と途上国で大きく異なることはなく、その相違が両地域の1人当たり所得格差の主要な原因ではない。しかしながら、子供の数が多くて1人当たりの所得が少なければ、子供の人的資本への投資が少なくなる可能性は高い。であるとすれば、生産

図2－2　人口年齢構成比率の変化の国際比較

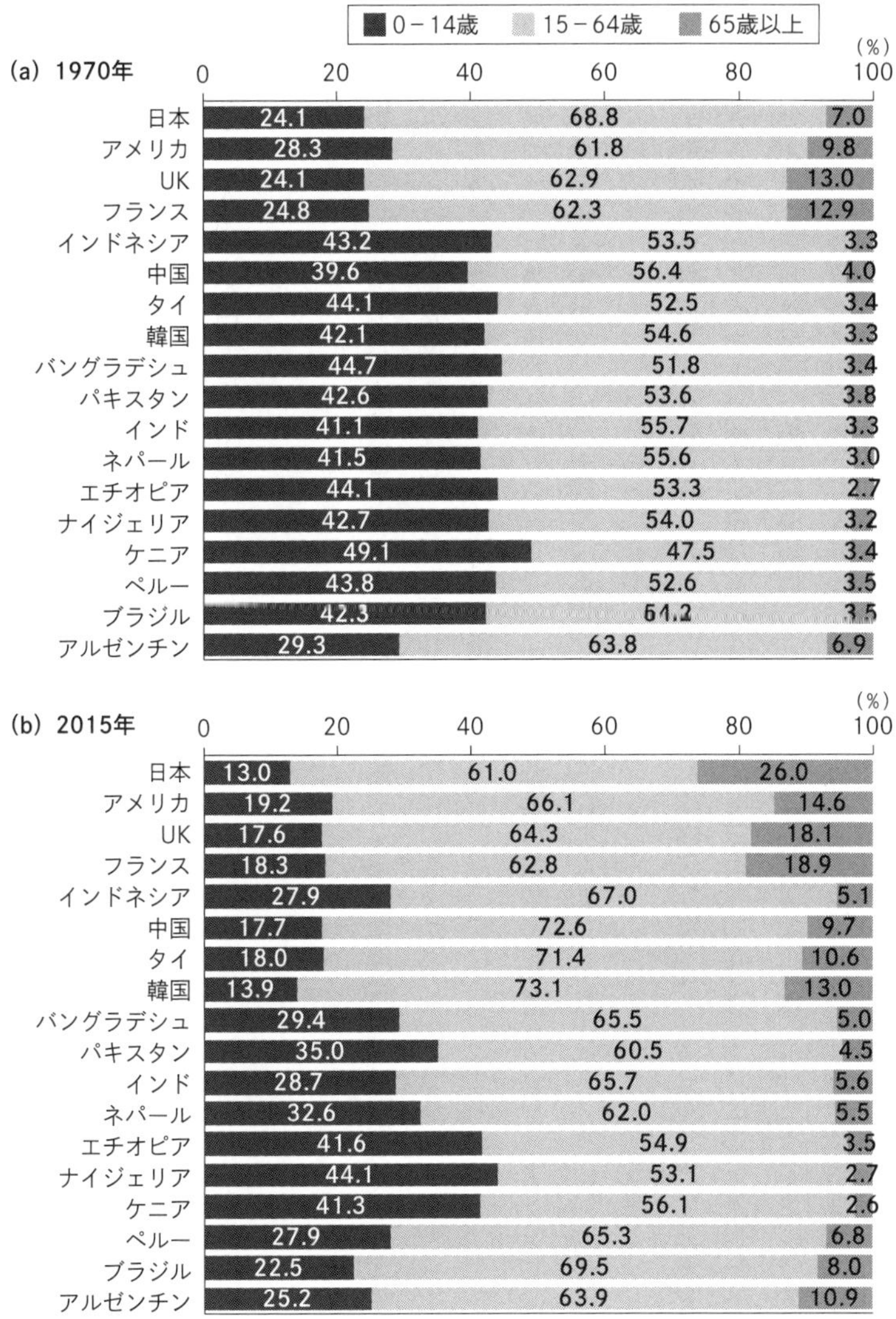

（出所）世界銀行 World Development Indicators

年齢人口比率が低いことは、子供の人的投資へのマイナスの影響を通じて長期的に所得の上昇を阻み、貧困からの脱出を難しくすると考えられる。

4 就業構造と貧困

表1－5で検討したように、経済の発展とともに、農林水産業のGDPシェアは下がり続け、それに代わって工業のシェアが高まる。さらに経済が発展すると、次にはサービス産業のシェアが高まり、その結果として工業のシェアは減少する。それに対応して、農林水産業の就業者シェアは下がり、工業のそれは上昇から減少に転じ、サービス産業のシェアは高まる。このことを示したのが表2－3である。なおこの表に示した就業者比率は、「主な職業」に基づいて分類されており、部分的に非農業部門で働いている兼業農家のメンバーの多くも、「農林水産業」に分類されている。

高所得国では1995年時点で、農林水産業の就業人口比率はきわめて低く、2015年にかけてさらに減少している。同時に工業部門の就業者比率も、この20年間でかなり減少している。他方、サービス産業の就業者比率は、1995年においてすでに圧倒的に高く、2015年にはさらに上昇している。所得がすでに相当に高くなっている韓国についても似た傾向が観察される。では、どうしてそうなるのであろうか。それは労働者1人当たりの所得が、農林水産業で最も低く、工業ではそれよりは高く、サービス産業では最も高いという関係があるからであろう。ただし高所得国のサービス産業の多くは、金融、保険、コンピュータソフトなど、一般に知識集約的あるいは人的資本使用的な産

表2－3　産業別就業者比率

	1995年			2015年		
	農林水産業	工業[a]	サービス産業	農林水産業	工業[a]	サービス産業
高所得国						
日本	5.7	33.7	60.6	3.6	25.9	70.5
アメリカ	2.8	25.0	72.2	1.4	19.9	78.7
UK	2.1	27.4	70.5	1.1	18.7	80.2
フランス	4.9	26.9	68.2	2.7	20.4	76.9
東アジア						
インドネシア	44.0	18.4	37.6	33.0	22.0	44.9
中国	52.2	24.6	23.2	28.6	29.2	42.3
タイ	52.0	19.8	28.3	32.3	23.7	44.0
韓国	11.8	33.4	54.8	5.1	25.2	69.7
南アジア						
バングラデシュ	66.0	10.4	23.6	43.4	19.9	36.6
パキスタン	43.2	21.0	35.8	41.0	24.0	35.0
インド	61.8	15.6	22.7	45.6	24.3	30.1
ネパール	80.4	5.3	14.3	71.0	12.5	16.5
アフリカ(サブサハラ)						
エチオピア	77.5	6.1	16.3	68.9	9.9	21.2
ナイジェリア	49.7	12.0	38.3	37.1	11.7	51.2
ケニア	46.5	13.2	40.4	58.3	7.4	34.3
南アメリカ						
ペルー	35.9	14.6	49.5	28.3	16.6	55.2
ブラジル	21.6	22.2	56.2	10.2	22.2	67.6
アルゼンチン	7.3[b]	34.6[b]	58.1[b]	5.8[c]	29.4[c]	64.8[c]

a 工業は、鉱業、生産業、建設、電力、水道、都市ガスを含む
b 出所は世界銀行 World Development Report 2013
c 2010年のデータ。出所は世界銀行 World Development Report 2013
(出所) 世界銀行 World Development Indicators

業である。したがって、誰もがサービス産業に従事して高い所得を得られるというわけにはいかない。

産業間の所得格差の存在を裏付けるかのように、経済発展が著しい東アジアでは農林水産業の就業者比率が、1995年から2015年にかけて大きく落ち込んでいる。工業への就業者比率は、インドネシアや中国やタイのように増加している国もあれば、韓国のように減少している国もある。しかしいずれの国においても、等しくサービス産業の就業者シェアは増大する傾向が見られる。

南アジアは、東アジアより農林水産業の就業者比率がはるかに高いが、減少傾向にある点では東アジアに類似している。また南アジアの工業の就業者シェアは、東アジアよりも全般的に低いが増加傾向にある。このことは、南アジアは東アジアほど工業化に成功してはいないが、それでも工業化に歩を進めていることを示すものといえる。特にアパレル産業の発展を基軸に工業化が進んでいるバングラデシュでは、工業への就業者比率が1995年の10・4%から2015年の約20%へと大きく増加している。また、パキスタンを除いて、サービス産業の就業者比率も増加している。この中にはコンピュータを駆使したコールセンターやソフトウェアの開発などの「近代的サービス産業」もあれば伝統的な商業や運輸業も含まれているが、その内訳はわからない。いうまでもなく、後者の場合には労働報酬は高くない。

アフリカの場合には、農林水産業の就業者比率がとりわけ高くかつ安定していること、工業の就業者比率が低い水準にあることが特徴的である。これは、アフリカでは工業化に失敗したために貧困問題が解決できていないことを強く示唆するものである。

産業別のGDPのデータと産業別の就業者数のデータを使えば、産業別に就業者1人当たりの

GDPを推定することができる。ただし、すでに指摘したように農林水産業に従事している人々の中には兼業する人が多いので、推定された農林水産業就業者1人当たりのGDPは家計の総所得を過小評価している。

例えば日本では、農家の兼業所得比率は80%を超え、東アジアでも50%近い（Otsuka et al. 2009）。もちろんGDPは、労働だけで生み出されるわりではなく、機械、コンピュータ等の設備、建物を用いて生み出されているので、GDPのすべてが労働者に配分されるわけではない。労働所得が主な収入源である多くの労働者にとっては、所得は1人当たりGDPよりはるかに小さくなると考えられる。そうしたことに留意しながら、表2－4の産業別就業者1人当たりGDPを検討してみよう。

なお、過去にさかのぼるほどデータの不備が多いので、ここでは2015年のデータのみを示している。2015年において、パキスタン、インド、ネパールでは就業者1人当たりのGDPが、工業部門でサービス産業よりも顕著に低くなっている。これは、サービス産業に近代的部門が含まれるのに対して、工業部門の近代化が遅れているせいであると思われる。

次に目につくのは、農林水産業の1人当たりGDPが、工業部門やサービス産業とくらべて著しく低いことである。その最大の原因は、兼業所得が高いことにあると思われるが、農村での高齢化や就業者の教育水準の低さも関係している可能性もある。兼業所得を含む総所得で見れば、農林業従事者の1人当たりの所得と工業従事者の所得の格差はあまりないはずである。日本では、農家のほうが都市の家計より豊かである。また高所得国とブラジルやアルゼンチンにおいては、サービス産業と工業部門の就業者の1人当たりGDPは類似している。これは、両部門間である程度労働が移動している

表2－4　産業別就業者1人当たりGDP(2015年の米ドル表示)

	農林水産業	工業	サービス産業
高所得国			
日本	17,435	63,768	55,991
アメリカ[a]	65,139	83,049	86,965
UK	40,186	74,199	68,411
フランス	38,108	56,528	59,497
東アジア			
インドネシア	2,095	9,324	4,947
中国	3,258	15,596	13,209
タイ	2,247	12,516	10,184
韓国	16,619	56,379	31,578
南アジア			
バングラデシュ	680	2,690	2,930
パキスタン	1,370	1,875	3,519
インド	950	3,007	4,248
ネパール	571	1,521	4,144
アフリカ(サブサハラ)			
エチオピア	663	2,075	2,369
ナイジェリア	2,890	8,962	5,892
ケニア	1,317	5,976	3,426
南アメリカ			
ペルー	2,602	19,106	10,221
ブラジル	6,217	12,880	13,589
アルゼンチン	22,814	20,208	22,102

a 1997年のデータ
(出所)世界銀行 World Development Indicators, World Development Report 2013

からであろう。

東アジアでも、就業者1人当たりのGDPは農林水産業と工業との間で3－6倍という大きな格差がある。農家には兼業所得があることと、農村において物価が安いことが格差の広がりの主な理由で

表2－5　2010年における農村と都市の貧困者比率の比較（％）

	農村	都市
バングラデシュ	35.2	21.3
インド	33.8	20.9
タイ	13.9[a]	7.7[a]
インドネシア	16.6	9.9
ナイジェリア	69.0	51.2
ペルー	48.0[a]	16.1[a]

a 2013年のデータ
（出所）世界銀行 World Development Indicators

あろうが、農家と都市の家計では相当の所得格差があるように思われる。高所得国と異なり、就業者1人当たりGDPは、工業のほうがサービス産業よりもかなり高い。これは、サービス産業に伝統的な小売業等が含まれているためであると思われる。

南アジアでは、産業間の就業者1人当たりのGDPの格差はせいぜい3倍程度であり、比較的小さい。こうした観察結果は、低所得国では産業部門間の所得格差が比較的小さく、高所得国になると工業さらにはサービス産業で所得がとりわけ増大していくことを示唆しているように思われる。

最後に、農村と都市の貧困者比率の比較をしておこう。もし農林水産業の就業者の所得が、都市に立地することの多い工業やサービス産業への就業者の所得よりも顕著に低いのであれば、農村のほうが都市よりも貧困者比率が高くなるはずである。ここでもデータの不備があるため、まとまった比較ができた2010年について検討しよう。それでも、データが欠落している国が多い。表2－5によれば、貧困者比率は都市より農村においてはるかに高い。つまり、貧困問題は農村のほうがはるかに深刻であることを示している。しかも、都市の貧困者と農村の貧困者は同じ階層に属する人が多いと見られる。農村で貧困であったために、貧困からの脱出を目指して都市に来たがやはり貧困のままである人、さらには都市に来てみたがやがて農村に戻った貧困な人々も多い。このように考えると、貧困削減のためには農村を豊かにすること、そして農村の労働者のために都市でより所得の高い雇用機会を創出することが肝要であるということになる。次節では、この点を事例研究に基づいて検証してみる。

5 どういう人々が貧困か？

貧困な人々の多くは農村に住んでいることはわかったが、農村ではどのような所得階層が形成されているのであろうか。最も裕福なのは不在大地主であるが、彼らは大都市に居住しているので農村の住民ではない。また不在大地主は、どこの国にもいるというわけではない。一般に大地主制は、植民地時代につくられたものである。農村で比較的裕福なのは、近くの町に住んでいるような「在村」地主である。その次が、自分が所有する農地を耕作している自作農であり、その下が地主から土地を借りている小作農である。中には、自作農と小作農を兼ねている農家もある。小作農と自作農のしている仕事は基本的に同じであるが、小作農がより貧しいのは小作料の支払いがあるからである。

私のアジアでの農村調査に基づいてきわめて乱暴にいえば、生産額のうち約3分の1は肥料代や機械等の支払いにあてられ、3分の1が小作料または土地への報酬、その残りが労働への報酬になっている。最も貧困なのが土地なし農業労働者であり、除草、田植え、収穫などの単純でかつ不安定な季節労働に従事している。単純労働だけに労働報酬は低く、その結果として所得が低くなる。なぜ彼らが農業労働者に甘んじているかといえば、かなりの部分は「これまでの農地改革が悪い」からである。例えばアジアの農地改革では、大地主から土地を取り上げ、「土地を耕作者（つまり小作人）」に譲渡するのが大きな目的であった。ところがこの施策は、地主から土地を貸し出す誘因を喪失させ、小作人の追放を招く結果となってしまった。事実、農地改革を実施していないアジアの国々では、土地なし農業労働者はほとんどいない。これについては、第6章で改めて議論する。[6]

それでは、土地を所有しない農業労働者家計やわずかな土地しか所有していない零細農のメンバーは、どれほど貧しいのであろうか。この点を検証するには、詳細な家計調査のデータが必要である。しかし、通常の研究目的の家計調査だと国全体を調査するわけではなく特定の地域を調査するので、その国の状況をどこまで把握しているかという疑問が残る。それでもいくつかの調査を見比べれば、一般的な傾向はわかる。ここでは、私が1986－89年にフィリピンに出張して David 博士と一緒にプロジェクトリーダーとして行ったアジアの農村調査の結果と（David and Otsuka 1994）、2000年代初頭に再調査した結果（Otsuka et al. 2009）を中心に検討してみよう。

土地なし農業労働者家計は、フィリピン、インド、バングラデシュで全体の家計のおよそ3割程度を占める。表2－6によれば、貧困なのは土地なし労働者と零細農（ここでは1ヘクタール以下の農家であると定義）であり、それより豊かなのが小農（1－2ヘクタール）で、予想されたように最も豊かなのは大農（2ヘクタール以上）である。興味深いことは、土地なし労働者、零細農家、小農の

表2－6　いくつかのアジア諸国における、1980年代後半と2000年代初頭の農地所有規模別の農家所得（米ドル）と非農業所得のシェア（%）の比較[a]

	農家のタイプ			
	土地なし	零細農家 (0–1 ha)	小農 (1–2 ha)	大農 (+2 ha)
フィリピン				
1985年の1人当たり所得（PPP $）	703	608	721	1,550
2004年の1人当たり所得（PPP $）	1,774	1,494	1,972	4,463
1985年の非農業所得のシェア（%）	52	36	25	15
2004年の非農業所得のシェア（%）	77	58	50	57
タイ				
1987年の1人当たり所得（PPP $）	n.a.[b]	359	481	799
2004年の1人当たり所得（PPP $）	3,156	2,677	2,882	4,690
1987年の非農業所得のシェア（%）	n.a.[b]	30	20	11
2004年の非農業所得のシェア（%）	69	72	68	39
バングラデシュ				
1988年の1人当たり所得（PPP $）	544	593	703	1,059
2004年の1人当たり所得（PPP $）	674	831	977	1,533
1988年の非農業所得のシェア（%）	48	49	45	35
2004年の非農業所得のシェア（%）	66	65	57	47
タミルナドゥ州（インド）				
1986-87年の1人当たり所得（PPP $）	n.a.[b]	306	442	906
2002-03年の1人当たり所得（PPP $）	n.a.[b]	585	730	1,513
1986-87年の非農業所得のシェア（%）	n.a.[b]	2	2	18
2002-03年の非農業所得のシェア（%）	n.a.[b]	14	4	3

a 所得は2000年の購買力平価調整済みの米ドル表示
b n.a.は、タイの場合は該当する家計がなかったことを、タミルナドゥ州の場合はデータが収集されなかったことを示す
（出所）Otsuka et al. (2009), p. 206.

各家計の所得格差が意外と小さいことである。またいくつかのケースでは、土地なし労働者家計のほうが、小農の家計より豊かである。なぜであろうか。

それは、土地へのアクセスが悪い家計ほど、非農業での仕事から得られる兼業所得が多いからである。土地なし労働者の中には、ほとんど農作業に従事しない人さえいる。彼らは「農業労働者」とはいえない。非農業所得の重要性は、1980年代に比べて2000年代になってはるかに大きくなっている。われわれの研究は、アジアの農村の貧困が減少した最大の理由は非農業所得の増加であると結論している。もちろんその背後には、非農業部門の急速な発展がある。

アフリカでは、つい最近まで耕作していなかった未開の土地が多く、幸い土地なし農業労働者家計はほとんどいない。そこで表2−7では、アフリカの4カ国について零細農、小農、大農についての1人当たり所得を比較してみた。この4カ国の中では最も発展しているケニアで所得が高く、また非農業所得の比率も高い。また若干ではあるが、零細農、小農、大農の順で非農業所得のシェアが小さくなっている。他の3カ国でも、同様の傾向が見られる。つまり非農業部門の発達が遅れているアフリカでは、非農業での就業機会が乏しいが、それでも土地に恵まれていない農家は、非農業所得で農業所得の不足分を少しでもカバーしているように思われる。

非農業所得が高いからといって、誰でも非農業で働いて高い所得を稼げるわけではない。学校教育が非農業所得の最も重要な決定因であるが、その水準は都市へ移住した労働者が最も高く、以下、在村の非農業労働者、農民、農業労働者の順で低くなっている。われわれのフィリピンとタイの研究では、都市に移住した労働者を追跡し、彼らの年間所得について調査した（Otsuka et al. 2009）。その

表2－7　いくつかのアフリカ諸国における、2000年代前半の農地所有規模別の農家所得（米ドル）と非農業所得のシェア（%）の比較[a]

	農地所有規模		
	零細	小農	大農
	(0-1 ha)	(1-2 ha)	(+2 ha)
ケニア			
2004年の1人当たり所得(PPP $)	698	814	1,091
2004年の非農業所得のシェア(%)	32	29	25
ウガンダ			
2004年の1人当たり所得(PPP $)	458	557	903
2004年の非農業所得のシェア(%)	11	11	10
エチオピア			
2003年の1人当たり所得(PPP $)	565	558	816
2003年の非農業所得のシェア(%)	7	4	1
モザンビーク			
2005年の1人当たり所得(PPP $)	347	540	557
2005年の非農業所得のシェア(%)	25	24	24

a 所得は2000年の購買力平価調整済みの米ドル表示
（出所）Otsuka et al. (2009), p. 207.

結果を示した表2－8によれば、都市への移住者の所得は農村にいる非農業労働者よりはるかに高い。都市と農村の間の物価差も1つの要因であるが、都市への移住者のほうが教育水準が高いということが大きな理由である。また移住者の中では、灌漑があって比較的裕福な農村出身者は教育水準が高く、所得も高い傾向がある。なお表2－8に示している「天水田地帯」というのは、水田で稲を栽培しているものの灌漑設備はなく、不安定な天候に左右されながら年に1回、雨季に生産を行っている地域である。したがって、この地域は農村でも貧困な地域である。熱帯アジアでは半分くらいの

表2−8　フィリピンとタイにおける2004年の都市への移住者と農村での非農業就業者の教育年数と年間所得(米ドル)**の比較**[a]

	灌漑地帯	天水田地帯
フィリピン		
教育年数		
都市への移住者	11.3	10.4
農村での非農業就業者	9.5	8.4
年間所得 (PPP $)		
都市への移住者	13,503	8,001
農村での非農業就業者	5,624	4,540
タイ		
教育年数		
都市への移住者	10.1	8.3
農村での非農業就業者	9.6	8.3
年間所得 (PPP $)		
都市への移住者	12,809	8,543
農村での非農業就業者	5,631	6,089

a 所得は 2000 年の購買力平価調整済みの米ドル表示
（出所）Otsuka et al. (2009), pp. 2010-11.

水田が天水田であり、アフリカでは80％以上が天水田である。

この節の議論をまとめれば、農村の貧困の原因は、①土地を所有していないかわずかしか所有していないこと、②教育水準が低いこと、そして③非農業就業機会が乏しいことにある、といえるであろう。またここでは議論しなかったが、土地を所有していても雨量が少なく乾燥している地域（特にアフリカの内陸部）では貧困者の割合が高い。だから土地所有を比較するときは、土地の質の差を考慮した潜在的生産性も考えるべきであろう。

6 貧困と所得分配

本章では、これまで貧困について分析してきたが、最後に貧困と所得分配との関係について考察することとする。1人当たりの平均所得が高くても、一握りの富裕層が所得の大半を受け取っていて、そのために貧困な人が多いのであれば、1人当たりの所得を高めること自体に意味がない。所得分配は経済学の大きな関心事であり、それについては様々な指標が考案されてきた。本書では、直感的に理解しやすい所得分配の指標を使って議論を進めることにする。まず裕福な上位10％の家計が、経済全体の所得の何％の所得を得ているかを計算する。この比率が高いほど金持ちが相対的に豊かであることを示すから、この数値自体が不平等の1つの尺度といえる。

それを途上国について示したのが、表2－9の⑴欄と⑶欄である。東アジアと南アジアではその比率はだいたい25％から35％であるが、アフリカや南アメリカでは一般に30％を超えており、1990年前後のケニアやブラジルでは50％に近い。この比率が高いことの1つの理由は、植民地時代に大農場が作られ、それが際立って富裕な階層をつくり出したことにある。

次に所得の下位10％の家計が、経済全体の所得の何％の所得を得ているかを計算した。その結果は、表2－9の⑵欄と⑷欄に示されている。所得分配が完全に平等であればこの値は10％になるはずだが、実際には4％以下が多い。この比率が最も低いのはブラジルであり、ナイジェリア、ケニア、ペルー、アルゼンチンと続く。驚くべきは2015年における中国の比率の低さである。しかも

表2－9　所得分配の国際比較[a]

	1990年前後				2015年前後			
	上位10% (1)	下位10% (2)		比率 (1)/(2)	上位10% (3)	下位10% (4)		比率 (3)/(4)
東アジア								
インドネシア	24.7	4.2	(1990)	5.9	32.4	3.0	(2015)	10.8
中国	25.3	3.5	(1990)	7.2	29.4	2.6	(2015)	11.3
タイ	36.1	2.5	(1990)	14.7	28.4	3.2	(2015)	8.9
南アジア								
バングラデシュ	24.6	4.2	(1989)	5.9	26.8	3.7	(2016)	7.2
パキスタン	27.1	3.5	(1991)	7.8	28.9	3.9	(2015)	7.4
インド	27.0	3.9	(1988)	6.9	30.1	3.5	(2011)	8.6
ネパール	25.0	4.0	(1985)	6.2	26.4	3.5	(2010)	7.5
アフリカ(サブサハラ)								
エチオピア	33.8	3.0	(1995)	11.4	31.4	2.6	(2015)	12.1
ナイジェリア	31.5	1.4	(1992)	22.2	30.1	2.4	(2011)	12.8
ケニア	47.9	1.2	(1992)	38.6	31.6	2.4	(2015)	13.2
南アメリカ								
ペルー	35.5	2.0	(1986)	18.2	32.6	1.6	(2015)	20.4
ブラジル	48.4	0.7	(1990)	74.4	40.4	1.2	(2015)	33.7
アルゼンチン	36.8	2.0	(1991)	18.2	30.9	1.8	(2016)	17.2

a 括弧内の数値はデータの得られた年を示す
（出所）世界銀行 World Development Indicators

１９９０年から大きく減少しており、この国では経済成長に取り残された人々が数多くいることを物語っている。

最後に、高所得者の所得シェアと低所得者の所得シェアの比率を取ってみた。簡単化のために「所得比率」と呼ぶ。私はかつてこうした単純な所得比率と他の所得分配の指標を戦後の日本について比較したことがあるが、相関がきわめて強かったことを記憶している。おそらくこの所得

図2－3　所得比率と貧困者比率の相関

(a) 1990年前後

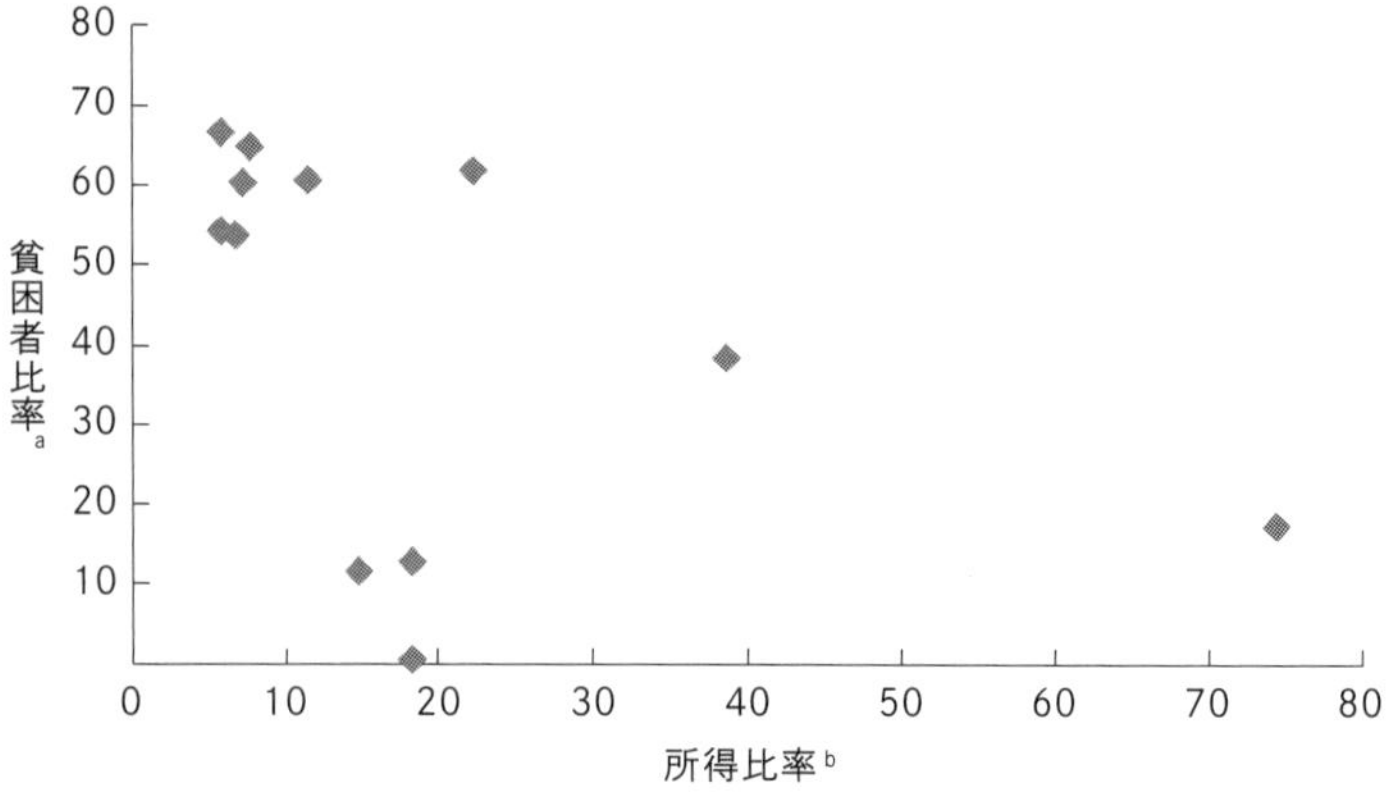

(b) 2015年前後

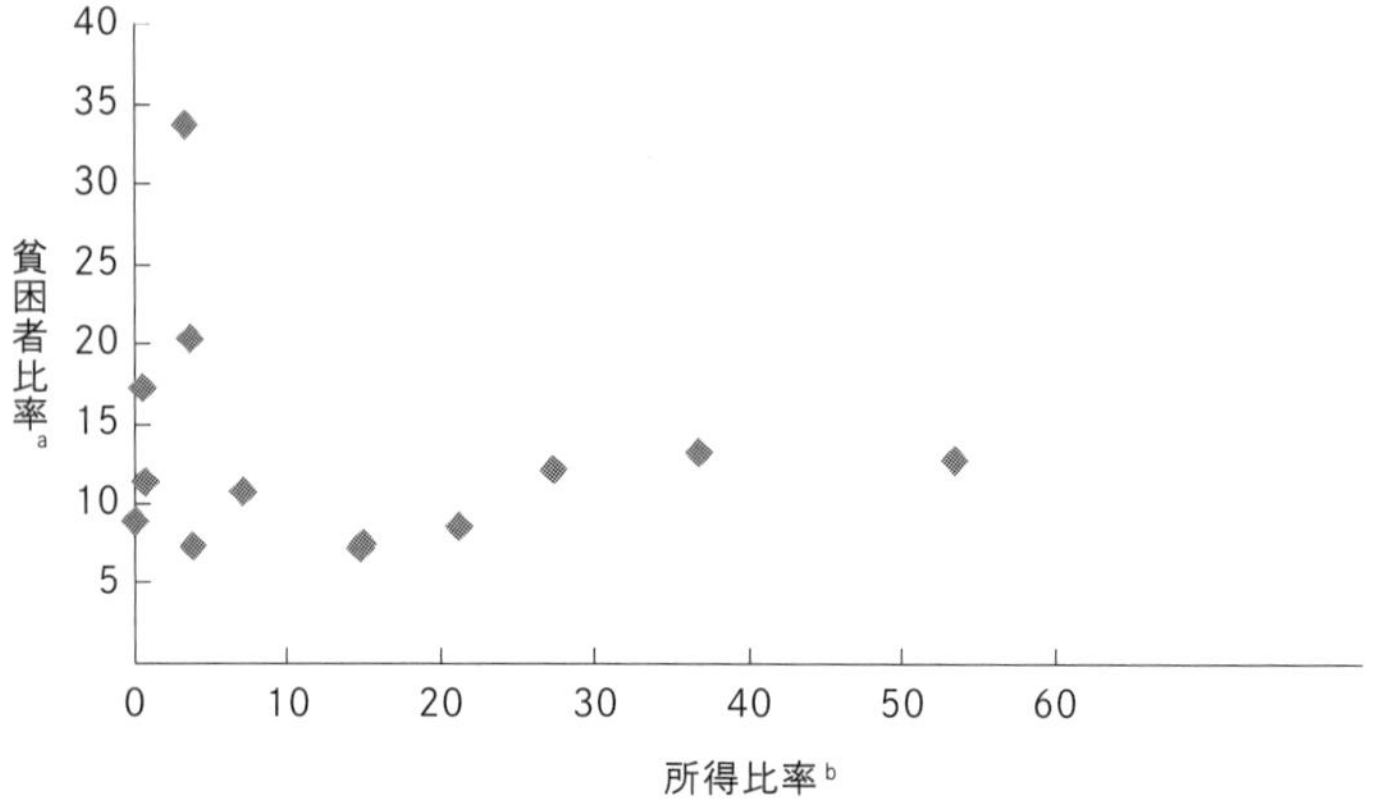

a 貧困ラインは1日1.25ドル
b 上位10％の家計の総所得分配を下位10％の家計の総所得で割った数値
（出所）世界銀行 World Development Indicators

比率は、所得分配の指標として有効な指標だと思う。

表2－9によれば、この所得比率はブラジルで圧倒的に高く、ペルー、アルゼンチン、ケニア、ナイジェリアが続いている。注目すべきは、ここでも2015年における中国の所得比率の高さである。これは「南アメリカ並みの高さ」に近づいているほどではないが、もし所得分配の不平等度がさらに高まれば、貧困層の不満のために、中国の驚異的な経済発展にブレーキがかかる可能性がある。

それでは、所得比率と貧困者比率の間にはどのような関係があるだろうか。もし所得分配の不平等が貧困の大きな要因であるとすれば、所得比率と貧困者比率の間には正の相関関係があるはずである。それを検討したのが、図2－3である。突出して所得比率が高いのはブラジルであるが、貧困者比率が高いわけではない。その他の国についても、所得比率が高くなるほど、貧困者比率が高くなるという関係は確認できない。1人当たり所得が一定の時に所得分配が平等化すれば、貧困者比率は減少する。そういう関係が図2－3から見られないのは、所得分配以外の様々な要因が貧困者比率に影響しているからであろう。すでに第1章で検討したように、そうした要因の中でも1人当たりの所得が重要な要因であるように思われる。そのため、1人当たりの所得の影響を考慮していないこの図のような分析は、不正確であるといわざるをえない。

表2－9に示されているように、所得比率が何十倍にもなっている国があるということは、所得分配の不平等度と貧困の深刻さの度合いには、一定の関係があると考えるほうが妥当であろう。

貧困者の労働報酬を高めるようにしつつ、1人当たりの平均所得を向上させることができれば、経済発展と貧困削減は両立することになる。では、どうすればいいのか。本書の目的は、様々な角度からまさにこの問いに答えることである。

7 まとめ

最後に、本章での議論のおさらいをしておこう。

- 絶対数で見ても比率で見てもこの25年間で途上国の貧困は大幅に減少した。これは歓迎すべき事実であるが、その大半は中国の急速な経済発展にともなう貧困削減によるもので、国連主導の国際的な努力で達成されたわけではない。また、南アジアやアフリカの貧困は依然として深刻である。
- 貧困は、家計の労働者比率が低いか、労働報酬が低いか、資産所得が少ないために発生する。
- 若年人口が多いために、途上国において労働者比率が低い傾向はあるが、それが先進国と途上国との間の巨大な所得格差を説明するものではない。
- 就業構造が、農業から工業、さらにそこからサービス産業へと比重を移していくにつれて、貧困者比率は低下する。就業構造の変化とともに労働報酬が高まることが、その大きな理由である。したがって、貧困削減のためには産業構造の変化とそれにともなう就業構造の変化が重要である。
- 貧困は農村でより深刻であるが、その原因は、貧困者が土地をあまり所有していないこと、彼らの教育水準が低いこと、そして彼らにとっての非農業での就業機会が乏しいことにある。
- 貧困削減のためには、貧困者の雇用機会と労働報酬を高めるような経済開発を実現し、所得の向上と貧困の削減の両者を同時に実現することを目指すべきである。

第3章　なぜ貧困を撲滅できないのか？

インターネットの普及により重要な情報が瞬く間に世界中を駆けめぐり、iPS細胞を使えば臓器さえ人工的につくり出すことができるような科学技術が発達した現代において、なぜわれわれはいつまでも「貧困問題」という古くからある深刻な問題を解決できないのであろうか。そもそも何が難しくて、この問題を解決できないのか。先進国は途上国を援助しているが、援助で貧困問題は解決できないのか。あるいは、開発政策でこれまで何か間違いをしてこなかったのか。このような根本的な疑問について議論しようというのが、本章の目的である。

第1節では、経済を発展させるための原動力は人的資本やインフラのようなストックであり、それを増大させるためには膨大な時間と資金が必要であることを指摘する。続いて第2節では、援助の有効性と限界について触れる。第3節では、未だに効果的な開発戦略が確立されていないことが、貧困を撲滅できない大きな理由の1つではないかという疑問を呈したい。次の第4節では、最近話題になった開発経済「論」について評価する。

1 ストックの蓄積には時間と金がかかる

まず認識しなければならないことは、労働者の生産性、企業の生産性、経済全体の生産性を決定しているのが、人的資本、物的資本、インフラ、社会関係資本（Social Capital）、知的資本であり、いずれもストックだということである。いうまでもなく、経済を発展させるためには生産性を上げなければならない。そのためには、これらのストックを増大させなければならない。

人的資本については、ＢＯＸ２－１で説明した通りであるが、要するにそれは人間の労働者としての質を指す。物的資本は、ここでは民間部門が所有する機械、設備、建物のことであり、通常はそれらは価値額で表示される。インフラは、公的部門が提供する公共的な資本のことであり、それには道路、鉄道、港湾、空港などが含まれる。(1) 鉄道などは民間が経営する場合もあるから、民間の物的資本と公的部門のインフラは、明確には区分しにくい場合もある。

インフラは「社会資本」とか「社会間接資本」と呼ばれることがあるが、ここでいう「社会関係資本」とは異なる。社会関係資本は、いわゆるソーシャルキャピタルのことであり、人間の信頼関係の程度を指す。社会関係資本は、取引、契約、組合、公共財の供給などの「制度」と深く関係している。社会関係が良好であれば、契約の作成、合意、履行が容易であるから、契約制度は効率的に機能する。同様に人間関係が信頼で結ばれていれば、組合活動のような集団的活動は活発になり、公共財の供給もスムーズに行われるであろう。また企業内の共同作業などが、スムーズに行われる。知的資本は、科学的、技術的、経営的知識等、生産に役立つ知識の量のことである。

社会関係資本も知的資本も、概念的には理解できるかもしれないが、実際にそれを計測することは難しい。なお、教育や研修によって個々人が生産に役立つ科学的、技術的、経営的知識を身につけた場合、それは人的資本の量を増やしたことになる。

子供を学校に通わせることは、人的資本への投資をしているわけであるが、それがすぐに生産性に影響を与えるようにはならない。時間をかけて人的資本というストックが蓄積されると、やがてそれが生産性に影響を与えるようになるのである。同様に、研究に投資をすると通常は徐々に新しい知識が生まれ、それが蓄積されて生産の効率性に影響を与えることになる。

一般的に、大変な努力をしないと経済にとって重要なストックは増えない。あたり前のようだが、これが大切なポイントである。しかも、これらのストックは補完的であることが重要である。企業が先端的な設備に投資をするときには、それを有効に使いこなせるような有能な労働者を雇ったり、すでに雇用している労働者を再訓練したりすることになる。投資と雇用の増加によって多くの企業の活動が活発になれば、物流のためにインフラの整備が必要になるであろうし、企業は下請企業や小売店との取引をスムーズに行うために、信頼関係（社会関係資本）を構築しなければならない。しかし、これらのストックを全般的に高めていくことは一朝一夕にはできない。

以下では、①市場取引と社会関係資本、②教育水準の長期的変化、③物的資本の蓄積、④インフラの整備、⑤知的資本の蓄積について検討しよう。

① 市場取引と社会関係資本

自発的な取引は、買手にも売手にも利益をもたらす。だから、できるだけ自由に取引をさせるべきだというのが、自由主義経済の根幹をなす考え方である。これは市場原理のコア部分であり、「見えざる手」の原理とも呼ばれる。これはきわめて重要な考え方であるので、BOX3－1で少し説明を加えたい。

しかし、見えざる手の原理にすべて任せておけばいいかといえば、そうではない。見えざる手が失敗するケースも、いろいろとある。ここではその1つの例として、買手にとって買おうとしている商品の質がわからないという「情報の非対称性」の問題を考えよう。要するに、売手が買手をだまして粗悪品を高い値段で

生産者と消費者がともに喜ぶような「うまい」取引はもう残っておらず、それ以上の取引は行われない（厳密には、各取引の量が少なくて、おのおのの取引が他の取引の条件に影響しないという仮定が必要である）。それは、一種の理想状態である(2)。なおこの例では、企業が売手で消費者が買手であったが、買手や売手がどのような経済主体であるかは問題ではない。例えば労働者が労働というサービスを企業に売る場合にも、「見えざる手の原理」は成立する。興味深いことに、この例で登場した消費者や企業は、自分の利益しか考えない利己主義者たちである。利己主義的な経済主体が自分の利益を追求すると、あたかも「神の見えざる手」に導かれるかのように、社会的に最適な状態が実現される。これが、AdamSmithの偉大な洞察であった。

　だからこそ、Smithは自由な市場取引を支持し、現在においてもほとんどすべての経済学者が市場の役割を重視しているのである。ただし、BOX3－3で説明するように、市場が「失敗」することがあることもきわめて重要である。

売りつけるかもしれないという問題である。それは、私たちが日常的にしばしば経験する問題でもある。おいしそうだと思って買った果物が、実際には全然おいしくなかったという経験は、誰もがしたことがあるだろう。あるいは、観光地の土産物屋でひどく高い買物をさせられた、などもそうである。

では消費者は、買いたい物の質がわからないという問題をどのようにして解決しているのであろうか。同じ問題は、原材料や部品やサービスを買っている企業にもあてはまる。いろいろと手段は考えられるが、「信用」や「評判」が大きな役割を果たしていると思う。例えばトヨタ自動車は、優秀な自動車メーカーであるという「信用」がある。だから、消費者は安心してトヨタの自動車を買う。お

BOX3－1　「見えざる手」の原理は理解してほしい

経済学の基本中の基本は、AdamSmithが提唱した「見えざる手」の原理である。この点を丁寧に説明していないミクロ経済学の教科書が多いが、私はそれを実に嘆かわしいことだと思っている。なぜならば、これこそが自由主義経済の基本原理だからである。

ある消費者が、自発的にある商品をある価格で買ったとしよう。なぜか。それは、この消費者は支払った価格以上の喜びを得る、と考えたからである。つまり、そこにある種の「余剰」（支払った分以上の満足感）が生まれたはずである。

他方、企業が自発的にある商品をある価格で売ったとしよう。なぜか。それは、売った価格のほうが生産の費用よりも高いので、儲かるからである。つまり、そこに「余剰」（利潤）が生まれている。

それでは消費者にも企業にも、自発的な取引を自由にしたいだけさせたらどうなるか。消費者と企業の双方が得をするような取引がなくなるまで、徹底的に取引が行われるはずである。その状態では、

そらく他の日本の自動車メーカーも、消費者から同様の信用を得ているであろう。一流の百貨店やスーパーは、「あそこはしっかりした物を売っている」という評判をつくって、消費者に安心して商品を買ってもらうように努力している。評判の高い企業や百貨店やスーパーであっても、粗悪品を高く売るようなことがあれば、たちまち評判が落ちて売上げが大幅に減少するであろうし、倒産の憂き目にあうこともある。こういう信用や名声は、それを獲得するように過去に努力してきた結果である。消費者をだまして一時的な儲けを得ることができたとしても、長期的な利益は、正直な商売をすることによって得られる信用がつくり上げるのである[3]。

「インチキ」を排除する方法は、他にもある。1つは、地縁や血縁を利用することである。地主は土地を貸すときに、勤勉で信用ができる小作人を雇う。それは親戚関係にあったり、あるいは近くに住んでいて長い付き合いを通して信用できる人柄がわかっている人である。世の中に家族経営の企業が多いのは、信用できる身内の労働者を雇いたいからである。

製造業では、最終の組立を行う企業と、部品を供給する企業が多数密集している産業集積（あるいはクラスター）が形成されていることが多い。これは、近くにいることで企業の評判を確認しやすいことと、信頼関係を構築しやすいことが理由である。要するに、市場取引がスムーズに行われるために、社会関係資本が重要な役割を果たすのである。

では社会関係資本がない状態で市場取引が活発化すればどうなるか。日本では、1960年代の高度成長期に住宅需要が急増して不動産ブームが起こった。そのため不動産屋が次々と開店したが、「社会関係資本」はまだ形成されていなかった。結果は、悪徳不動産屋による詐欺まがいの取引の横

図3－1　旧社会主義国の自由化後の実質GDP指数の変化（1990年＝100）

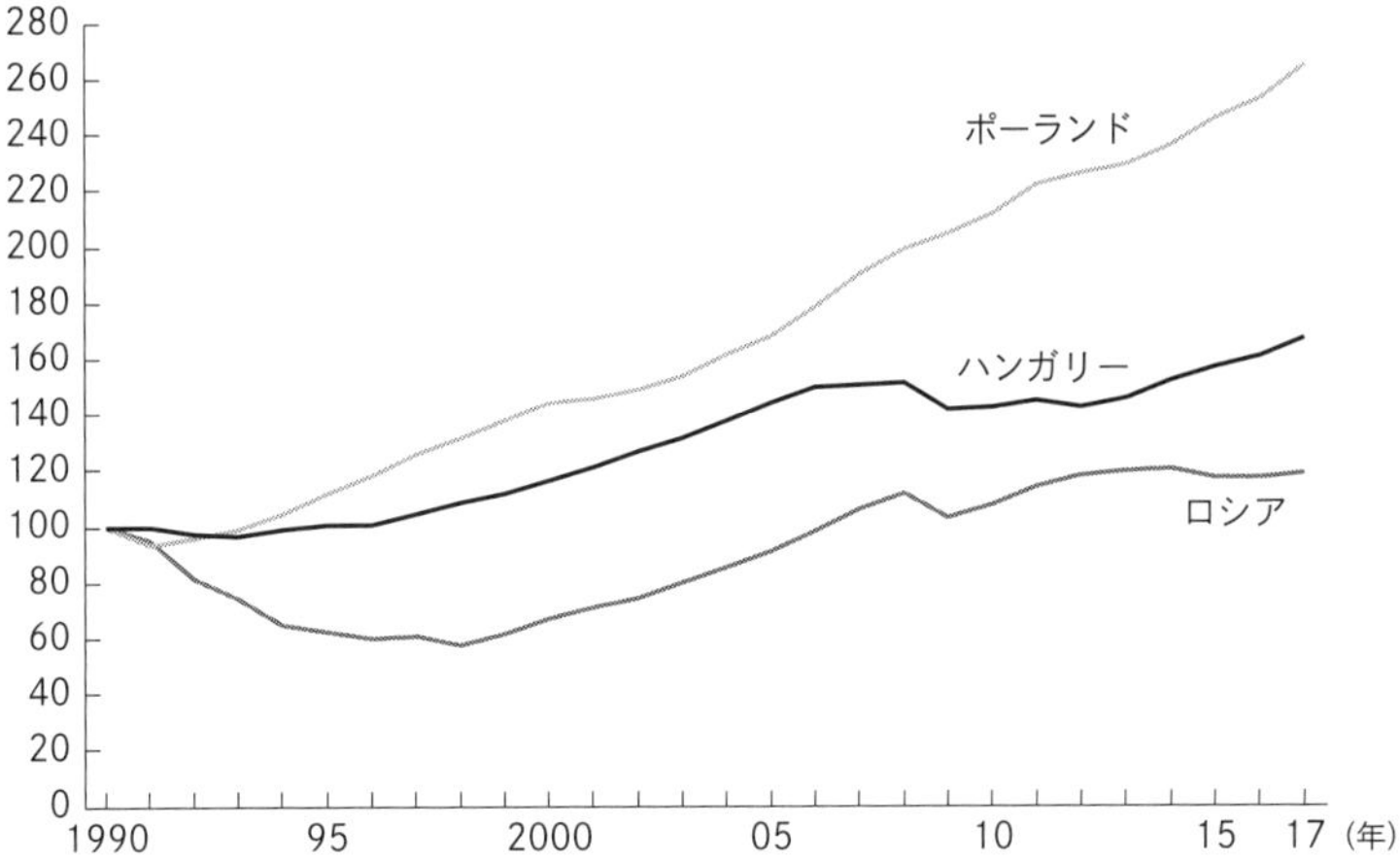

（出所）世界銀行 World Development Indicators

行であった。やがて競争を通じて名声や評判が確立され、悪徳不動産屋はつぶれて正直な不動産屋が残ったが、そのプロセスでは大混乱が起こった。

興味深いケースは、1990年代に起こった社会主義経済の崩壊と、急激な市場経済の導入である。市場取引は自由化されたが、旧社会主義国には自由な市場取引に精通した人や組織が少なかったうえに、社会関係資本（流通業者への信用）がなかった。結果は、流通の機能不全と詐欺の横行であり、経済の大混乱にともなうGDPの減少であった（図3－1）。特に急激な市場化を実施したロシアでは、GDPは半減し、もとの水準に戻るのに15年余の年月を費やすことになった。

確固たる証拠はないが、1980年代に世界銀行やIMFがアフリカ諸国の政府に対し、融資や援助を条件に市場への直接介入を半強制的に中止させた「構造調整」政策にもあてはまるように思われる。一般には、構造調整は失敗したといわれている。たしかに、短期的な効果だけを見れば、失敗したという評価は正しいだろう。もともと市場がなかったところでは、そう簡単に市場は成立しないし機能しないから、構造調整によって取引は低調になってしまったに違いない。しかし、取引の経験を通じて商売人が必要な知識を獲得するとともに、社会関係資本が形成されていけば、長期的に構造調整は効率的な市場の形成に貢献した可能性がある。

私が知っている好例は、ケニアやウガンダの牛乳の取引である。1990年代までは非効率な公的部門がそれを独占していたが、やがて民間業者の参入が許されるようになった。その数は徐々に増加し、厳しい競争をしているために、牛乳の取引は明らかに効率化した。以前のことは知らないが、私が訪問したことのあるアフリカ諸国のコメの市場《いちば》では、女性の流通業者であふれ返っている。これは、市場が機能している証拠である。最近、アフリカ経済は以前よりもはるかに好調であるが、少なくともその一部は構造調整のおかげではないかと私は考えている。

②　教育水準の長期的変化

人的資本、物的資本、インフラ、社会関係資本、知的資本の中で、経済にとって最も重要なストック変数を挙げよといわれれば、大半の開発経済学者は躊躇なく人的資本を挙げるであろう。いくら物的資本やインフラが整備されていても、人的資本が乏しい、つまり経営者や労働者の能力が低ければ、生産の効率は上がらない。逆に人的資本さえあれば、技術の開発が可能なうえに、GDPの一部を再投資しながら徐々に物的資本やインフラを蓄積することも可能である。事実、第二次世界大戦で物的資本やインフラの多くを失った敗戦国ドイツや日本が、急速に戦後復興を遂げたのは、すぐれた人的資本が残っていたからであると考えられている。

人的資本は、学校教育、親の教育、職場での訓練、健康への努力で形成される。中でも、学校教育は特に重要である。また、教育のある労働者のほうが職場での訓練の習熟が早いであろうし、さらには教育熱心な親になる可能性も高く、健康への認識も高いであろう。学校教育の水準は、人的資本の水準を代表しているように思われる。しかし、親の教育の役割も無視すべきではない。子供が親と同様な職業に就く傾向があるのは、親の教育があるからである。そう考えると、人的資本には世代を越えて蓄積される側面がある。学校教育にしても、国民全体の水準を引き上げるには教員や学校の数と質を充実させなければならないし、子供の教育自体にも時間をかけて取り組まなければならない。

表3－1には、明治学院大学の神門善久教授が推定した、日本、韓国、アメリカの平均就学年数の長期的変化が示されている。それによれば、アメリカの平均就学年数は1890年に6・5年であったが、日本がその水準に到達したのは50年後の1940年であった。1940年のアメリカの就学年数は9・8年であり、日本がその水準に達したのは30年後の1970年であった。他方、韓国の平均就学年数は日本に比べて20－30年遅れている。このように、教育水準を向上させるためには長い時間がかかるのである。

表3－2には、1950年から2010年にかけての主要な国々における15歳以上の人口の平均就学年数を示した。幸いなことに、ほとんどすべての国々において、教育水準は急速に向上している。もちろん、教育の質の差があるから、直接的な比較には注意が必要である。しかし平均就学年数がこれだけ増加しているかぎり、実質的な意味でも教育水準が向上していることは疑いない。また、

表3－1　日本、韓国、アメリカにおける生産年齢人口の平均就学年数（年/人）の長期的変化

	日本	韓国[a]	アメリカ
1890	1.3	n.a.	6.5
1900	2.0	n.a.	7.2
1910	3.0	n.a.	7.7
1920	4.3	0.6	8.3
1930	5.6	0.8	9.1
1940	6.5	1.1	9.8
1950	7.6	n.a.	10.5
1960	8.7	3.3	11.3
1970	9.8	4.8	12.0
1980	10.7	6.9	12.8
1990	11.5	9.0	13.5
2000	12.3	10.5	14.0

a 韓国の1945年以前は、全朝鮮半島を指す
（出所）Godo（2003）

２０１０年におけるアフリカの就学年数が予想外に高く、南アジアを凌駕し、東南アジア並みであることは特筆に値する。[4] ただしアフリカについては、教育水準が比較的高そうな３カ国のデータしか入手できなかったので、一般化すべきではないのかもしれない。とはいえ、教育水準の向上が、最近のアフリカ経済の好調な成長を支えている可能性は十分にある。

③　物的資本の蓄積

賃金の低い低所得国であれば、簡単な道具や機械を使い、人の力を活用した労働集約的な生産方法が合理的である。つまり、そのほうがコストが安い。しかし経済が発展して徐々に賃金が上がってくると、労働を節約し、機械を多く使う資本集約的な生産方法が有利になる。例えば、アフリカで

表3－2　主要国の平均就学年数(15歳以上)の比較(%)

	1950年	1980年	2010年
高所得国			
日本	6.73	9.10	11.60
アメリカ	8.40	12.03	13.18
UK	6.39	8.41	12.24
フランス	4.33	5.96	10.68
東アジア			
インドネシア	1.09	3.63	7.61
中国	1.61	5.31	7.95
タイ	2.04	3.64	7.99
韓国	4.50	8.13	12.05
南アジア			
バングラデシュ	0.93	2.25	5.91
パキスタン	0.99	2.15	5.02
インド	0.99	2.34	6.24
ネパール	0.11	0.99	4.23
アフリカ(サブサハラ)			
ガーナ	0.68	4.53	7.00
セネガル	1.76	2.49	2.74
ケニア	1.16	3.41	6.14
南アメリカ			
ペルー	2.83	6.10	8.88
ブラジル	2.08	3.04	7.89
アルゼンチン	4.85	7.30	9.51

(出所) Barro-Lee Educational Attainment Dataset, version 2.2
(http://www.barrolee.com/)

は普通旋盤が用いられることが多いが、日本ではコンピュータ制御のNC旋盤が使われている。ほとんど人影がなく、ロボットが生産に従事している工場などは資本集約的な生産方法の最たるものである。これらの例からもわかるように、経済の長期的な発展には、資本の高度化をともなう資本蓄積が欠かせない。

図3－2は、再び神門教授のデータを用いて、日本と韓国の労働生産性と資本額を労働者数で割った資本・労働比率の長期的変化を示したものである。このデータは、民間部門の物的資本ばかりでなくインフラのストックも含み、日本については1872年から150年近いデータが示されている。なお縦軸は対数変換しており、小さな数字の変化は大きく見え、大きな数字の変化は小さく見えるので注意を要する。対数の意味を知っている読者はわかると思うが、この図ではカーブの傾きが成長率になっている。急な右上がりの傾きは急成長を示し、平らであれば変化していないことになる。

この図から、いくつかの興味深い傾向が観察される。まず第1は、労働生産性と資本・労働比率が同方向に変化していることである。直感的に考えて、1人の労働者がたくさんの資本を操作していれば、労働者当たりの生産量は大きいはずである。したがって、両者の変化の方向が似ていることは常識に合致する。第2に、労働生産性の成長率（カーブの傾き）よりも、資本・労働比率の成長率が高いことが指摘できる。労働生産性は1人当たり所得に近い概念であるから、このことは1人当たりの所得を上昇させるためには多大な資本蓄積が必要であることを示している。第3に、資本蓄積がきわめて長期のプロセスであることが理解できるであろう。日本でも韓国でも、100年を超える長期にわたって国民が貯蓄をし、それが投資に回り、その結果として資本が蓄積されてきたのである。経済

図3－2　日本と韓国における労働生産性と資本・労働比率の長期的変化

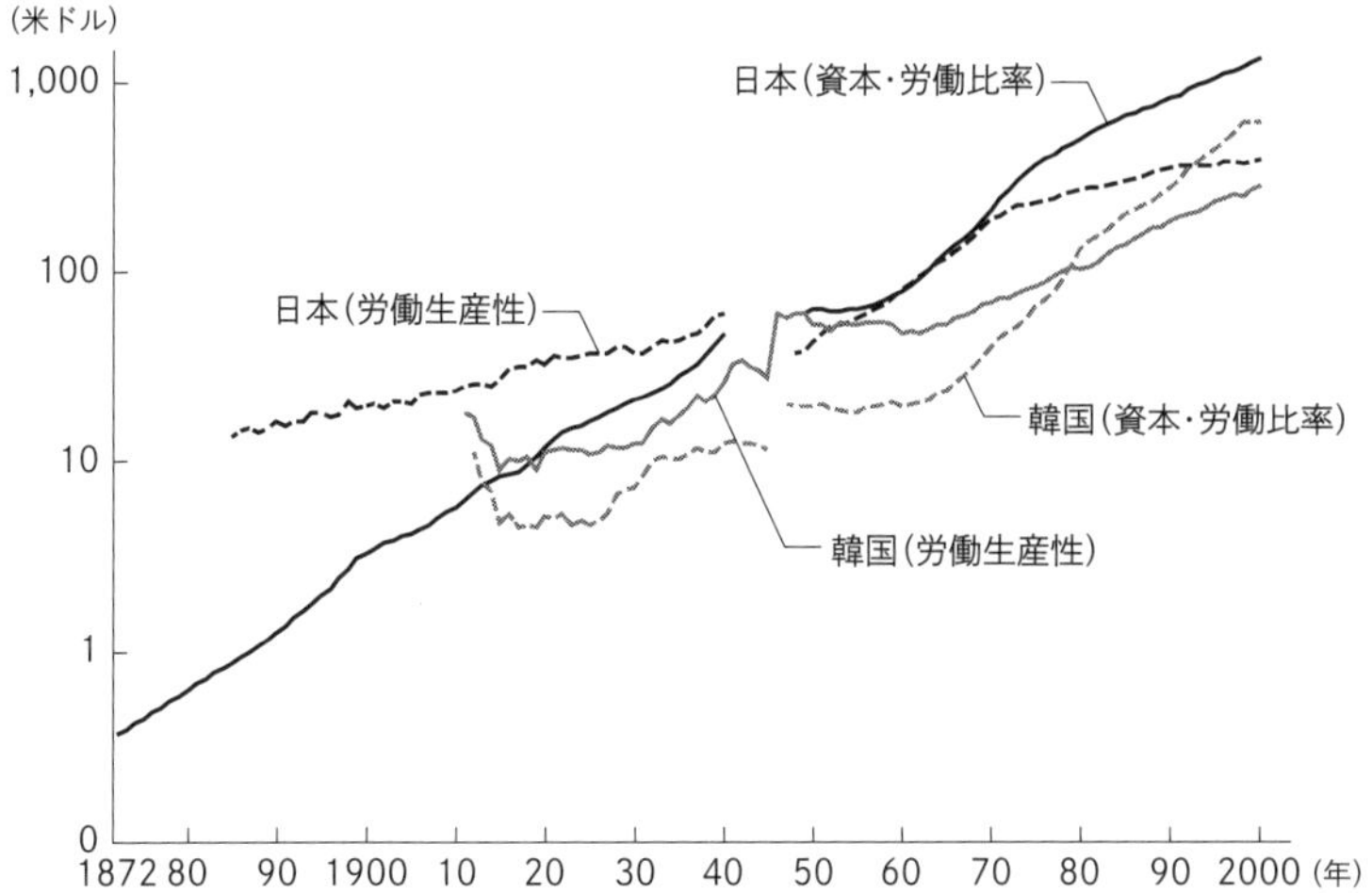

(出所) Godo(2011)

発展が、きわめて長期的なプロセスであることがこの図からも了解されよう。

図3－2では、資本・労働比率が物価調整済みのドル表示で示されているが、各国の資本・労働比率を物価調整済みのドル表示に換算することは容易ではない。そこで国際比較でよく使われるのは、各国または地域別の成長率である（表3－3を参照）。この表のデータと、日韓の経験とを比較するとおもしろいことがわかる。

まず第1は、日韓のケースと同じように、国際比較でも労働生産性と資本・労働比率は同方向に変化している。中国や、中国を除く東アジアの労働生産性の伸びは急であり、また資本・労働比率の伸びも急である。他方アフリカでは、1960年代を除いて、労働生産性も資本・労働比率も伸びが緩慢である。第2に、労働生産性の成長率よりも資本・労働比率の成長率が高いことが指摘できる。唯一の例外はアフ

表3－3　労働生産性と資本・労働比率の年平均成長率（％）の国際比較[a]

	労働生産性	資本・労働比率
先進国（22）		
1960-70	5.2	11.1
1970-80	3.3	4.9
1980-90	2.9	5.1
1990-2000	2.5	4.3
1960-2000	3.5	6.3
東アジア（中国を除く、7ヶ国）		
1960-70	6.4	10.6
1970-80	7.6	12.3
1980-90	7.2	12.6
1990-2000	5.7	9.7
1960-2000	6.7	11.1
中国		
1960-70	2.8	2.6
1970-80	5.3	8.0
1980-90	9.2	19.4
1990-2000	10.1	25.1
1960-2000	6.8	13.7

	労働生産性	資本・労働比率
南アジア（4）		
1960-70	4.2	6.3
1970-80	3.0	2.0
1980-90	5.8	10.6
1990-2000	5.3	8.0
1960-2000	4.6	6.6
アフリカ（19）		
1960-70	5.2	8.0
1970-80	3.6	2.9
1980-90	1.7	－3.1
1990-2000	2.3	－0.6
1960-2000	3.2	1.7
南アメリカ（22）		
1960-70	5.5	8.0
1970-80	6.0	7.7
1980-90	1.1	－5.1
1990-2000	3.3	2.6
1960-2000	4.0	3.1

a 括弧内はサンプルとなった国の数。 地域の平均は購買力平価調整済み GDP を用いた加重平均
（出所）Boswoth et al.（2003）

リカであり、労働生産性の伸びのほうが資本・労働比率の伸びよりも速い。わずかな資本を用いて、努力しながら労働生産性を多少なりとも高めてきたのであろう。

しかしながら、資本・労働比率を増大させなければ、労働生産性が長期的に増大することは期待できない。投資の収益率を上げ、活発な投資が行われるような環境を整え、長期的に資本を蓄積することが、アフリカに限らずどの国にとってもきわめて重要な課題である。

④　インフラの整備

一口にインフラといっても、道路、鉄道、電力、上下水道、港湾等々、様々なものがある。ここでは、国民1人当たりの舗装された道路の距離を、運輸インフラの発展度の指標として考えたい。道路の距離は、その国の地形や人口密度にも依存するが、道路が代表的な運輸インフラであることは間違いない。特に途上国では鉄道が未発達であるため、道路の役割は余計に大きい。しかしながら、一般に途上国の道路の状態は悪い。バングラデシュの首都ダッカのでこぼこ道と交通渋滞、時速20－30kmのスピードでしか進めない北ベトナムの未舗装の山道等、私が目にしたいろいろな情景が目に浮かぶ。

道路が悪いと輸送費が上がるから、買う物の値段は高くて売る物の値段は安くなる。その結果、例えばアフリカの内陸国の化学肥料の価格は、国際価格の2倍とも3倍ともいわれている。他方で、農作物の価格は低い。これでは多くのアフリカの農民が、化学肥料をほとんど使わないこともうなずける。またアフリカの内陸部では燃料などの必需品の価格も高く、貧困削減を阻む要因の1つになっている。

表3－4の1人当たりの舗装道路の距離のデータを見ると、東アジアでの増加が著しいことがわかる。特にタイは、熱心に道路に投資してきたことが明らかである。中国のデータは未整備だが、2005年から2010年にかけてのわずか5年間で、距離が60％も増えている[5]。一方、南アジアでは、多少の改善しか見られない。さらにアフリカでは、1人当たりの舗装道路の距離が極度に短いば

表3－4　主要国の国民1人当たりの舗装道路の距離(m)

	1990年	2010年
高所得国		
日本	1.4	2.1
アメリカ	25.0[a]	21.2
UK	6.3	6.7
フランス	15.2	15.8
東アジア		
インドネシア	0.7	1.1[b]
中国	n.a.[c]	1.6
タイ	1.1	2.7[d]
韓国	0.9	1.7[b]
南アジア		
バングラデシュ	0.1	n.a.[c]
パキスタン	0.8	1.1
インド	1.1	1.7[e]
ネパール	0.1	0.4[e]
アフリカ(サブサハラ)		
エチオピア	0.1	0.1[f]
ナイジェリア	n.a.[c]	0.8[g]
ケニア	0.3	0.2
南アメリカ		
ペルー	0.3	0.6
ブラジル	1.1	1.1
アルゼンチン	n.a.[c]	1.8[h]

a 道路の長さのデータは1990年のものであるが、舗装率のデータは報告されていない。ただし、2007年以降の舗装率が100％であるため、1990年も100％と仮定して算出した
b 2009年のデータ
c データなし
d 2006年のデータ
e 2008年のデータ
f 2007年のデータ
g 2004年のデータ
h 2003年のデータ
なお、このデータは2011年以降更新されなくなった

(出所) 世界銀行 World Development Indicators

かりか、20年間で目立った増加がない。これでは物流に支障をきたすであろうし、経済発展のポテンシャルも発揮しにくい。この状態から抜け出すためには、長い期間にわたる莫大なインフラ投資が必要と考えられる。

⑤　知的資本の蓄積

ここでいう知的資本とは、科学的、技術的、経営的知識のストックを指す。以前の研究では、生産性の向上をもたらす要因をすべてひとまとめにして「技術進歩」と呼んでいたが、最近では技術を使いこなす経営の知識の重要性が認識されるようになった。経営の改善を含む広い意味での技術の進歩と教育の改善は、経済成長のエンジンであることが知られており、知的資本は経済発展にとってきわめて重要である。しかしながら、そのストック量を客観的にどのように計測するかとなると、とたんに頭が痛くなる。学位を持った研究者や技術者や経営者の数は1つの指標だが、国際比較ができるようなデータは入手しにくいし、各国間や大学間の学位の質に相違があるという問題もある。

ここではまず、特許の使用料の支払いと収入の比較から、技術的知識の水準について考察してみよう。ある国の技術水準が低ければ、自ら技術を開発するのではなく、使用料を支払って他の国の特許を使わせてもらうことが合理的である。しかしその国の技術水準が向上すれば、今度は特許料を徴収する側に回ることになる。それを、例外的にデータが揃っている戦後の日本について示したのが図3－3である。

日本経済が、現在の中国経済と同じように、年率平均10％のスピードで成長していた高度成長期

図3－3　日本の特許料の実質支払額と受取額の推移

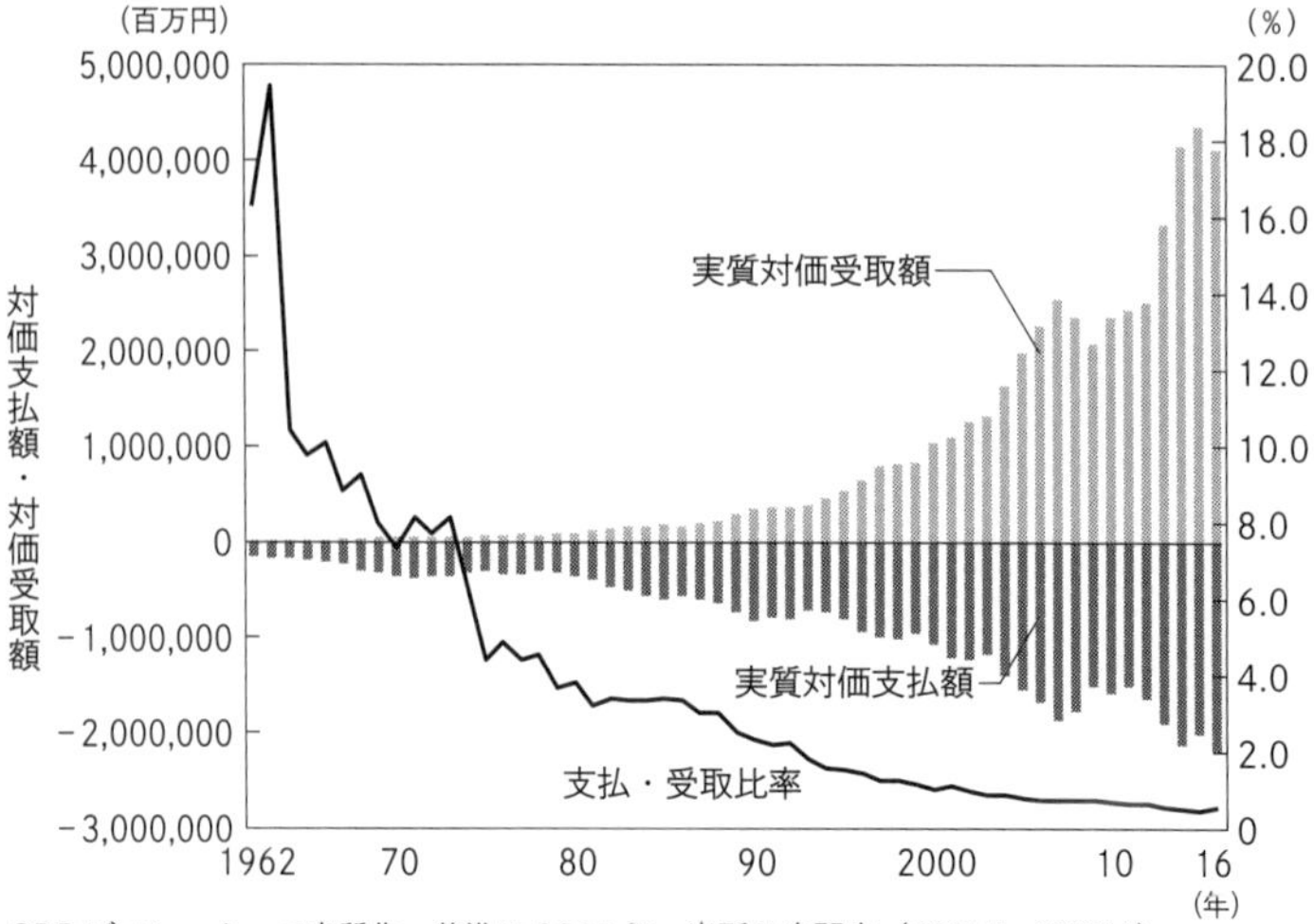

GDP デフレーターで実質化。基準は 2005 年。出所は内閣府（68SNA, 93SNA）
（出所）科学技術庁　『科学技術要覧』

（特に1960年代）には、日本は圧倒的に技術を輸入していた。1963年には特許使用料の支払額は、受取額の20倍近くに達していた。これは、合法的な模倣活動である。その他にも、輸入機械をバラバラにして中身を調べ上げるリバースエンジニアリングも盛んだったらしいが、これは非合法すれすれだった。実はこうした模倣が、日本経済の発展のエンジンになっていたのである。その後も特許使用料の実質の支払いは増大していったから、技術の模倣は継続されたと考えられる。GDPとの比率で見ると、特許の使用料の支払いは、1980年の0・13％から2010年の0・34％に増えている。他方、特許料収入は、技術水準の向上とともにより急速に増大していった。2000年ごろには、特許使用料の受取額が支払額に追いつくのだが、この時期は「低成長期」に入っており、日本経済の成長のスピードは鈍っていた。

日本の経験だけから結論づけることはできないが、技術水準が低いときには、技術水準の高い先進国の技術を模倣することによって経済は急成長するが、模倣の余地が相対的に減少し、自前で技術開発をしなければならない先進国段階に到達した時期には、経済の成長のスピードは鈍化するように思われる。図3－3からもわかるように、それは時間のかかるプロセスである。また皮肉なことに、技術水準が高まった時期には経済の成長力は鈍るが、これは自前の技術を開発するとなると「生みの苦しみ」があるからであろう。

日本の長期的経験と類似した傾向は、各国の特許申請件数と居住者による申請割合の1990年と2015年の国際比較からもうかがえる（表3－5）。特許の質は多種多様であるし、国際間の質的相違もあるから、特許数の単純な比較は適切ではない。しかし、表3－5からは大まかな傾向をつかむことができる。

高所得国では、アメリカを除いて特許の申請件数は安定しており、自国の居住者による申請の割合が高い。これは、技術的知識の水準が安定的に高く、自国の技術開発力が高いことを反映するものであろう。東アジアを見ると、特許の申請件数が一般に大幅に増え、なおかつ自国居住者の申請割合が急増しており、技術水準の向上がうかがわれる。

南アジアは、東アジアに比較して特許の申請件数の伸びが鈍く、かつ自国居住者の申請割合が低い。これは、南アジアの技術水準が停滞し、外国の技術に依存する傾向が強いことを示すものである。またアフリカは、自国の人々の特許申請はほとんどなく、技術の開発力が低いことを示してい

表3－5　主要国の特許申請件数と居住者による申請割合の国際比較

	1990年		2015年	
	申請件数	居住者による申請の割合（%）	申請件数	居住者による申請の割合（%）
高所得国				
日本	360,704	92.3	318,721	81.2
アメリカ	171,163	53.0	589,410	48.9
UK	28,238	68.4	22,801	65.2
フランス	16,638	74.4	16,300	87.8
東アジア				
インドネシア	480	1.0	9,153	11.6
中国	10,137	57.5	1,101,864	87.9
タイ	1,940	3.8	8,167	12.6
韓国	25,820	35.2	213,694	78.3
南アジア				
バングラデシュ	108	29.6	340	12.1
パキスタン	547	4.2	886	23.6
インド	3,820	30.0	45,658	27.6
ネパール	0	n.a.[a]	82	13.4
アフリカ（サブサハラ）				
エチオピア	0	n.a.[a]	0	n.a.[a]
ナイジェリア	258	4.7	0	n.a.[a]
ケニア	0	n.a.[a]	193	71.0
南アメリカ				
ペルー	268	18.3	1,249	5.4
ブラジル	7,537	31.7	30,219	15.4
アルゼンチン	2,910	32.8	4,125	13.2

a “n.a.” は特許数がゼロなので、居住者の申請の割合は計算不能であることを示す
（出所）WIPO statistics database

る。

これらの事実は、経済発展に成功するためには、かつての日本と同じように、途上国の段階では外国技術に依存し、経済の発展とともに技術的知識の水準を向上させ、やがて自前の技術の開発力を高めることが重要になることを強く示唆するものである。

2 援助が足りないのか？

国民総所得（GNI）の0・7％をODA（政府開発援助）として拠出するという目標は、1970年以来、OECD加盟国（先進国）の間で何度も繰り返し確認されてきた。しかしながら、表3－6に示したように、OECDの中心メンバー（DAC）の平均のODA・GNI比率は1990－91年で0・33％であり、2016－17年も0・32％とほとんど変化していない。ノルウェーの比率はOECD加盟国の中で最も高く、1％を超えている。アメリカの比率は低いが、軍事援助に大きな予算を割いており、他の国と単純な比較はできない。こう考えると、日本の2016－17年のODA・GNI比率0・22％は、きわめて低いといわざるをえない。しかも総額で見ても、日本のODAの伸びはきわめて鈍い。これは、残念ながら異常な状況である。そこで、BOX3－2ではこの問題を掘り下げよう。

先進国はそれなりに努力をして援助しているとして、果たしてODAは途上国が様々なストックを急速に増大させるのに十分な額に達しているのであろうか。それを検討するために、表3－7には主

表3－6　主要先進国のODA拠出総額(2016年の百万米ドル)**と、GNI(粗国民所得)に対する比率**(%)

	1990－1991		2016－2017	
	ODA総額	GNI比率	ODA総額	GNI比率
日本	14,031	0.32	11,134	0.22
アメリカ	17,118	0.20	34,270	0.18
UK	4,123	0.30	18,322	0.70
フランス	11,056	0.61	10,324	0.41
ノルウェー	2,512	1.15	4,162	1.06
OECD DAC国合計	84,700	0.33	144,814	0.32

(出所) OECD Statistics on resource flows to developing countries.
http://www.oecd.org/dac/stats/statisticsonresourceflowstodevelopingcountries.htm
Aid performance by DAC members, Table 9 － Long － term trends in DAC ODA
支出純額ベース
支出総額（グロス）と支出純額（ネット）の関係は次の通り：
支出純額＝支出総額－回収額（被援助国から援助供与国への貸付の返済額）

要な途上国のODAの受取総額の対GNIと対海外直接投資（FDI）の比率を示した。1990年に関していえば、ODAの対GNI比率が高いのは、バングラデシュ、ネパール、エチオピア、ケニアで、7％から14％くらいの水準であった。これらは最貧国のグループに属する国々であり、ODAがそうした国々に大きく配分されていることがわかる。バングラデシュは経済が大きく成長したので、2015年におけるODAの対GNI比率は大幅に下がっているが、エチオピアの比率は比較的緩慢にしか下がっていない。しかしいずれにせよ、ODAのGNIに占める割合が5％あるいは10％というレベルでは、途上国の人的資本、物的資本、インフラ、知的資本を急激かつ大幅に増やすことができないことは自明である。

ODAは、FDIに比較して金額的に大きく劣るため、ODAよりもFDIがより重要であるという議論がある。果たしてそうだろうか。たしか

表3－7　主要な途上国のODA受取総額(百万米ドル)**と、**
GNI(粗国民所得)およびFDIに対する比率(%)

	1990年			2015年		
	ODA総額	対GNI比率	対FDI比率	ODA総額	対GNI比率	対FDI比率
インドネシア	2,286	1.70	2.09	－148	0.00	－0.01
中国	2,699	0.56	0.77	－416	0.00	0.00
タイ	1,044	0.94	0.43	49	0.02	0.01
バングラデシュ	2,924	6.49	902.94	2,584	1.24	0.91
パキスタン	1,590	2.70	6.48	3,709	1.31	2.29
インド	1,935	0.44	8.18	3,251	0.15	0.07
ネパール	587	11.62	98.79	1,212	5.63	23.36
エチオピア	1,411	8.34	n.a.[a]	3,189	5.04	1.21
ナイジェリア	347	0.50	0.59	2,401	0.50	0.77
ケニア	1,644	14.39	28.80	2,464	3.89	3.98
ペルー	566	1.60	13.81	330	0.18	0.04
ブラジル	193	0.03	0.20	997	0.06	0.02
アルゼンチン	223	0.12	0.12	－17	0.00	0.00

a 1990 年の FDI がゼロのため、対 FDI 比率が算出不可能
(出所) 世界銀行　World Development Indicators

に、ＦＤＩは外資系企業を通じて新しい技術、経営のノウハウ、海外とのネットワークを途上国に持ち込んでくるので、途上国の企業が新しい有用な知識を学ぶ機会が増える。ある専門家の話では、インドの有力企業家の半数以上は、かつて外資系の企業で働いたことがあるという。

表３－７から読み取れる興味深い事実は、１９９０年において、バングラデシュ、ネパールでＦＤＩがほぼ皆無でＯＤＡとの比率は巨大であったということである。なぜか。

ＦＤＩは、ある程度インフラが整備され、良質な労働者が雇用可能である途上国にしか来ない。ナイジェリアのように石油や天然ガスのような自然資源のある国は別だが、

最下位のクラスである。日本より拠出の少ない韓国は新しい加盟国であり、ギリシャやポルトガルは経済が破綻しかねない国々である。トップのノルウェーと比べれば、日本人の１人当たりODA負担額は10分の１以下である。

しかし、日本は有償資金協力の比率が高いために、過去行った貸付けの元本返済が増え、それを差し引いたODAの純支出額が見かけ上減っているのだ、と主張する人もいる。たしかに、図3−5に示されているのは純支出額である。また返済が多いこと自体は、収益を生む投資を行ってきたことの反映であろう。しかしながら、有償資金協力の元本返済分をODAの拠出額から差し引かないということは、貸与することと贈与することを同等に扱ってしまうことになる。それもまた、問題である。やはり日本は、「ODAに無関心なODA小国」になってしまったといわざるをえない。国内の財政事情が厳しいのはわかる。しかし、いまや日本は途上国から見て頼れる先進国ではない。このことが国際政治の中の日本の地位にどういう影響を与えるかは、これまで以上に真剣に考えなければならない問題であると思う。

図3−5　OECD DAC諸国におけるODA実績の国民1人当たりの負担額(2015年基準米ドル)

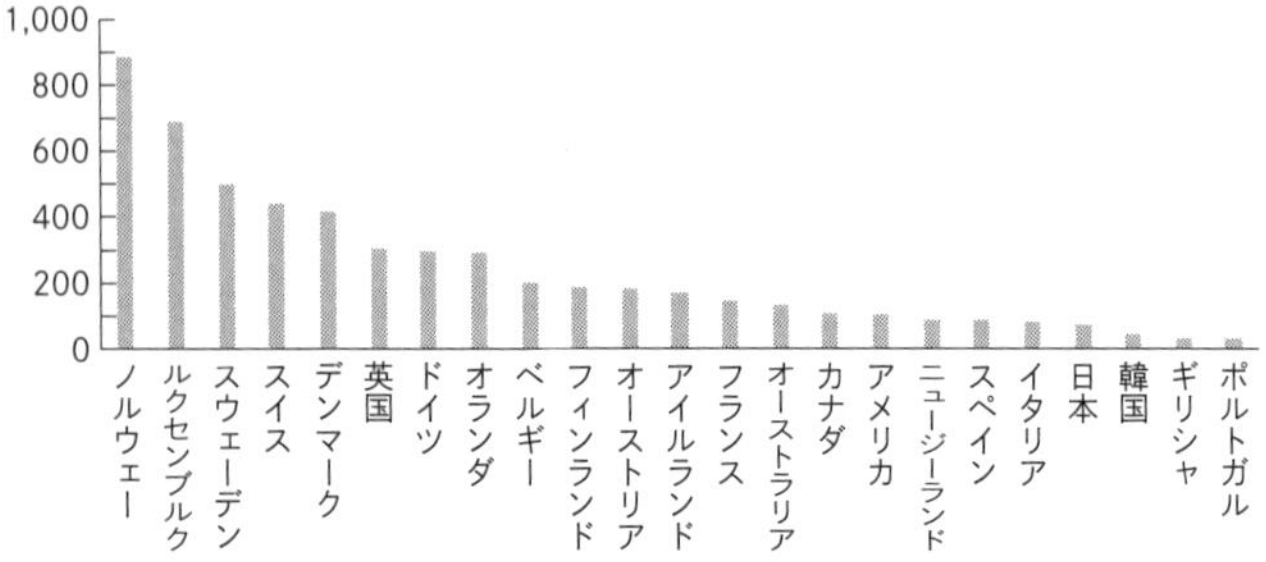

(出所) OECD, 世界銀行　World Development Indicators

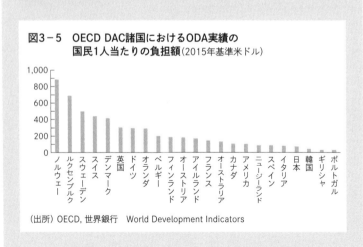

BOX3－2　日本は援助大国だったことがあるか？

この問いに対する素直な答えは、イエスである。日本のODA総額は1970年代から80年代を通じて増え続け、1989年から2000年までほぼ毎年のように世界第1位であった（図3－4参照）。私見だが、そのことが「日本はODAを出しすぎである」という国民の意識につながっていったように思う。ちょっと冷静に考えればわかることだが、ある国が援助に熱心であるかどうかは、ODAの総額ではなく、GDPに対するODAの比率、あるいは国民1人当たりのODA負担額で考えるべきである。人口が多いために総額でのODAが多くても、1人当たりの負担が少なければ、その国はODAに積極的であるとはいえない。日本が、まさにそのケースであった。ODAの国民総所得に対する比率は、1990年ごろでも0.3％であり、決して国際的に高い水準ではなかったが、そこから減少を続け2007年以降はしばしば0.2％を切っている。つまり「日本はODA大国ではあったが、ODAに特に熱心ではなかった」というのが、正しい認識である。

図3－5が、このことを如実に示している。2015年の日本の1人当たりODA拠出額は、OECD加盟国（ほぼ先進国に対応）中で

図3－4　日本のODA総額とGNI比率の推移

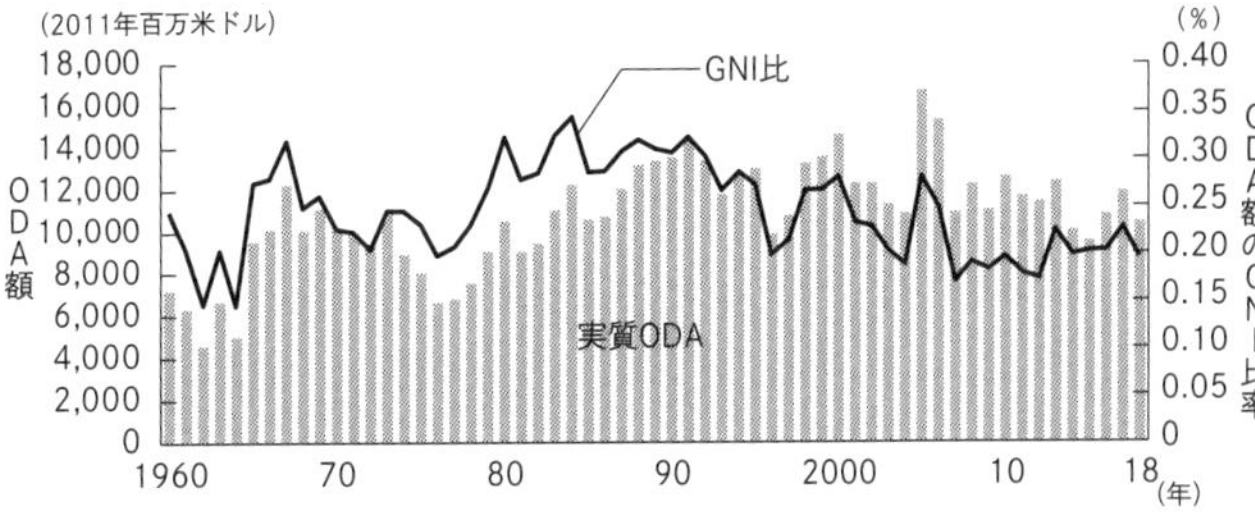

（出所）OECD StatExtracts

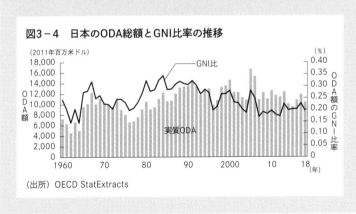

われ、自由な取引は社会の総余剰を最大化しない。

経済発展の観点からは、技術的な知識や経営上のノウハウが、革新的な企業から追随者的な企業に流れる（spilloverする）という外部経済が重要である。例えば、革新者は自らが開発した新技術から1億円の利益を上げるが、それを模倣した追随者たちも総額で1億円の利益を得たとする。この場合、社会的利益は2億円である。しかしながら、革新者は私的利益しか考えていないから、革新を生み出すための努力は、社会的に望ましい水準より低くなる。本文の例に則していえば、新工場を建設したのは革新的企業で、この企業にとっての投資の収益率は例えば15％であっても、社会にとっての収益率は模倣企業の利益を含むから30％であったかもしれない。そうであれば、政府はA社を支援して投資を増額させるべきである。つまり政府は、外部経済があればその活動を支援すべきなのである。

第4に、公共財の供給の問題がある。公共財というのは、多くの人々が同時に消費でき、しかも費用を負担しない人を排除しにくい財やサービスである。例えば、一般道や国防サービスなどはその典型である。利己主義者であれば、他人に費用を負担させて、自分は無料でサービスを享受するというのが合理的な行動になる。しかし誰もが同じ行動を取れば、公共財は供給されない。政府か市民グループか共同体のような組織が費用を負担しないかぎり、公共財の社会的な過少供給が起こってしまう。これらのサービスを提供する設備はすべてインフラと呼ばれ、政府がその供給に責任を持つことが多い。

情報の非対称性があり、資金の貸借市場が不完全で、外部経済や不経済があり、公共財が不足している状況では、政府が適切に介入することが望ましい。しかし、政府の介入が社会的に望ましくない結果を招くこともある。例えば腐敗した政治的リーダーは、自分が関連する企業だけを援助するかもしれない。これを、「政府の失敗」と呼ぶ。だから現実的には、市場の失敗と政府の失敗とを天秤にかけて、政策提言を考えなければならない。

BOX3－3　市場の失敗

「見えざる手」の原理がうまく機能すれば、経済の運営は市場に任せておけばよいのだが、それがうまく機能しない場合がたくさんある。

第1に、情報の非対称性の問題がある。例えば、買手は買った商品の質がわからずにだまされてしまうことがありうる。そういう犯罪的行為を未然に防止するには、法の施行や裁判制度の整備が重要だが、些細なことでも裁判沙汰にしていたのでは費用がかかりすぎるという問題がある(7)。

第2に、第1と類似した点でもあるが、資金の貸借市場の不完全性という問題がある。資金の貸手は、借手の返済能力がわからない場合があるし、貸した資金が堅実に利益の上がる目的に用いられているかどうかを確認できない場合もある。おまけに投資の収益は不確実で、運が悪ければ収益はマイナスになってしまう。特に借手に担保がない場合には、借金の踏み倒しが起こるかもしれない。そうであれば貸手が尻込みし、有望な投資のために資金が貸与されないということも起こりうる。これは、資金市場の「失敗」である。同じことは、教育投資にもあてはまる。教育投資への報酬率は一般的に高いことがよく知られているが、投資の報酬は不確実で、貸し付けた資金が返済される保証はない。そのうえ人的資本は担保にならないので、銀行などの公的金融機関から人的資本への投資のための貸付けは行われていない。

第3に、外部経済または外部不経済がある場合、市場は失敗する。これは、取引の当事者以外の第三者が利益を得たり、不利益を被ったりする場合のことである。例えば、企業が販売する製品の生産時に汚染物質を排出しているとしよう。この企業もその製品を購入する消費者も、自由な取引に大満足かもしれないが、工場周辺の住民は被害を受けている。もしこの汚染物質による被害（つまり外部不経済）が無視されていれば、社会的に望ましい以上の生産が行

ＦＤＩは最貧国を嫌うのである。だから、ＦＤＩを呼び込むためには、途上国側がある程度発展していなければならない。

２０１５年において、インドネシア、中国、タイの東アジアの3カ国はＯＤＡ・ＦＤＩ比率がゼロに近く、バングラデシュ、ネパール、ケニアなどもその比率を下げている。もっとミクロ的かつ精緻な分析で確かめる必要はあるが、ＯＤＡは最貧国のインフラや教育への投資を高め、それらの国々の経済発展の一助となるとともに、それがやがてＦＤＩの呼び水になる役割を果たしている。

結論すると、ＯＤＡだけで途上国の発展を大幅に加速させることはできないが、市場に任せておけないインフラや教育への投資にＯＤＡが用いられれば、最貧国の発展を刺激し、やがてはＦＤＩを巻き込んだ発展の実現に資することになりうる。そのためにも、ＯＤＡは民間投資を促進する触媒の役割を果たすものでなければならないのである。(6)

3　効果的な開発戦略がわかっていない

途上国を発展させるためには、限られた資源を有効に投資し、経済にとって有用なストックを蓄積しなければならない。投資すべきは、「市場が失敗」している分野である。「見えざる手」の原理が働いていて社会的に望ましい水準まで取引が行われているのであれば、政府や国際機関が介入しても大きな成果は上がらない。

例えば、売上げが好調なA社は、銀行から融資を受けて新工場を建設することにしたとしよう。銀行からの借入れ利子率が10％で、A社は好きなだけ借入れをすることができるとする。A社は、100億円の借金による工場建設と機械の購入で、収益率が優に10％を超えると予想した。しかし、それでは相変わらず生産が注文に間に合わないため、追加的にもう50億円借りたらいいのではないかと考え、計算すると、10％すれすれの追加的収益が確保できそうだとわかった。そこでA社は、150億円を銀行から借りることにした。

さてここで政府は、この企業に対して何か支援をすべきであろうか。それは、正の外部性があって市場が失敗しているか否かに依存する。例えばA社の新型工場が他社の見本になってA社の属する産業全体が発展するようであれば、社会にとっての収益率は10％を超えており、政府がA社の投資を拡大するように支援することが望ましい。BOX3－3では、「市場の失敗」についてさらに説明する。

途上国政府、国際機関、あるいは先進国政府が、途上国経済の発展を効果的に支援するためには、どこに何をどのような順序で投資することが経済の発展にとって有効なのか、を設計できていなければならない。それについては、実はほとんどできていないというのが実態である。その証拠を以下で示そう。

①　農業の開発

図3－6は、主要穀物（コメ、小麦、トウモロコシ、ソルガム、ミレット）について、1ヘクタール当たりの平均収量を地域別に示したものである。東南アジアや南アジアは、コメや小麦の高収量品種と化学肥料の普及、さらには灌漑投資によって、1960年代末から穀物の収量が増大した。これ

図3－6　サブサハラ・アフリカ、東南アジア、南アジアにおける、主要穀物（コメ、小麦、トウモロコシ、ソルガム、ミレット）の1ヘクタール当たりの平均収量

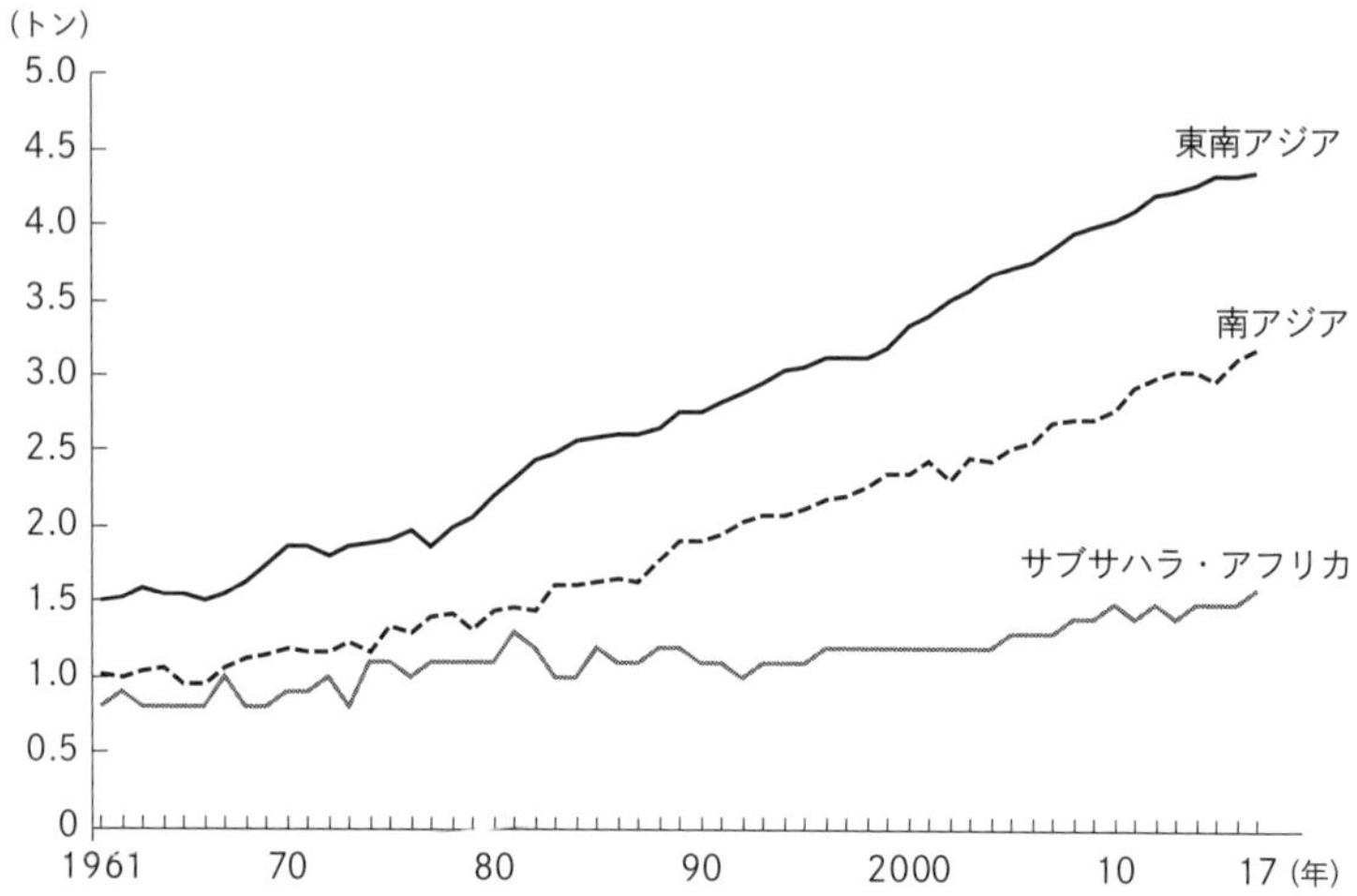

（出所）FAOSTAT data を使って、筆者が算出

は、「緑の革命」と呼ばれている。それ以前の熱帯アジアでは、人口が爆発的に増加して未開の耕地はほとんどなくなり、既存の耕地からの穀物収量が停滞していたために大量の餓死者が出るのではないかと危惧されていた。それを救ったのが、「緑の革命」であった。第4章で再び議論するが、緑の革命とは、日本のような温帯で開発された高収量型の技術体系を熱帯に移転するという技術変化であった。風土の相違を克服するために、科学の力で技術の改良が行われたのである[8]。

緑の革命は、歴史上産業革命に次いで最も重要な革命的技術変化である。そこでは、多くの日本人が多大な貢献を果たした。それは日本が世界に誇るべきことであるが、残念ながら日本では、緑の革命の負の側面（化学肥料の多投や農薬の使用）ばかりが強調されて、緑の革命の重要性や日本人の貢献はほとんど知られていない。

同じ熱帯でも、アフリカでは緑の革命はほとんど起こっていない。そのために穀物の収量はアジアよりもはるかに低く、しかも成長が緩慢である。アフリカでは、1960年代の熱帯アジアと同じように、未利用の優良な可耕地が減る一方で人口は増えているために食糧は不足している。したがって、主要な産業が農業でありながら、コメや小麦を大量に輸入しているのである。だから、アフリカでも緑の革命を起こしたいという機運が高まっている。ビル&メリンダ・ゲイツ財団とロックフェラー財団が、「アフリカの緑の革命のための同盟」（AGRA）を2006年に設立したのは、その願望の表れの1つである。

温帯の技術体系を熱帯に適用したアジアの緑の革命の実現が難しかったことはわかるが、アジアと同じ熱帯であるアフリカで、なぜ緑の革命が起こらないのだろうか。なぜ熱帯アジアにある高収量技術を、アフリカに移転できないのだろうか。たしかに、アフリカの主食はトウモロコシや雑穀（ソルガム、ミレット）であり、アジアで栽培がさかんなコメや小麦ではない。最近アフリカでは、コメや小麦の消費が増えており、これらの穀物も決してマイナーな作物ではなくなっているが、これらの作物についても緑の革命が起こっているとは言い難い。

なぜ、アフリカで緑の革命が起こらないかという疑問に対する私の答えは、「効果的な開発戦略がわかっていないから」というものである。食糧増産がきわめて重要であることが強く認識されているにもかかわらず、それに成功していないということは、効果的な戦略がわかっていないとしか考えられない。

世界銀行が2008年に出版した『世界開発報告2009－発展のための農業』は、農業開発に関心のある多くの著名な農業経済学者が参加した評判の高い書物であるが、どうしたらアフリカの穀物生産を増加することができるかについてはほとんど何も書かれていない。適応技術の開発が不十分なのか、技術普及のシステムが機能していないのか、または農民への教育が不足しているのか、インフラがあまりにも未整備なのか、あるいは市場が機能していないからか、農民への資金の供給が滞っていることが大きな制約なのか、誰もわかっていないのである。

②　工業化

それでは工業化はどうか。GDPに占める工業部門のシェアや工業部門の労働者割合は、工業化の1つの指標である。表3－8は製造業部門のGDPシェアを示しているが、それによればアフリカは、1980年においても2015年においてもシェアが低いままである。アフリカでは1960－70年代に、輸入代替工業化政策といって、もともと輸入されていた製品を国内で生産できるように政府が支援する「工業化政策」を採用していた。しかしながら、政府から補助金をもらい輸入障壁に守られた企業は、過保護の子供のように非効率的な生産を行うばかりであった。そうした政策も、世界銀行や国際通貨基金の反対で徐々に打ち切りとなり、製造業のGDPシェアは徐々に減少してしまった。

それと対照的なのが東アジアであり、製造業のGDPシェアは拡大傾向にある。意外なことに中国のシェアが減少しているが、社会主義のもとで無理な重化学工業化を推し進めたために、1980年

表3－8 製造業部門のGDPシェアと製造業製品の輸出に占める割合(%)

	GDPシェア		輸出に占める割合(%)	
	1980年	2015年	1980年	2015年
高所得国				
日本	27.2	20.8	94.7	88.0
アメリカ	n.a.[a]	11.6	65.5	64.2
UK	25.5	9.0	71.5	78.0
フランス	22.8	10.4	73.3	78.8
東アジア				
インドネシア	13.0	21.0	2.3	44.7
中国	40.2	29.5	47.7[b]	94.4
タイ	21.5	27.5	25.2	77.8
韓国	24.4	27.1	89.5	89.7
南アジア				
バングラデシュ	13.8	16.8	67.6	95.8
パキスタン	15.9	12.8	48.2	76.1
インド	16.2	15.6	58.6	70.6
ネパール	4.3	5.6	30.5	67.9
アフリカ(サブサハラ)				
エチオピア	4.9[c]	4.4	n.a.[a]	7.3
ナイジェリア	n.a.[a]	9.4	0.1[c]	6.4[d]
ケニア	12.8	9.4	12.1	36.9[e]
南アメリカ				
ペルー	23.5[f]	13.8	16.8	15.0
ブラジル	33.5	10.5	37.2	38.1
アルゼンチン	29.5	14.2	23.2	29.4

a データなし　　b 1984 年のデータ　　c 1981 年のデータ　　d 2014 年のデータ
e 2013 年のデータ　　f 1979 年のデータ
（出所）世界銀行　World Development Indicators

のシェアが人為的に引き上げられていたのかもしれない。

工業化が順調に進んでいるかどうかを見るもう1つの指標は、輸出に占める製造業製品の割合である。国内では製品を販売できても競争力がないと海外では販売できないから、この指標のほうが工業化の程度を測るには適している。特に大口の輸出先である先進国には、製品の質が一定以上でないと輸出することができない。表3－8の右半分は、製造業製品の輸出に占める割合を示している。それによれば、エネルギー資源の輸出の多いインドネシアを除いて、東アジアの製造業製品の輸出割合は高い水準にあり、しかも上昇傾向にある。南アジアは、製造業のGDPシェアは低いものの、製造業製品の輸出割合では東アジアに遜色がない。南アジアでも製造業部門は、外貨獲得の面で重要な役割を果たしているのである。他方アフリカでは、製造業製品の輸出割合は増加しているものの、2015年においてもその水準は低く、アジアの状況とは比較にならない。

結論すれば、アフリカはこれまでのところ工業化に失敗し、アジアは成功しているということになる。またアジアの中では、東アジアのほうが南アジアより製造業部門のGDPシェアがはるかに高く、工業化により成功しているといえる。

それはなぜか。アフリカが工業化に成功していないのは、アフリカが工業化に関心がないからではない。アフリカの人々と話をすればすぐわかることだが、彼らは豊かになるために工業化への熱い情熱を持っている。また工業化が頭打ちのインドも、工業化への強いあこがれは捨てていない。アフリカのリーダーも、南アジアのリーダーも、なぜ東アジアが急速な工業化を実現したかについて、強い関心を抱いているのである。それにもかかわらず、アフリカや南アジアが工業化に成功していないとすれば、効果的な工業化政策がわかっていないとしか考えられない。インフラが足りないのか、一般教育が不十分なのか、あるいは技術の水準が低いことがネックなのか、有望な企業家が不足しているのか、もしくは資金の貸付けが足りないのが決定的な問題か。どれも不足だとすれば、どこから手を付けたらいいのか。こうした根本的な問いについて、誰も答えを知らないのである。

③　サービス産業の発展支援

すでに表1－5や表2－3で見たように、ほとんどあらゆる国でサービス産業が発展している。詳しいデータはないが、その背後にはコンピュータを使う「近代的サービス産業」の成長が大きい。コールセンターに代表されるように、高所得国にとっては比較的単純な作業が、途上国にアウトソーシングされている。

こうした近代的サービス産業の1つの特徴は、大規模なインフラや工場、大型の設備が必要ないことである。また、IT関連産業は政府の規制に影響されることが少ない。先進国の企業が技術的な指導を行うので、技術的な制約も少ない。その結果こうした産業は、政府の支援策とはほぼ無関係に自然発生的に発展してきた。ただし、この仕事に就くには相当な教育と英語力が要求される。そのため、サービス産業はインドやフィリピンのように、英語に堪能で教育水準の高い人の多い途上国で発展する傾向がある。またインドの都市部では、収入のよいサービス産業に従事するために、カーストの低い人を含めて、教育投資をしようという機運が高まっている。

政府による支援政策がないにもかかわらず、サービス産業がほとんどあらゆる途上国で発展しているという事実は、この産業が政府の発展戦略なしに発展しうることを示している。もし政府がこの産業の発展を支援しようとするなら、高等教育に投資すべきであろう。しかしここでディレンマが発生する。というのは、こういう政策によってサービス産業が発展すれば、教育を受けた人と受けない人との所得格差が大きくなるからである。つまり「効率」と「公正」のトレードオフ（二律背反）が発生してしまうのである。だからといって、教育投資によってサービス産業を育成するという政策を放棄する必要はないが、少なくともそれと同時に、教育水準の低い人々向けに仕事をつくり出すことが肝要である。それには、多くの雇用を創出できる労働集約型の製造業の育成が不可欠である。もしそうした製造業が発展することなく近代的なサービス産業だけが発展したならば、所得分配の不平等の拡大のために、深刻な社会的不満が醸成されてしまうリスクがある。

4　最近話題になった開発経済「論」

第Ⅰ部を終える前に、興味のある読者のために、本書の議論と最近の開発に関する経済学者の議論とがどう異なるのかについて説明しておこう。途上国の開発問題に関する著作の中から、この10年間に発表されて国際的に特に話題になったものを選んで、その主張が本書の考え方と何が同じで何が違うのかをまず説明することにする。話題性の観点から私が選んだのは、『貧困の終焉』（Jeffrey Sachs〈2005〉）、『傲慢な援助』（William Easterly〈2006〉）、『貧乏人の経済学』（Abhijit Banerjee and Esther Duflo〈2011〉）の3冊である。また3冊目と関連するが、それに加えてBanerjee、Duflo、Kremer

の3氏が、自然科学で用いられてきた「実験」の手法を開発経済学に応用し、2019年のノーベル経済学賞を受賞したことは指摘しておきたい。

『貧困の終焉』は、貧困者を救うには、教育や健康への投資による人的資本の充実、彼らの所有する物的資本や知的資本（例えば農業技術）の増加または改善、彼らのためのインフラ整備等といった多種多様な資本を増加させることが重要であると主張している。この点は真新しいことではなく、本書とも共通している。

問題は、Sachs がこれを援助の大幅な増加によって一気に実現することを提唱していることにある。本書の立場は、優先順位をつけて限りある援助の資金を有効に使うべきであるというものである。

『貧困の終焉』の主張を徹底的に批判したのが、『傲慢な援助』である。著者の Easterly は、援助が経済発展や貧困削減の役に立ったという証拠はほとんどないと主張する。経済発展に成功した日本、中国、台湾、韓国、香港、シンガポール、トルコ、チリなどの国々は、援助に頼ることなく発展してきた。

『傲慢な援助』は、援助の多くは内容がなく、貧困の現場を知らない先進国の官僚や政治家たちが頭の中で考えただけの非現実的なもので、まるで大風呂敷を広げたようなユートピア追求型のものであると批判する。ＭＤＧｓ（ミレニアム開発目標）の第1の目標の、貧困半減という目的などはこれにあてはまる。さらにこの本では、援助は責任の所在が曖昧で、その多くが無駄に終わっていると指摘する。したがって、『貧困の終焉』が主張するように援助の大幅な増額をしても、貧困削減には効果がないということになる。

私には Easterly の主張に白黒をつけるほどの知識はないが、基本的な論点に異論はない。私も、援助の担当者が現場についての十分な知識を持っていないという点は事実であり、『貧困の終焉』で Sachs が指摘するように、援助の大幅な増額だけで貧困問題が解決できるとは到底思えない。

Easterly は、援助の効果を分析するためには、例えば『貧乏人の経済学』の Banerjee and Duflo（以下ではＢ＆Ｄと略）がやっているような、Randomized Controlled Trial（ＲＣＴ、つまり社会実験）が有効であると指摘している。ＲＣＴは、例えば農家を無作為に2つのグループに分けて片方のグループだけに化学肥料を配布し、その生産性や所得への影響を計測しようというものである。2つのグループは、ランダムに抽出されているので、平均的な特徴は瓜二つである。だから、事後的に2つのグループの生産性や所得を比較すれば、肥料配布プログラムの効果が厳密に測定できるというわけである。

実際の援助プロジェクトの多くは、対象者を無作為ではなく一定の基準に基づいて選ぶことが多い（例えば貧しい農家）。その場合、対象とされたグループとそうでないグループの特徴や行動にはもともと著しい違いが存在するので、事後的に2つのグループの変化を比べても、それが本当にプロジェクトの効果であるのかどうか厳密には判断できない。これをなるべく正確に測るために用いられるのがＲＣＴである。Ｂ＆Ｄの影響で、ＲＣＴを使った研究は、いまや開発経済学を専攻する大学院生や若手研究者の間で大流行である(9)。

ＲＣＴの分析道具としての有用性は、誰もが認めている。私自身も、ＲＣＴを使った研究をしている。[10] しかしながら、ＲＣＴだけに固執したＢ＆Ｄの主張には多くの問題がある。貧困問題の専門家である Ravallion（2012）は、Ｂ＆Ｄの書評論文の中で、①ある特定の場所で特定の時期に行われたＲＣＴの結果は、違う場所の違う時期にも妥当するのだろうか、②ＲＣＴは自然科学の実験に似ているが、本当にそんなに厳密な比較を行っているのだろうか、③ＲＣＴでは、どのようにして重要なトピックを選んでいるのだろうか、④ＲＣＴの適用外で大切な開発政策を見逃すことはないのだろうか、という疑問を呈している。

①のような問題が生じるのは、文化の相違、気候の相違、政策の相違等々によって、ＲＣＴの結果が影響を受けると思われるからである。②の例としては、化学肥料の配布を受けた農民がそれを使うことなく、配布を受けなかった友人に転売してしまうということが考えられる。④の例としては、まさに本書が提唱したい農業や製造業の発展支援政策がある。高い費用をかけて工業区を建設して、ランダムに選ばれた企業だけを招致し、選ばれなかった企業と業績を比較することにどれだけ意味があるだろうか。それよりは、まず有望な企業とそうでない企業を選別し、有望な企業に絞って工業区での操業を許可するほうがはるかに経済合理的であろう。このように発展支援政策は重要だが、ＲＣＴにはなじみにくいものがある。[11]

要するに、ＲＣＴは万能薬ではなく、１つの有用な研究手法であると考えるべきである。広く現実に目を凝らし、何が経済発展にとって重要であるかを見定め、そのうえでＲＣＴに適したテーマがあれば、その限界もわきまえつつそれを適用していけばよいのである。

この３冊の書物に共通している欠陥は、経済発展のメカニズムについての分析が皆無であること

トは、かなりありふれたRCTの事例であるが、その研究からどんな政策的含意が得られるであろうか。仮にグループ間で生活水準に格差が生まれなかったとすれば、マイクロクレディットは役に立たないと結論していいのであろうか。

私は、そうではないと思う。なぜそんなことになってしまうのか、その原因を追究する必要がある。私がバングラデシュの農村で見たのは、ほとんどの主婦がマイクロファイナンスを使って乳牛を購入していたことである。それはもうけのある仕事ではないし、RCTを適用するまでもなく、貧困削減に大した効果はないと思う。

子供に虫下しや眼鏡を無料で配布する、農民に新しい技術に関するビデオを見せる、小作人の取り分を増やす等々、今や開発経済学の研究の大半がRCTを使っているといっても過言ではない。しかし、そうした研究が果たして本当に貧困削減のために役に立つのであろうか。そもそもなぜ、特定のテーマが選ばれたのであろうか。その多くは、現場を注意深く観察することなく、研究者の思い付きで選ばれているような気がしてならない。

私は、「より良い」仕事の創出をともなう経済発展こそが、貧困削減の基本であると信じている。マイクロクレディットに話を戻せば、採算性のある仕事を見つけ出すことができなければ、それをいくら農家の主婦に供与しても貧困問題は永遠に解決できないであろう。そして貧困削減のために採算性のある仕事を創出する施策を考えることこそが、開発経済学の核心であると思う。

肝心なのは、まず現実感覚を磨いて、真に重要な分析課題を選び出し、RCTを含めたあらゆる分析手法の適用可能性を吟味し、研究者の理論的知識を総動員して、地道で丹念な実証分析を展開することである。RCTが使えるからという理由で、研究テーマを選ぶのは明らかに邪道である。[12]

BOX3－4　RCTと開発経済学

RCT という分析手法が開発経済学に定着したことには、大きな意義がある。これまでの現実のデータを用いた通常の回帰分析より、人為的に作り出したデータを用いる RCT のほうが、はるかに厳密な分析が可能だからである。

たとえば、集団責任制のもとで担保なしで貧しい農家の主婦に低利の融資をするマイクロクレディットが、貧困削減に有効かどうか、という問題を考えてみよう。グラーミンバンクのようなマイクロクレディットの提供者は、返済能力のない最貧困層には資金を貸し付けず、それよりは貧しくない階層の人々にだけ資金を貸し出している。これでは、マイクロクレディットが、貧困問題の解決にどこまで役立つかがよくわからない。

そこで貧困者全員を対象にして、ランダムに２つのグループを形成し、片方のグループにだけ融資をしたとしよう。もともと二つのグループの生活水準が同じであったのに、融資を受けたグループの生活水準が明らかに高くなったとすれば、それはマイクロクレディットに効果があることの強い証拠になる。

こうした分析道具を普及させたことには、心から敬意を表したい。だから、Duflo、Banerjee、Kremer の３氏がノーベル経済学賞を受賞したことに、賞賛こそすれ異議を挟む気は全くない。

しかし困った点は、そのインパクトが大きすぎて開発経済学を志す多くの若手の研究者が、RCT を使った研究こそ開発経済学の中核であるという思い違いをしていることである。「RCT が使えるようなテーマはないか」は、いまや多くの若手研究者が悩んでいる問題である。

私は、しっかりした現実感覚なしには、重要な現実的課題を解明できるわけがないと思っている。先に議論したマイクロクレディッ

だ。したがって、経済を発展させるための戦略の分析が完全に欠如している。「開発の戦略」を重視する私の定義では、これらの書物の議論は開発経済学に含めたくない。だからこの節の見出しは、開発経済学ではなく、開発経済「論」にしたのである。開発経済学のリーダーの１人であるRosenzweig（2012）は、「B&Dの書物には、補助金や助成金で貧困者を支援しようという視点はあるが、経済発展によって貧困者の数を減らそうという視点はない」という根源的な批判を行っている。全く同感である。私は、効果的な開発戦略を構築するには、発展のメカニズムに関する経済分析が不可欠であると思っている。経済がどのように発展し、それを阻止したり促進したりする要因が何であるかがわかっていなければ、効果的な発展支援策は設計できない。だからこそ、本書では第４章と第５章で実態分析を行い、それをベースに第７章で経済発展戦略を論じているのである。ここでは、ＲＣＴの開発経済学における役割について私の考え方をＢＯＸ３－４でまとめておこう。

5　まとめ

最後に、本章のポイントを手短にまとめておこう。

- 生産性を決定しているのは、人的資本、物的資本、インフラ、社会関係資本、知的資本というストックであり、その蓄積には資金と時間が必要である。そのために、所得の低い国が一朝一夕に豊かな国にはなれないのである。
- 経済を発展させるためには、限られた資源を市場が失敗している分野に動員する必要がある。人的資本の核である教育への投資は、資金の不足のために過少であろう。物的資本も資金市場が十分に機能していないために、過少である可能性が高い。インフラの場合には、公共財的性格があるので、まず間違いなく投資が社会的に望ましい水準以下になっているはずである。革新者の開発した新しい技術は、革新者以外の追随者にも模倣される傾向があるが、革新者は自己の利益だけを考えているので、技術開発への投資は不十分になりがちである。理論的には、市場が失敗している分野を指摘することは難しくない。

● 先進国から途上国への援助は、金額的には途上国のGDPに比して大きいものではなく、それだけに頼っていては、途上国の発展にとって重要なストックを大幅に増やすことはできない。しかし援助が、市場が失敗している分野に効果的に配分されれば、経済発展の助けにはなりうる。

● しかしながら、どこに投資をすればよいのかはよくわかっていない。つまり、効果的な開発戦略が十分にわかっていないのである。だからこそ、アフリカは経済発展に失敗しているのであり、南アジアの発展も東アジアに大きく後れを取っているのである。その意味では、開発経済学はまだまだ未発達な学問である。

第Ⅱ部
何が起こっているのか？

第4章　飢餓は是が非でも避けたい

人間の死は常に悲惨である。その中でも、食べる物がなく飢えて死んでいくというのは、最も悲惨な部類に入るであろう。食べる物がないと体力が衰え、やがて病気になって死んでいくという。だから、病気で亡くなる人たちと餓死した人たちを見分けるのは難しい。したがって、餓死者の数を正確に推定することはできない。例えば1959−61年に中国で大躍進という失政のために飢餓が起こり、3600万人もの人たちが亡くなったというように、大ざっぱな数字しか出てこない。

本章では、人口成長に食糧生産が追いつかず、その結果として起こるマルサス的飢餓を問題にしたい。なぜならば、依然としてこの古典的悲劇が起こる可能性があるからである。一見すると飢餓は、大旱魃のような天災によって引き起こされるように映るが、そもそも食糧と人口のバランスが崩れていて、そこに天災が追い打ちをかけるというケースが多い。普段の年に食糧が十分に生産されていれば、備蓄が可能であるし被害はかなり未然に防げるはずである。

世界のトータルの食糧生産は、生存に必要な消費量を大幅に上回っており、飢餓が起こるのは、流通システムが機能していないからであるという議論がある。しかし、入手可能性（Availability）と入手できること（Accessibility）とは意味が異なる。そもそも、餓死に陥りやすいのは購買力のない貧困な人々である。先進国での無駄をなくし、そうした人々にも万遍なく食糧が行きわたる制度を構築する、というのは理想論であって、現実には不可能に近い。基本的な飢餓対策は、あくまで貧しい地域における安定的な食糧の増産にある。

第1節では、経済発展とともに、食糧不足、農民と都市労働者との所得格差の発生、食糧自給率の低下といった新たな農業問題が次々に生まれることを指摘する。第2節では、1960年代にアジアが経験した食糧不足と、現在アフリカが直面している食糧問題が似ていることを示す。第3節では、アジアがその逆境をいかにして乗り切ったか、そして第4節ではアフリカにもその可能性があるかどうかを検討する。第5節では、小農主体のアジア農業全体が、日本農業と同じように活力を失い、その結果、食糧の大輸入地帯に転落する可能性があることを指摘する。もしそうなれば、高騰気味の世界の食糧価格はますます高騰することになる。第6節では、世界の穀物市場は密接につながっており、アジアの食糧不足は世界の食糧価格を押し上げ、それが食糧不足に悩まされているアフリカを直撃する可能性を指摘する。

1　経済発展と農業問題(1)

未開の耕地が無尽蔵にあり、人口が増えるとともに開墾して耕地を広げれば十分な食糧が生産できるような社会では、農業問題は発生しない。土地を天賦の資本と考えれば、豊富な資本が人々の生活を支えていると考えることもできる。そこでは通常の場合、焼畑耕作が営まれ、耕作したあと20－30年も休閑すると大きな樹木が生い茂るようになって、土地の肥沃度が回復してまた耕作が可能になる。この循環型の社会では、森林環境もかなりの程度維持される。

ところが、人口が増え続けると未開の耕地は減少し、畑の休閑期間は短くなって、土地の肥沃度が減少するようになる。にもかかわらず生産性を上げるような技術が開発されないと農産物生産の増加は人口の増加に追いつかなくなり、食糧不足が起こる。これが、古典派の経済学者マルサスが予言した飢餓の状態である。この飢餓の状態は、特に人口密度の高いアジアやアフリカで起こりやすい。この食糧問題が、第1の農業問題である。

食糧問題を克服するためには、改良された高収量品種を開発して普及し、丹念に土地を耕して除草を行い、化学肥料を投入して土地当たりの生産性（収量）を増加させなければならない。この時期にはまだ経済の発展段階は低く、労賃はそれほど高くない。一方、トラクター等の機械の価格は相対的に高いので、耕作の主体は肉体労働である。2、3人の家族労働で耕作することになると、可能な耕作面積はせいぜい2ヘクタール程度である。労働者を雇えば耕作面積を増やすことは可能だが、それがうまくいかないのが農業の最大の特徴である（BOX4－1参照）。現在のアメリカの農家の平均経営規模は80ヘクタールを超えているから、2ヘクタールというのは小規模経営あるいは零細経営である。

アジアではかつて、食糧不足の状況から小農・零細農が主体となって穀物の大増産に成功している（第3節参照）。しかしながら第1章ですでに指摘したように、農業は製造業やサービス産業のような非農業部門ほど急速に発展できない。非農業部門のほうが先に発展するために、農家世帯と非農家世帯との間に所得格差が発生する。この所得問題が、第2の農業問題である。それを解消するためには、例えば日本の高度成長期のように、農村の若者が大挙して大都市に移動しなければならない。現在の中国は、まさにこの所得格差解消のプロセスにある。

この時期には、農村に残った人々も兼業所得の割合を高める。現在の日本の農家の兼業所得比率は80％を超えているが、現在のアジアでもそれが50％というのは珍しくない。またこの段階では、農家の所得を高めるために、政府による農産物の価格支持政策や補助金政策が積極的に採用される傾向が見られる。

日本を筆頭に、アジア農業はこの段階から大きな試練を迎えることになる。というのは、経済の発展とともにさらに賃金が上昇し、家族労働の費用を含めた生産費を押し上げるようになるからである。生産費を下げるためには、機械を導入し、労働の投入を削減しなければならない。一方、機械を効率的に使用するためには、経営規模が大きいほうが有利である。つまりこの段階になると、農家規模の拡大が重要になる。ところが土地を購入することは容易ではないし、都合よくまとまった土地を借り入れることも簡単ではない。その結果、生産効率が低い小規模農家が温存され、その国の農業は国際競争力を失っていく。それに加えて所得の上がった消費者は、穀物よりも食肉や乳製品を好むようになり、飼料向けを含む穀物の総需要量は増加する。例えば、1キロの牛肉を生産するためには10キロ近くの穀物が必要であるため、国産牛への需要のシフトとともに海外からの穀物の輸入が急増するようになる。これが、「食糧自給率の減少問題」という第3の農業問題である。

なうちに加工工場で処理を行う必要があり、処理工場の稼働率を常にフルの状態に保つには、生産と加工が直結したプランテーションにメリットがある。ただし最近のアジアでは、生産を小規模農家に任せ、農産物を秩序だって加工工場に運び込ませるように、工場と農家が契約を結ぶシステムのほうが優勢になりつつある。

世界全体を見渡すと、超大規模農家が南アメリカや旧社会主義国で誕生している。10万ヘクタールというような、途方もなく大規模な民間の農企業もある。10万ヘクタールというのは、正方形とするならば32キロ四方である。農作業は、徹底的に大型の機械で行われる。

私はブラジルでそういう農企業の経営者と話をする機会があったので、どのように労働者の監視をするのか聞いてみた。答えは、GPS（衛星を使った位置確認装置）を使えばどこで誰が働いているかわかるから問題はない、ということであった。

的確な答えを出すには、精緻な研究が必要だが、この経営者の弁には重要な真理が含まれているように思う。つまり、徹底的に機械化された農業では、家族農業は最も効率的ではないかもしれない。

この大型機械依存型の大規模経営を、労賃の安いアフリカでやろうという動きがある。とんでもない誤りである。

土地制度が不備なアフリカでは、すでに現地の住民が活用している土地が、国の所有になっている場合が少なくない。そのため、外国企業は国に金を払って土地の使用権を入手し、原住民を追い払って土地を耕作するという悲劇が起こっている。中国や韓国などは、政府の関与のもとで海外の農地を取得している。

これは政治の失敗であり、絶対に阻止しなければならない。さらにいえば、大型の外国企業が、言葉も気持ちも通じない現地の労働者を雇いながら、効率的な経営を行えるはずがない。

BOX4－1　農業は家族経営が基本(2)

工場での生産と異なり、農業生産は広い空間の中で営まれる。しかもその空間の中で、土壌、傾斜、病虫害の発生状況等、微妙な相違が存在する。そうした生産環境では、雇った労働者を注意深くまじめに働くように監督することは非常に難しい。だから、労働者を雇うのは単純で監視のしやすい除草、田植え、収穫のような作業に限られる。耕起、水管理、肥料や農薬の投入など、判断が要求される作業は家族の仕事である。そのために、農業は家族経営が基本である。農家の経営規模が大きいアメリカですら、家族経営が支配的である。

労働のコストの低い途上国では機械を使うことは採算に合わないので、家族労働にもっぱら依存する経営が合理的である。ただしアフリカには、「眠り病」があるために役牛が飼えない地域が多々あり、耕起にはトラクターか人力かの選択肢しかない場合がある。そうした地域では、トラクターを使うほうが効率的であると思われる。それにしても、一般に雇用労働は高くつくから、結局、小規模な家族経営が最も効率がよい。事実、家族労働に依存した小規模経営は、雇用労働に依存する大規模経営より土地生産性が高い。他方、労働のコストが高い先進国では、労働を節約するような大型の機械を導入するほうが費用が少なくてすむ。機械を効率的に使うには、経営規模が大きいほうが有利なので、大規模経営が支配的になる。

それでは、大規模なプランテーションの経営は効率的であろうか。バナナ、パイナップル、サトウキビなどのプランテーションは、生産面では雇用労働の監視が難しいという同じ理由で非効率である。ところがこうしたプランテーション向けの商品作物は、新鮮

これを経験したのが日本であり、台湾であり、韓国である。中国もすでに世界の大豆の貿易量の60％を輸入しており、やがて穀物全般について日台韓の仲間に加わる可能性が高い。農地の広いタイは別格として、農地の狭いベトナム、インドネシア（特にジャワ島）、バングラデシュ、インド、フィリピンなどが経済発展に成功すれば、北東アジアの国々のあとに続くことが考えられる。そうなれば、アジア諸国全体の食糧の輸入量が巨大になり、世界全体の食糧需給のバランスは大きく崩れてしまう。これは空想的なシナリオであると思われるかもしれないが、以下でこれが非現実的ではないことを示そう。

2 アジアとアフリカの食糧問題③

１９６０年代のアジア農業と最近のアフリカ農業を比べてみると、類似点が多いのには驚かされる。それを理解するために、図４－１で、人口と穀物の収穫量、そして穀物の作付面積の推移を見ることにする。アジアについては１９６１年を基準とする指数として、アフリカについては１９９０年を基準とする指数として示した。この２つのグラフは、どう見てもよく似ている。

よく見ると、アジアでは１９６０年代中ごろが食糧不足の時期であり、人口の伸びが穀物生産の伸びを大きく上回っていることがわかる。１９６５－66年には、インドの旱魃が加わり、これはアメリカからの小麦の援助などでしのいだものの熱帯アジアは飢餓の危険にさらされていた。しかしながら、耕地の拡大余地はなく作付面積はほとんど増えなかった。アジアはやがて飢える、と多くの人々

図4－1　熱帯アジアとアフリカの人口、穀物生産、作付面積の推移

(a) 熱帯アジア（1961年を100とした指数）

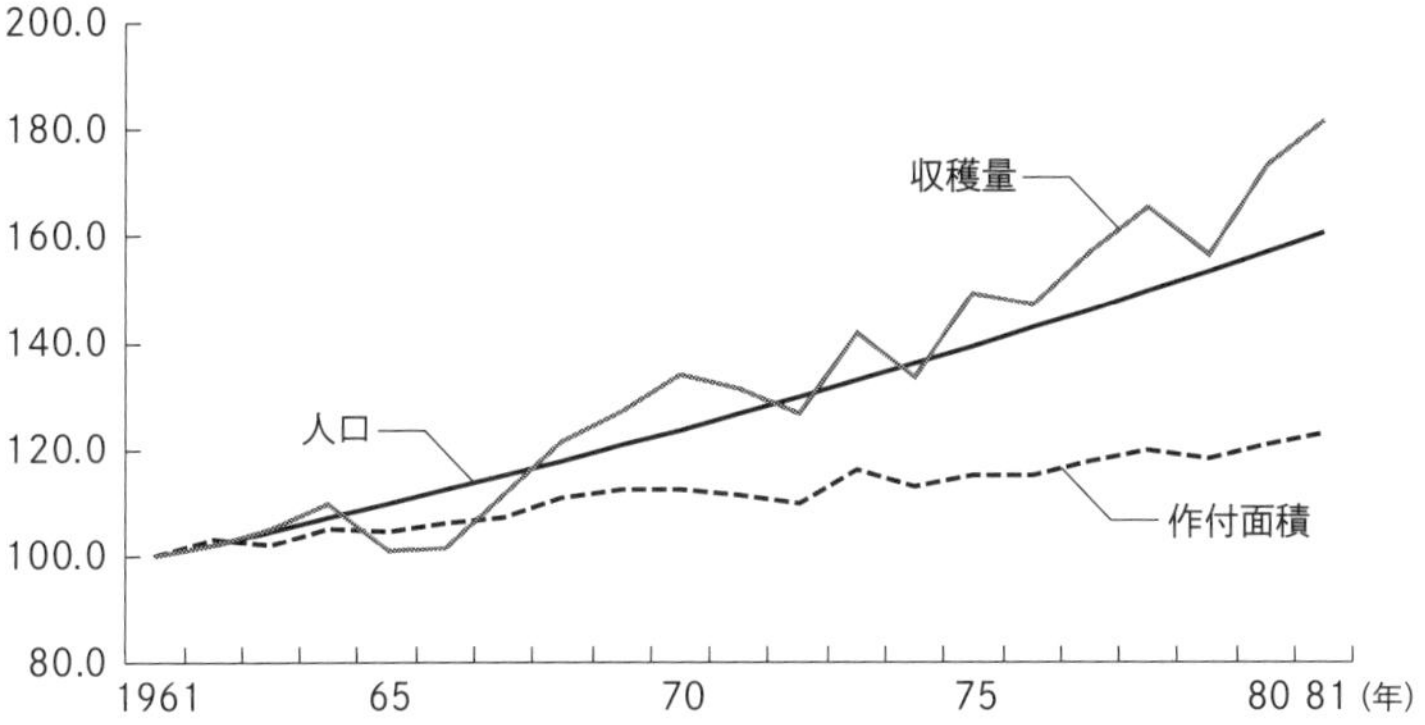

(b) アフリカ（1990年を100とした指数）

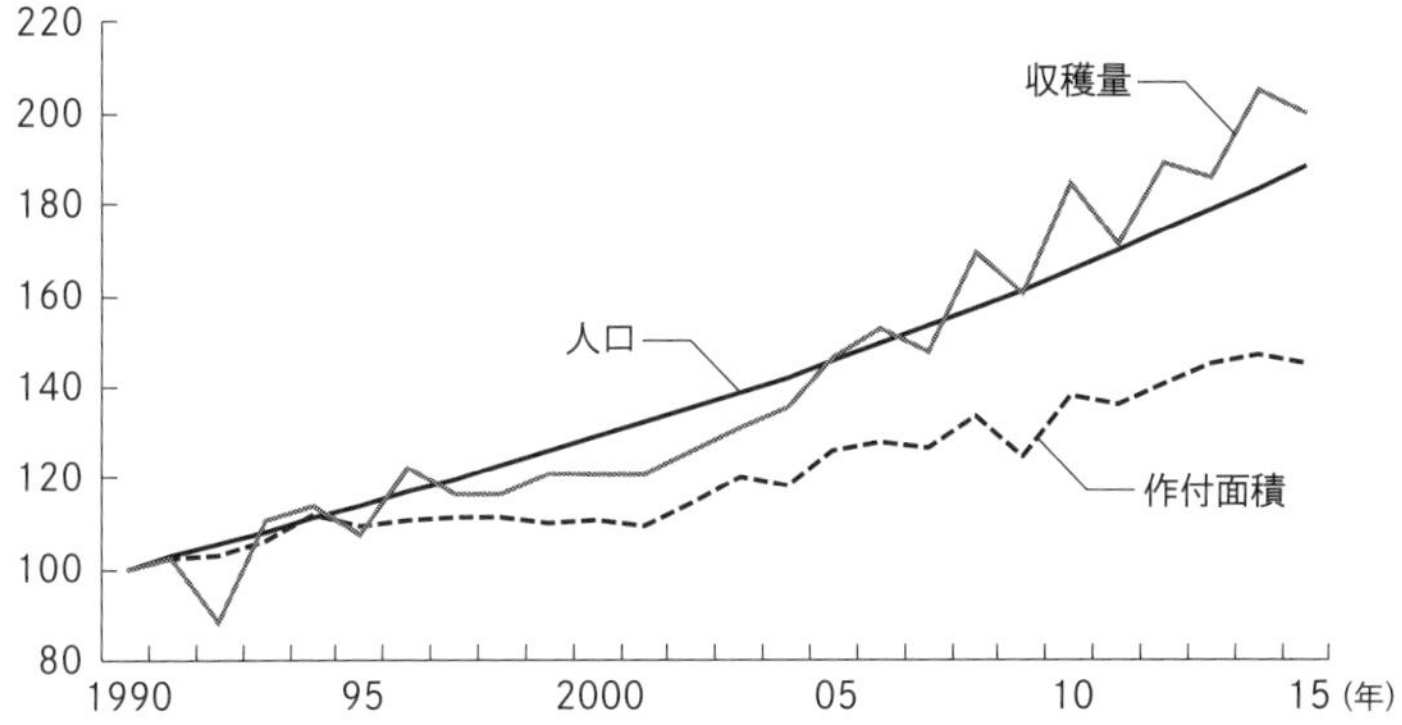

（出所）FAOStat

が確信したのである。ところが、1960年代後半から緑の革命がはじまり、おかげで徐々に穀物の収穫量の伸びが人口の伸びを上回るようになっていった。そして1970年代後半には、食糧不足は過去の事柄になった。

アフリカでは、1997年ごろから2005年ごろにかけて、人口の伸びが穀物生産の伸びを上回っている。もっともアフリカでは、イモ類やバナナを主食とする地域もあるので、穀物の生産だけを議論することは不十分かもしれない。しかしこの時期には食糧不足が深刻化し、先進国からの食糧の緊急援助が行われたのも事実である。にもかかわらず、かつてのアジアと同じように、穀物の作付面積はさほど増えていない。アフリカというと、象やライオンやシマウマが広大な草原の中で暮らしているイメージがあるが、それは数少ない国立公園の中の話で、耕作可能な未開の土地がふんだんに残っている国は数少ない。

しかしながら、2005年ごろから穀物生産が人口に追いつくようになってきた。直接的な原因は必ずしも明らかではないが、限られた耕地を有効に使って、少しでも穀物生産を増やそうとするアフリカの農民たちの努力があることは疑いなかろう。そうであれば、アフリカで緑の革命を実現する絶好のチャンスが訪れているのかもしれない。

3 熱帯アジア——絶望的食糧不足から食糧増産へ(4)

緑の革命はきわめて重要なので、詳しく検討する必要がある。技術的な側面はＢＯＸ４－２に譲る

図4－2　熱帯アジアにおけるコメの収量、総生産量、作付面積の推移

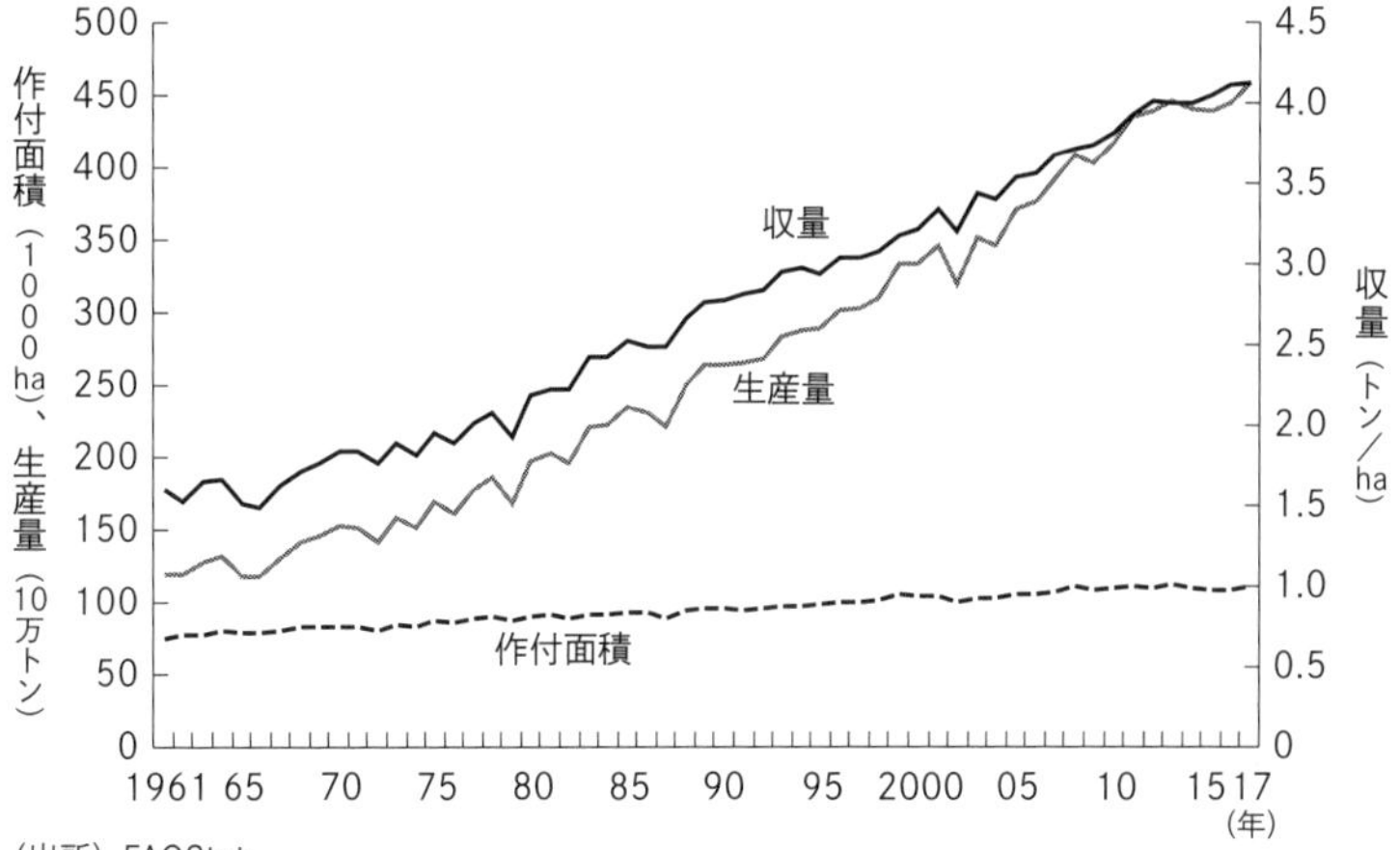

（出所）FAOStat

として、ここでは生産への効果を検討しよう。そこで図４－２には、アジアのコメの生産量、作付面積、１ヘクタール当たりの収量の長期的推移を示した。収量は、技術水準の指標である。ただし、それは天候や肥料投入の多寡等にも依存するので、厳密な指標ではない。ここから読みとれることの第1は、生産量の大幅な増大である。２０１５年の生産量は、１９６０年代後半に比較して約3倍にもなっている。第２は、その原因が作付面積の増加ではなく、もっぱら収量の増加に起因している点である。改良品種は、非感光性という特徴があり、水さえあれば日照に関わりなく一年中いつでも栽培できる。そのために2期作も灌漑地帯では行われるようになったが、それでも作付面積はさほど増えていない。なお改良品種は、以前は「高収量品種」と呼ばれていたが、灌漑地帯や天水田でも雨量が多く水はけのよい良好な地域で高収量を発揮するものの深水地帯や旱魃常習地域ではそうではないので、最近では「近代品種」と呼ばれるようになった。第３

図4－3　フィリピンとインドにおける高収量品種の普及率と灌漑面積比率の変化（％）[a]

(a) フィリピン

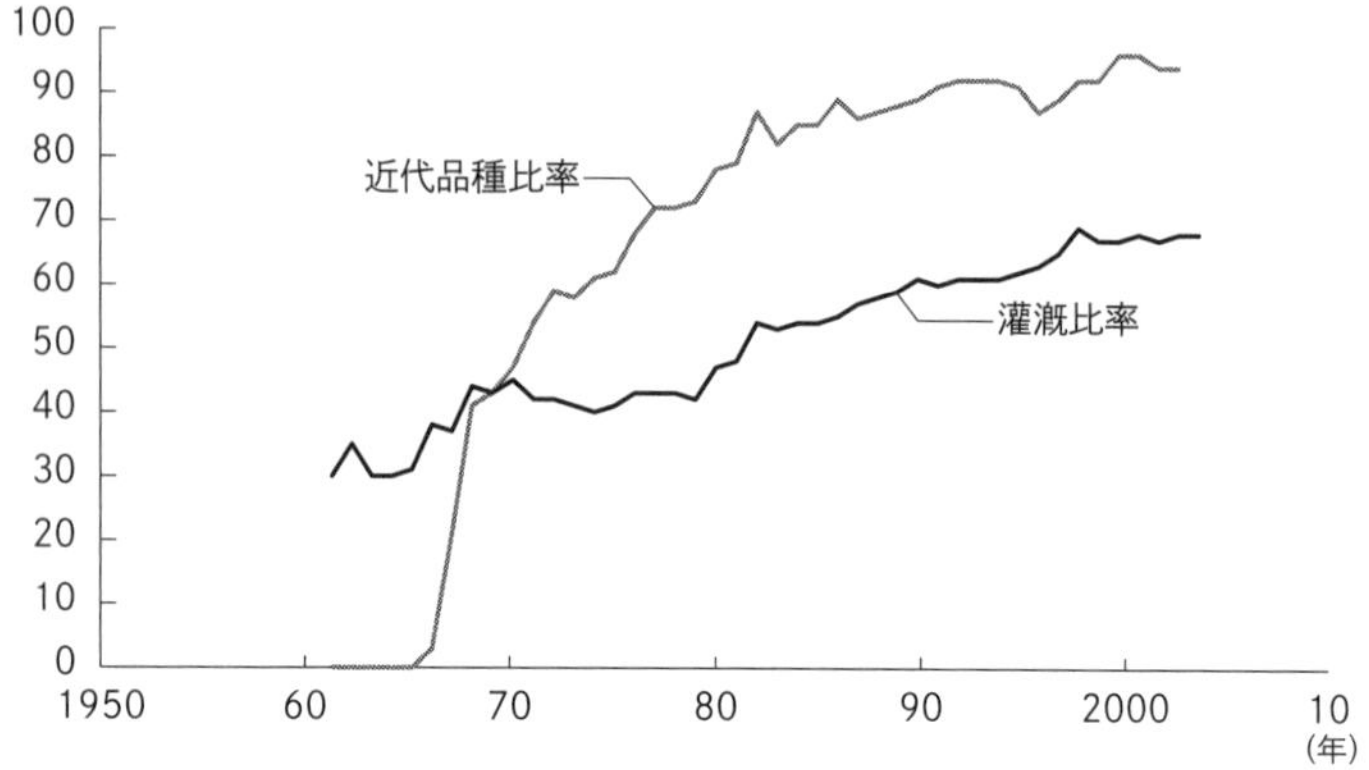

(b) インド

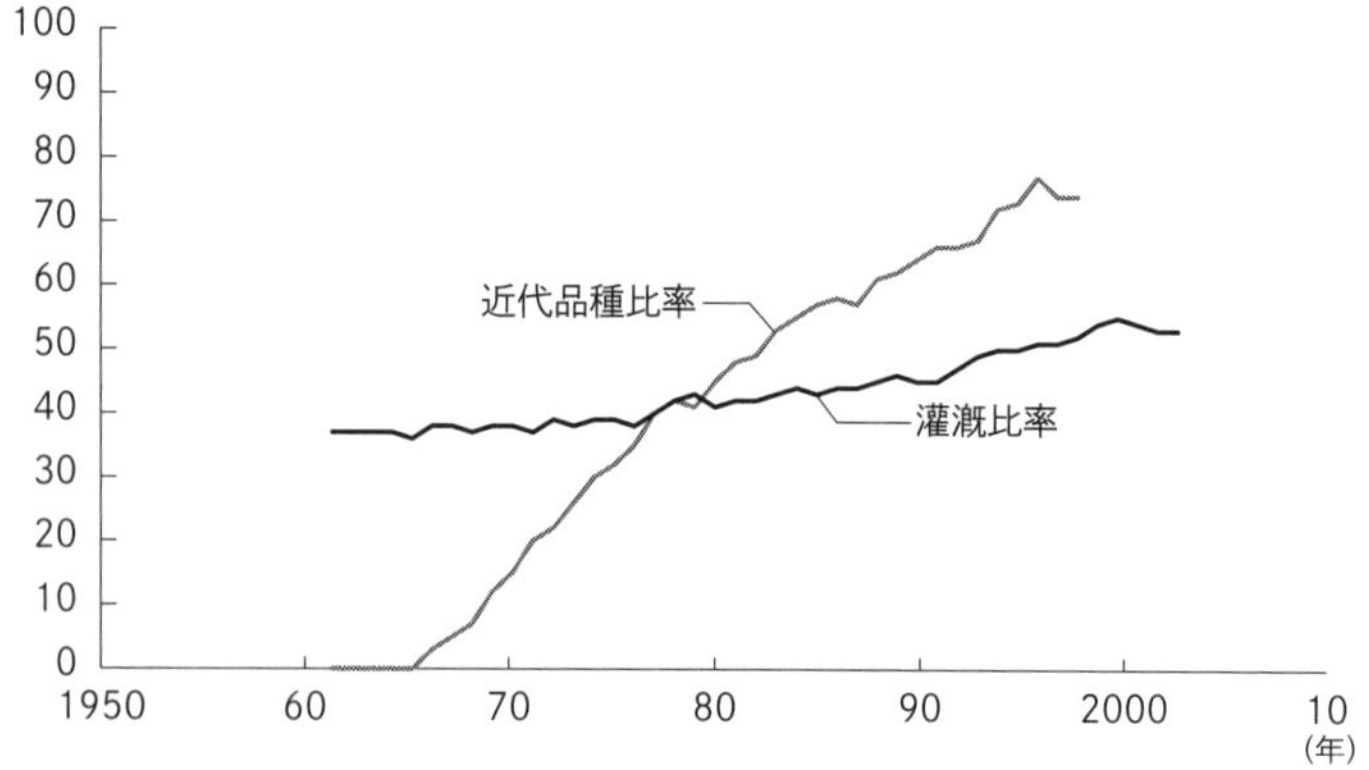

a 最近のデータは入手できなかった
（出所）World Rice Statistics online

は、1960年代後半に始まった緑の革命が、きわめて長期的なプロセスをともなったということである。いつが終了時点かははっきりしないが、近代品種の普及が一段落した2000年ごろではないかと思う。

図4－3にフィリピンとインドの例を示したように、近代品種は徐々に普及していった。この背景には、改良を加えられた近代品種が続々と開発されたという事実がある。また、近代品種は灌漑があるとより高収量性を発揮するうえ2期作も可能なので、灌漑投資の収益率が高まった。そのために、フィリピンでもインドでも灌漑投資が行われ、灌漑面積比率の増加を呼んだ。ここでは示していないが、化学肥料の投入量は収量の増大を上回るスピードで増大した。近代品種の高収量性を発揮させるためには、化学肥料が必要であり、緑の革命の初期には、資金力のある大農だけが緑の革命の恩恵に浴するのではないかという憶測が流れた。だが実際にはそんなことはなく、小農も大農も近代品種を採用して収量を高めた。

「豊作貧乏」という言葉がある。生産量が増えても、農産物の需要はなかなか増えないので、価格が暴落し、その結果豊作のときに農民はかえって貧乏になってしまうということである。生産を増やすのは、良好な天候だけではない。技術の進歩も生産を増やす。実は緑の革命は、農民を潤したというよりは、コメの価格の下落を通じて消費者を潤したのである。図4－5に示したように、コメの実質価格は1970年ごろに比べて、一時は3分の1くらいにまで減少したのである。これが、所得のうち半分くらいを食糧の購入にあてている貧困者の生活に、大きな恩恵をもたらしたことは間違いない。

感応性の高い品種であった。どこの誰が言い出したのかはわからないが、日本国内では、IRRIは肥料会社の手先であるといった奇妙な噂が流れた。またIR8は病虫害に弱く、農薬の使用量を高めるという批判も出た。そういう批判は必ずしも的外れではないが、こうした議論は、IR8の開発をきっかけにした緑の革命がどれほどの人命を救ったかを無視している。

IRRIはその後、病虫害抵抗性や旱魃や洪水抵抗性のある品種の開発、食味の改善、節水栽培、農薬の使用削減方法の開発等の研究活動を行ってきている。いまではIRRIが開発した品種かその子孫が、熱帯アジアの70％くらいの地域に普及していると推定されている。それは大いに評価したいが、アジアの経験を生かして、IRRIがアフリカでも緑の革命の実現に貢献してほしいというのが、いまの私の願いである。

なお1990年代までは、日本がIRRIの予算の最大の拠出国であったが、ODA削減の先頭を切って、大幅に拠出額が減少してしまった。「IRRIは日本が育てた」というかつての評判は、どこかに消え去ってしまったのである。

図4－4　背の低い奇跡のコメIR8と背の高い在来品種

BOX4－2　熱帯アジアの緑の革命

背が低くて茎が太いので、肥料投入のせいで穂が重くなっても倒れることがなく、しかも茎や葉にいく養分が少ない、そういう品種を熱帯向けに開発して普及したのが緑の革命である。その実現には、日本が明治以来、そうした方向の技術開発を行ったという経験が生きた。

コメ生産で緑の革命のスタートを切ったのは、フィリピンにある国際稲研究所（IRRI）であったが、その初代研究員であった田中明氏（北大名誉教授）が、背の低い品種の開発というアイディアを、最初にIRRIに持ち込んだ。コメほど重要ではなかったが、小麦について同様の開発を行ったのが、メキシコにある国際トウモロコシ・小麦改良センター（CIMMYT）である。

コメと小麦の緑の革命がよく似ていること、そして私自身が1986 — 89年に客員研究員としてIRRIに滞在し、2004 — 07年には理事長としてIRRIの研究に関わった経験があるために、ここでの議論はコメ中心にしたい。[5]

IRRIは、ロックフェラー財団とフォード財団の支援によって1960年に創設され、早くも1966年には「奇跡のコメ」と呼ばれたIR8が開発されて普及に移された。図4 — 4に示した写真からも明らかなように、IR8は日本でも目にするような背丈の低い「普通の」稲である。しかし、1960年代の熱帯アジアでは、背の高い在来種（写真の右部分を参照）ばかりが栽培されており、IR8は奇跡のコメだったのである。その評判は世界中に広がり、ジョンソン米国大統領、マクナマラ世界銀行総裁、渡辺アジア開発銀行総裁、タイの国王等の要人がIRRIを訪れ、IR8に賞賛を惜しまなかった。

ところで、植物にとっての肥料は、われわれにとっての食糧に等しい。だから、肥料をやらずに高収量を実現するということはありえない。IR8は、肥料をやればやるほど収量が高くなるという肥料

図4－5　コメの実質価格と世界のコメ総生産量の推移

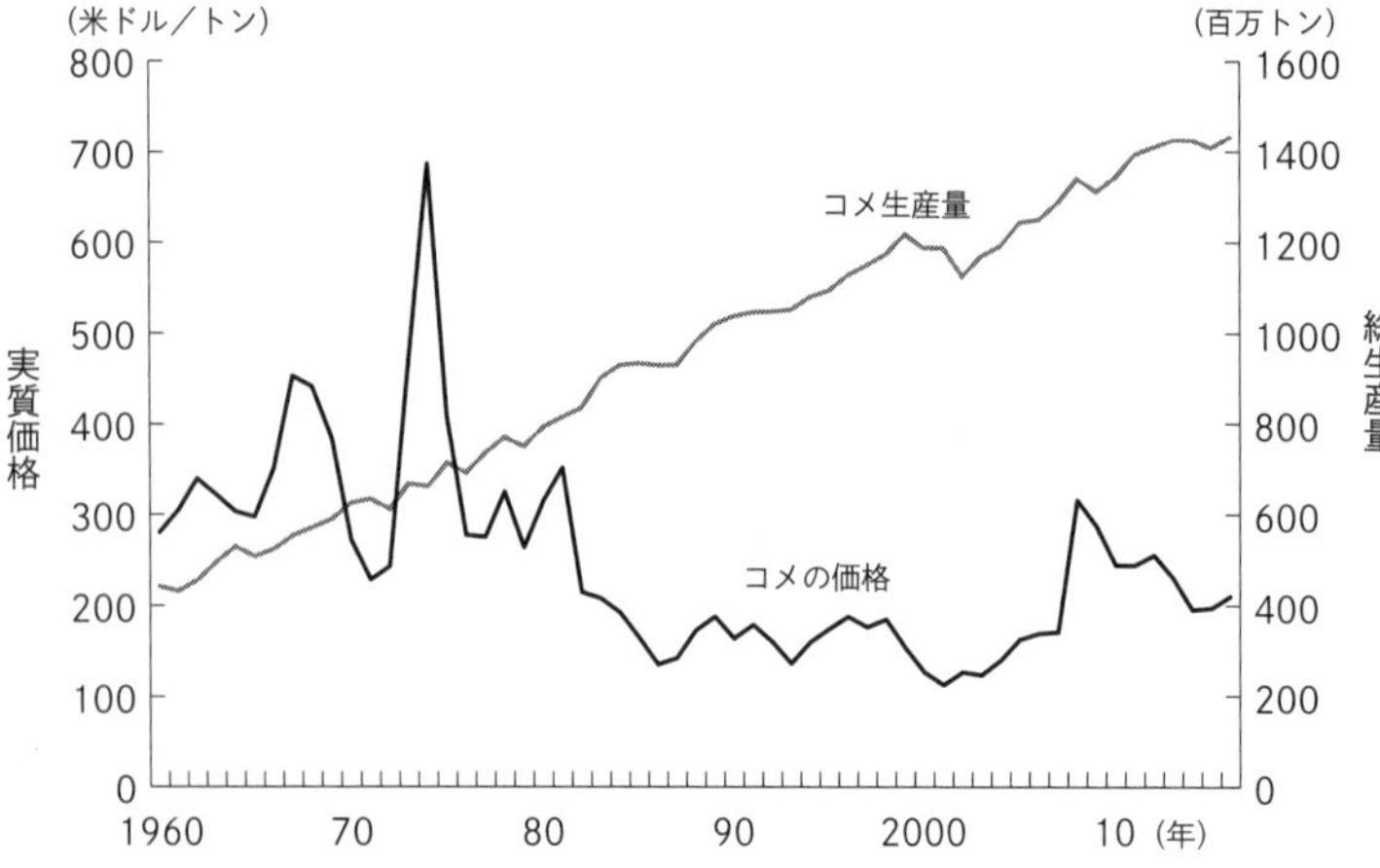

(出所) IRRI (国際稲研究所)

図4－5によれば、コメの価格は不安定で、1973－74年に大きな突起があり、2008年頃にやや小さめの突起がある。1973－74年にはコメの生産は減ったわけではないが、アメリカがソ連の大豆の買い付けを抑えるために禁輸を実施するなどの混乱があり、穀物投機が狂乱的な価格上昇を招いたのだ。2008年の「食糧危機」のときも、投機はあった。それと同時に、アメリカが大量のトウモロコシを燃料用のエタノールの生産に転用したことと、穀物の輸出国が輸出規制をしたことが大きい。穀物が品薄になるのを見込んで、投機筋が様々な穀物を買い込み、価格を吊り上げてしまったのである。

私自身は、「油断」も最近の穀物価格高騰の大きな原因だと思っている。コメに限らず、しばらくの間、穀物価格が長期的に下落したために、穀物は十分にあるという暗黙の了解が生まれた。その結果、農業の研究開発への投資は削減され、灌漑投資も顧みられなくなっていった。そのため、コメについていえば、１９９０年代の末から生産の伸びが鈍化したのである。この時期は、緑の革命が一段落した時期でもある。

緑の革命がコメの価格を低下させ、それが将来も食糧は十分にあるという錯覚を生み、その錯覚が増産努力を怠ることにつながり、その結果、穀物価格が高騰したという皮肉な連鎖があった。これからは、気候変動のために穀物生産は減少するであろうし、バイオ燃料の需要が高まれば食糧がそれに転用される可能性がある。さらには食肉の需要が高まることが予想されるので、よほどの努力をしないかぎり、穀物価格は高騰していくと見られる。第５節で説明するように、小規模農家主体のアジア農業の不振が、それに拍車をかける可能性がある。

4　アフリカ――慢性的食糧不足から脱却するチャンス⑥

人間は困ると頑張る。例えば、原油の価格が上がれば困る。すると、ハイブリッドカーのような低燃費の車が開発される。同様に、土地が希少なのに土地の生産性が低く、まともに食事もできないようでは困る。そこで、土地当たりの収量が高まるような近代品種が開発される。経済学では、これをいかめしく「誘発的技術進歩論」と呼んでいる。これはきわめてあたり前なので、絶対に正しい理論であると私は信じている。

私は、現在のアフリカ農業は食糧不足で「困っている」状態にあると思う。だからこそ、図４－１で見たように、最近になって収穫量が増えているのであろう。アフリカは、慢性的食糧不足から脱却

図4－6　熱帯アジアとアフリカの農村の農業人口1人当たりの耕地面積の推移

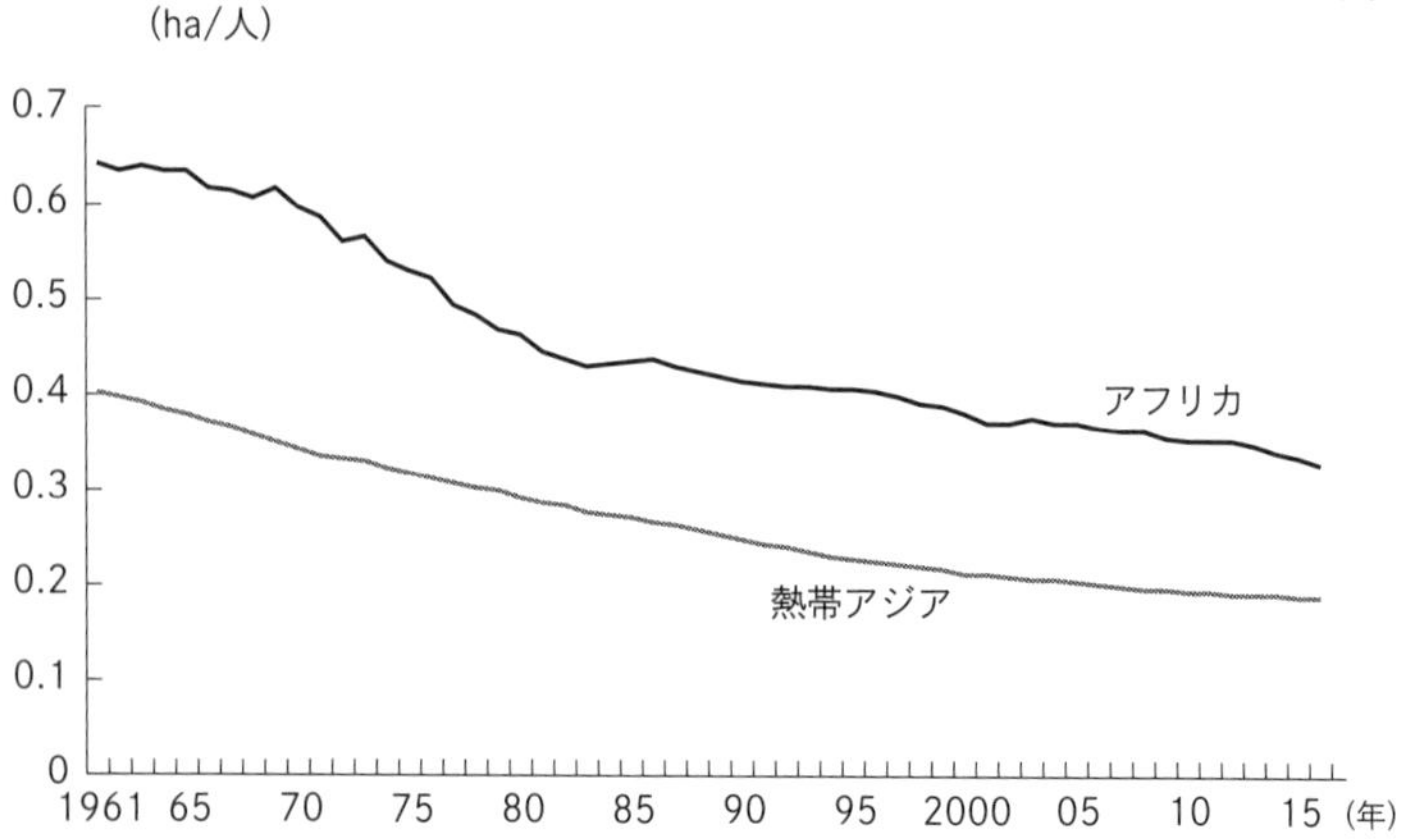

（出所）FAOStat

するチャンスを迎えている。図4－6には、熱帯アジアとアフリカの農業人口1人当たりの耕地面積の長期的変化を示した。アフリカでは、急速な農村人口の増大とともに農民1人当たりの耕地面積が狭くなり、最近では1970年ごろのアジアのそれに接近しつつある。アフリカはアジアよりも雨量が少なく、そうした天候のファクターを加味すれば、アフリカの多くの国が土地不足に真剣に悩んでいる[7]。表4－1に示したように、農家の経営規模でも、アフリカとアジアに大差はなくなりつつある。ということは、アジア的な収量増大技術の開発と普及によって、アフリカ農業が革命的に発展する可能性が芽生えていると考えられる。

いかなる産業の場合にも、途上国の産業を発展させるための手っ取り早い方法は、より進んだ地域から技術や経営方法を導入することである。たしかに農業技術の場合には、その効果は天候等の環境に左右されるから、より進歩した国々の技術をどこに移転してもいいわけではない。しかし、同じ熱帯であるアジアから

表4－1　農家規模の国際比較

	調査年	農家の平均農地面積（ha）[a]	農家と農地の割合（%）			
			1ha以下		10ha以上	
			農家	農地	農家	農地
バングラデシュ	1976/77	1.4	49.7	28.8	n.a.	n.a
	1996	0.5	86.7	42.7	0.1	1.7[c]
	2005	0.3	n.a.[b]	n.a.[b]	n.a.[b]	n.a.[b]
インド	1970/71	2.3	50.6	9	3.9	30.9
	1990/91	1.6	59.4	15	1.7	17.3
	1995/96	1.4	61.6	17.2	1.2	14.8
	2001.3	1.3	62.9	18.7	1	13.2
インドネシア	1973	1	70.4	30	5.9	10.3
	1993	0.9	70.8	29.8	0.2	3.4
	2003	0.8	74.8	n.a.[b]	n.a.[b]	n.a.[b]
フィリピン	1971	3.6	13.6	1.9	4.9	33.9
	1991	2.1	36.6	7.3	2.4	23.3
	2002	2	40.1	8.3	2	20.5
タイ	1978	3.7	16.4	2.5	6	23.6
	1993	3.4	21.5	3.6	4.5	23.2
	2003	3.1	13.1	n.a.[b]	2.1	n.a.[b]
エチオピア	1989-92	0.8	72.1	36.9	0.0	0.2
	2001/02	1.0	62.9	27.1	0.1	1.4

a 農家規模の区別は各国で異なるので、補間推定を行ったケースもある
b データがない
c Farm size above 3 ha
（出所）（1）バングラデシュ, Report on the Agricultural Census of Bangladesh, 1977; 1978 Land Occupancy Survey of Bangladesh; Census of Agriculture 1996.（2）インド, National Sample Survey, No. 215, 26th Round, 1971-72; All India Report on Agricultural Census 1980/71; Agricultural Census 1990-91.（3）インドネシア, 1973 Agricultural Census; 1993 Agricultural Census.（4）フィリピン, 1971 Census of Agriculture; 1991 Census of Agriculture.（5）タイ, 1978 Agricultural Census Report; 1993 Agricultural Census.（6）エチオピア, Agricultural Census 1989-92; Agricultural Census 2001/02.

図4－7　インドとアフリカの穀物別の収量(トン/ha)比較

(a) インド

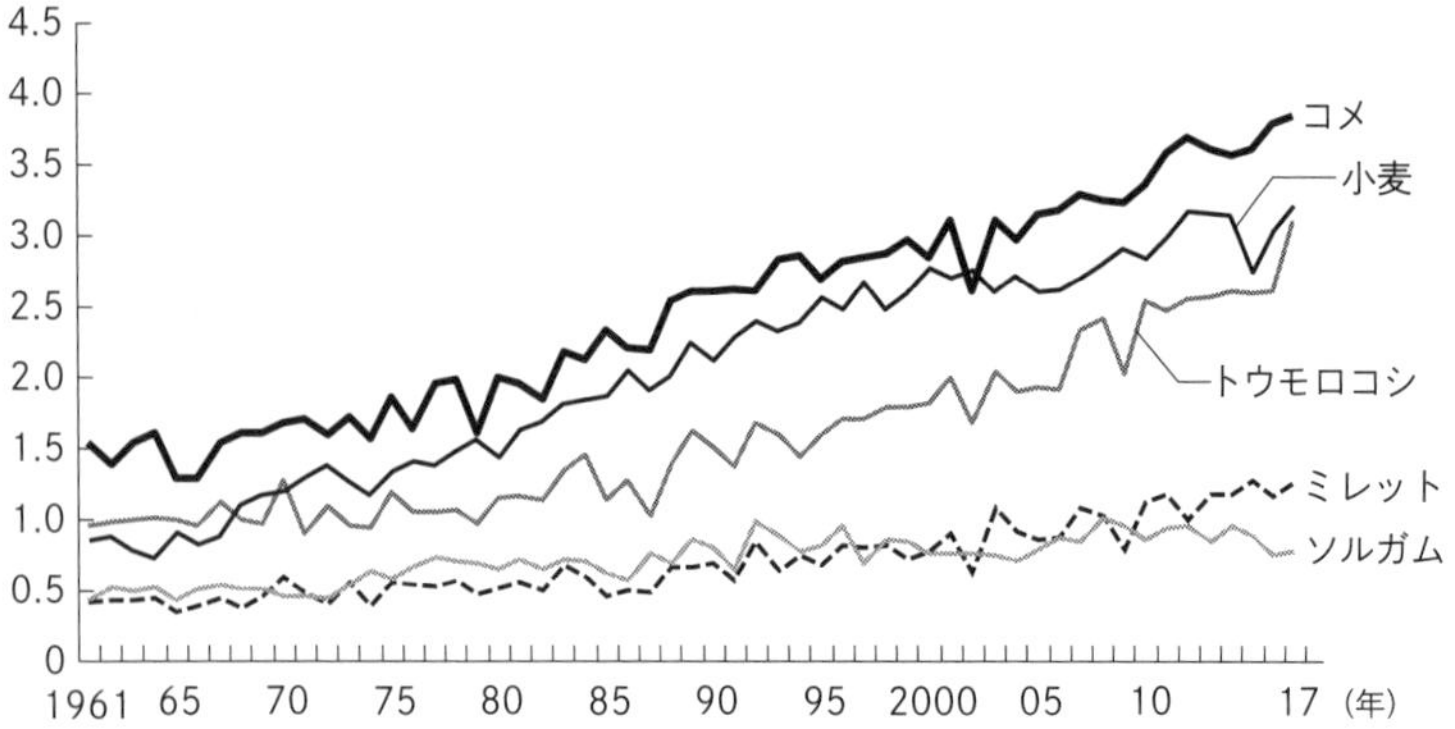

(b) アフリカ

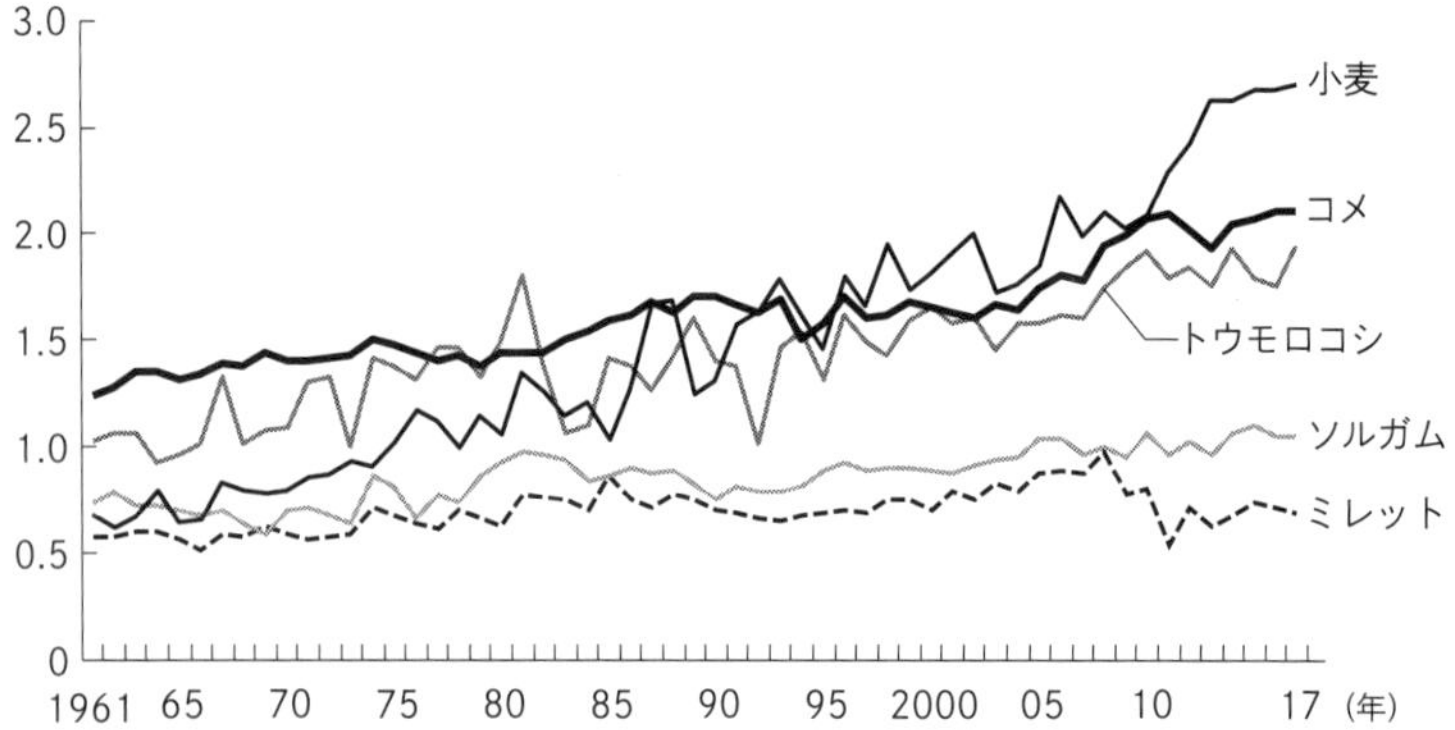

(出所) FAOStat

図4－8　アジアとアフリカの灌漑地帯における肥料投入と収量

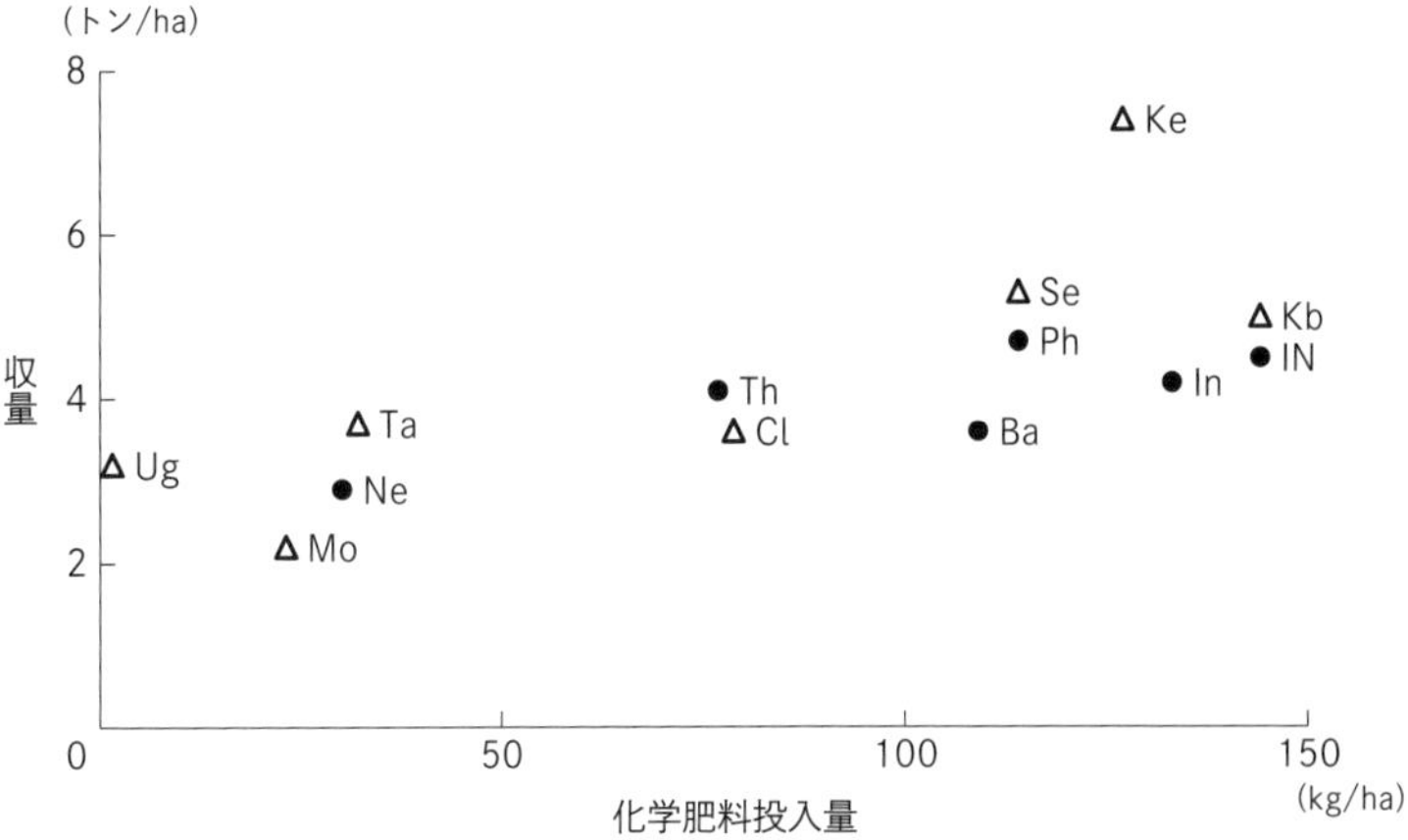

●はアジアを示し、IN はインドネシア、In はインド、Ph はフィリピン、Ba はバングラデシュ、Th はタイ、Ne はネパールを示す。△はアフリカを示し、Ke はケニアでアジアの近代品種採用の場合、Kb はケニアのバスマティライス、Se はセネガル、Cl はコートジボアール、Ta はタンザニア、Mo はモザンビーク、Ug はウガンダを示す

アフリカに技術を移転することは容易ではないのか。特にアフリカに似て乾燥地帯が多いインドの農業技術は、アフリカへの直接的移転の可能性が高いであろう。そこで図4－7では、コメ、トウモロコシ、小麦、それに日本では雑穀と呼ばれているソルガムとミレットについて、インドとアフリカの長期的な収量比較を試みた。

この図から、いくつかの興味深い事実が浮かび上がる。まず第1は、緑の革命が始まる前の1960年代前半には、両地域に収量格差がほとんどなかったことである。これは両地域の現在の収量格差が、もっぱら生産環境の差に起因するものではないことを示している。

第2は、コメと小麦については、緑の革命によって両地域間で大きな収量格差が生まれたが、アフリカでも収量が徐々に増大傾向にあることである。その大きな理由は、アジアの技術がアフリカに徐々に移転されていることである。ただし小麦は冷涼な気候を好むため、アフリカでは南アフリカやエチオピアの高地を除けば、普及面積は限られる。

第3は、アフリカで最も重要な穀物であるトウモロコシについては、両地域間で収量格差がそれほどないことである。このことは、アフリカでトウモロコシの緑の革命を実現するためには、独自の技術開発が求められることを意味しよう。最後に、雑穀については両地域間で収量格差がないことが指摘できる。これらの作物については、技術の開発能力、インフラの

ば、乾燥したアフリカの気候はアジア以上に水稲作に向いている。日照時間が長く、病虫害が少ないからだ。灌漑がなくても、くぼんだ地形が多く、未利用の湿地がかなり残っている。天水田とはいえ、湿地を利用しているために土壌はジメジメしており、水稲作に向いている。この湿地が水稲生産に向いているということを、アフリカの農民は最近まで知らなかったようである。1994年にウガンダの東部を旅行した際、背の高いパピルスが生い茂った湿地をたくさん見たが、最近同じ場所に行ってみても水田ばかりで、パピルスを見つけるのが難しくなった。

アフリカにとってのコメの重要性に着目したJICA（国際協力機構）は、ビル&メリンダ・ゲイツ財団が力を入れているAGRA（アフリカの緑の革命のための同盟）と協力して、CARD（アフリカ稲作振興のための共同体）を立ち上げた。CARDは、世界銀行やFAO、さらにIRRIなどの研究機関も巻き込んで、アフリカでのコメ生産を10年間（2008―18年）で倍増することを目指した。この目標は見事に達成され、アフリカ農業の発展に関心のある多くの人々の耳目を集めている。私の研究グループは、農家調査をベースにした実証研究を通じてCARDを支援している。

整備状況など、ほとんどあらゆる面で有利なインドですら緑の革命が起こっておらず、インドにある技術をアフリカに移転しても大きな成果は得られないことを示唆している。

以上の考察から、アフリカでコメが有望であることがわかる。水稲については、セネガル川の流域の灌漑地帯、ケニアのムウェア灌漑、タンザニアのローワーモシ灌漑で、IRRI（国際稲研究所）が開発した背の低い品種、あるいはそれと他の品種を交配した背の低い改良品種が見事に生育しているのを目のあたりにした。明らかに水稲については、アジアの品種のアフリカへの移転の可能性が高

BOX4－3　コメはアフリカでも特別な作物

20年ほど前にウガンダでコメに関する会議に出席したとき、たまたま小さな女の子と話をすることがあった。彼女は、「クリスマス、お正月、誕生日、結婚式やお葬式の日には、コメを食べたい」と話しかけてきた。私は風変わりな女の子だと思ったのだが、そうではなかった。あとでわかったのだが、かなりのアフリカの国々でコメは特別な作物であり、冠婚葬祭のようなときに食べる習慣があるというのだ。「最近は、毎週のようにお米が食べられてうれしい」とも、彼女はいっていた。

アフリカのコメの消費量は、急速に増加している。現在、1人が年平均で25キロくらいのコメを食べているという。これは、30年ほど前の約2倍である。日本人の平均のコメの消費量は55キロであるから、25キロという数字は決して小さくない。アフリカの都市から相当離れた地方の小さなレストランに行っても、コメはメニューに入っている。しかし、生産が消費に追いつかず、消費量の3分の1をアジアからの輸入に頼っている。

とはいえ、アフリカでの稲作の生産は有望である。灌漑さえあれ

い。

図4―8に示したように、記録が残されている1980年代末のアジアの灌漑地帯における肥料投入と収量の関係と、最近のアフリカの灌漑地帯での両者の関係とは、識別できないほど類似性が高い(David and Otsuka 1994; Otsuka, Estudillo, and Sawada 2009)。つまり灌漑地帯では、技術の水準はアジアとアフリカでは似通っているということである。ただし、一般にアフリカの灌漑水田の収量が低いのは、肥料価格が高いために肥料投入が少ないからである。

アフリカでは、灌漑水田面積比率が15％程度にとどまり、アジアよりはるかに劣っている。長期的には灌漑面積を拡大すべきであると思うが、短期的にはアフリカの天水田での収量の増大を図らなければならない。われわれのグループの事例研究によれば、畔をしっかりつくり、田んぼを平らにし(均平化)、近代品種を採用して肥料を投入すれば、多くの土地で1・5トンの収量を2・5トンから3・0トンに引き上げることが可能である。要するに、普及活動を強化すればアフリカのコメの収量はアジア並みに増大しうるのである。ただし問題は、コメの生産方法を熟知している普及員があまりにも少ないことだ。それにしても、水稲がアフリカで最も有望な作物であることだけは疑いない(BOX4―3を参照)。

水田では、藻のような植物がいて空中窒素を固定したり、流れ込んでくる水が様々な栄養分を運んでくるので、土壌が傷むことが少ない。その点、畑は土壌の管理が難しい。収量を上げることが重要なアフリカの人口稠密地域（例えばケニアの高地）では、改良牛を飼って牛糞を有機肥料として投入している。しかし、それればかりではない。収量性の高いハイブリッド種子と化学肥料を購入し、空中窒素を固定する豆類をトウモロコシと混作することが広範に行われている。まだ研究途中ではあるが、こうした有機肥料の活用、化学肥料の投入、豆類との混作をうまく組み合わせれば、トウモロコシの生産性を飛躍的に高めることが可能であるように思われる。ただし残念ながら、どういうコンビネーションが最適かという課題については、これまで活発な研究が行われてきてはいない(8)。

5　アジア農業の未来

食糧問題が解決できたとしても、所得問題の解決は容易でない。この所得問題の解決の「失敗」が、第3の農業問題である「食糧自給率の減少」という問題を悪化させてしまうことがある。その最悪のケースが、日本農業である。

日本の戦後の農地改革は、日本を民主化するうえでは重要であったと思うが、長期的な農業の発展には大きなマイナスであった。小作料が低い水準に設定されたがために、地主が土地を貸そうとする意欲を削いでしまったのだ。農地法はその後何度も改正されたが、様々な制約がついて、「見えざる手」の機能を阻んできた。また、米価が極端に高い水準に維持されたために1970年代には過剰米が生産され、それを防ぐためにコメの減反（作付面積の制限）、あるいはコメからの転作が補助金付きで奨励されてきた。これでは、コメの生産規模を拡大しようにも拡大できるわけがない。

その結果として起こったのは、効率の悪い零細経営の温存であり、農業の国際競争力の喪失であり、輸入穀物の増加である。日本の農家には気の毒であると思うが、農産物価格を引き下げ、農地を

表4－2　日本における稲作の経営規模と効率性

	0.5ha未満	0.5-1ha未満	1-3ha未満	3-5ha未満	平均値
1960年					
粗収益	98	97	103	104	100
労働費	111	105	96	88	100
機械費用	86	97	106	96	100
総費用	105	102	99	94	100
2015年					
粗収益	98	96	100[a]	103	100
労働費	181	142	103[a]	71	100
機械費用	156	113	105[a]	81	100
総費用	163	133	103[a]	76	100

a 2015年の1-3ha未満については、1-2haと2-3haの単純平均を取った
（出所）農林水産省『米及び麦類の生産費』

手放す人々を増やし、必要なら所得補償をしても能力と気力のある農家に農地を集めて、大規模経営を実現すべきである。

表4－2は、1960年と2015年について、耕作面積当たりの稲作からの粗収益（生産額）と費用の平均を100にして規模別に比較したものである。1960年時点では大型の機械化は起こっていなかったので、規模別の収入や費用に大きな格差はなかった。しかしながら、大型の機械化が進んだ2015年について見ると、収入は似通っているが、0・5ヘクタール未満の零細経営と3～5ヘクタール未満の「中規模」経営では、費用が倍以上も違ってきている。零細経営は効率が悪く、土地当たりの労働費も機械の費用も高くついている。零細農家が中規模農家に土地を貸せばいいのだが、それがなかなか進んでいない。これは、何らかの規制があるからであろう。5ヘクタール以上の農家の数が全体の5％程度にすぎないのも、そのせいと考えられ

図4－9　諸外国・地域の食料自給率（カロリーベース）の推移（1961～2016年）（％）

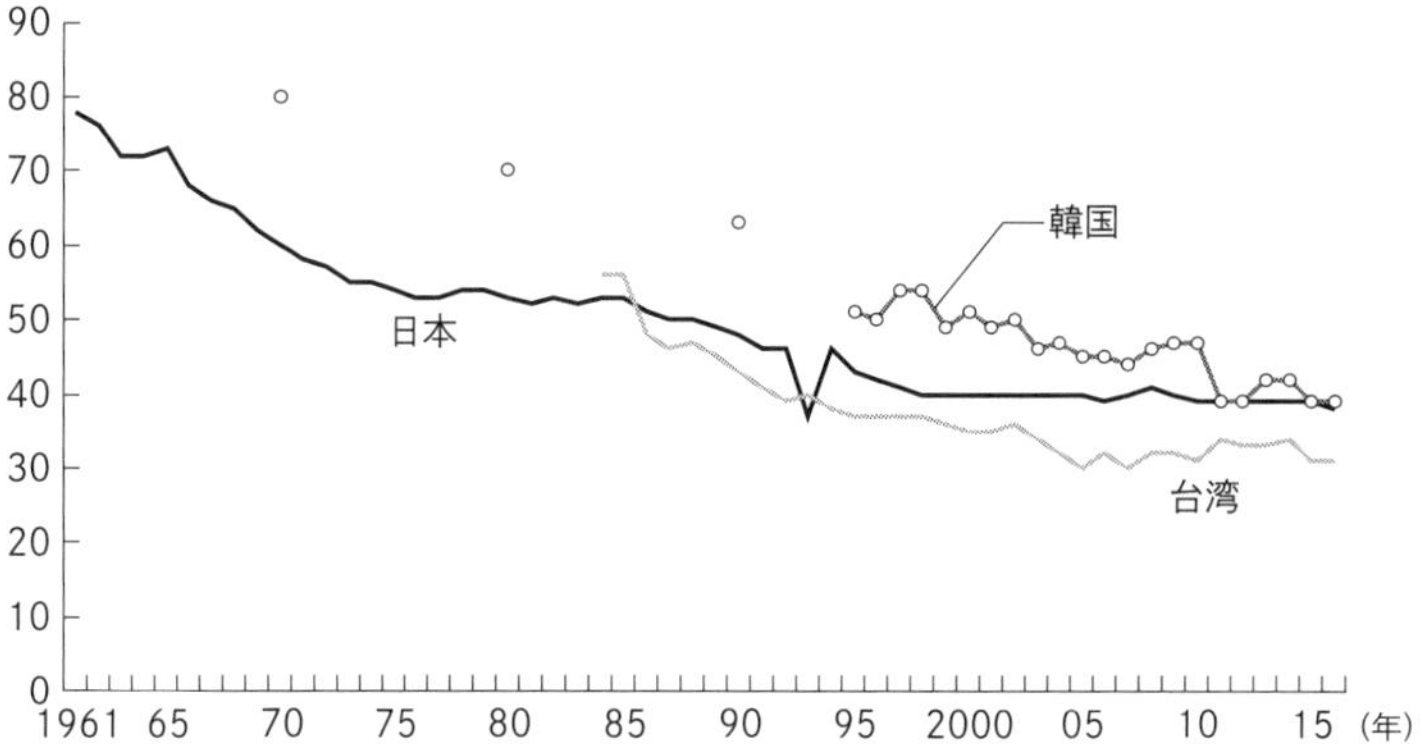

（出所）農林水産省「食料需給表」韓国については韓国農村経済研究院「食品需給表」、台湾については台湾行政院「糧食供需年報」

る。

それでもコメ生産だけは政府が守ってきたが、生産費は高いものになってしまったうえに、他の穀物の生産は大きく減少してしまった。その結果、穀物の自給率は急速に減少している（図4－9参照）。同じ悩みは、日本と同じく小規模農業を温存してきた台湾や韓国にもあてはまる。

日台韓が穀物を大量輸入するのも問題だが、心配なのはこの3カ国だけではない。中国の農家の平均経営規模が0・6ヘクタール程度であり、日本の3分の1の大きさでしかない。中国の労働費は急速に上昇しており、大規模化を達成しないかぎり、農産物の生産費の上昇は避けられない。現在のところ、大豆の輸入が突出して多いだけだが、他の作物の輸入が増大するのも時間の問題であろう。中国がアジアやアフリカで農地を買っているのも、国内の農業生産の将来に不安を感じているからに違いない。

表4－1に示したように、他のアジアの国々で

表4－3　東アジアとラテンアメリカの農業比較

	穀物の収量		耕地(ha)・農業従事者(人)比率	
	1990年	2015年[a]	1990年	2015年[a]
アルゼンチン	2.3	5.3	6.46	11.97
ブラジル	1.8	5.1	1.45	4.16
中国	4.4	5.6	0.15	0.13
日本	6.1	6.4	0.56	1.84

a アルゼンチンと中国は2015年のデータがないため、2010年のデータを用いた
（出所）FAOStat

は、人口増加のために農家の経営規模がいずれも減少している。これらの国々でも賃金が上昇することが予想されるから、やがては生産費が上昇することになる。われわれのグループの研究によれば、ベトナムやジャワ島では小規模農家の経営効率が悪化しつつある。同様のことが、人口の多いインドやバングラデシュで起これば、アジア全体が穀物の大量輸入地域になってしまう危険がある。

世界的に見れば、ブラジルやアルゼンチンのような農地が広大にある南アメリカの国々が、世界の食糧基地になると考えられる。表4－3に示したように、これらの国々の農業従事者当たりの平均耕作面積（耕地面積を農業従事者数で割ったもの）は、日本や中国とは桁違いに大きい。しかも、穀物の収量は増大傾向にあり日中のそれと遜色がない。その1つの原因は、科学的農業の実現にある。会社経営の農業では、大学院で学んだ農業科学者が、土壌の管理や品種の開発まで行っている。コメの収量が世界第3位であるウルグアイでは、精米業者が農学の修士号を持った社員を数多く雇って、きめ細かく経営のアドバイスをしている。大規模で科学的な農業を東アジアで実現することは至難の業だと思うが、少なくとも東アジアもそうした方向への変革に踏み出さなければならない時期に来てい

る。さもないと、食糧自給率の減少という農業問題を克服できないどころか、この問題はますます悪化の一途をたどることになる。

6 世界の穀物マーケットはつながっている

アフリカの食糧不足を解消するには増産が第一だが、たとえそれに成功するとしても、アフリカは当面はコメと小麦の輸入地域であり続けると思われる。そうなると、穀物の国際価格が上昇することは、アフリカにとって大きな打撃となる。2008年の「食糧危機」の際には、コメの価格の上昇に抗議して全国規模のストライキが、いくつかのアフリカの国で起こった。

図4－10は、コメについてはタイの輸出価格とナイジェリアの輸入価格、大豆についてはブラジルの輸出価格と中国の輸入価格、小麦についてはアメリカの輸出価格と日本の輸入価格の長期的変化を示したものである。これらの国々は、それぞれの穀物の最大級の輸出国か輸入国である。ここから、2つの重大な関係を指摘することができる。

第1は、それぞれの穀物について、輸出価格と輸入価格がほぼ平行に推移していることである。これは、これらの穀物の国際市場が正常に機能していることを示している。コメについては、輸入価格と輸出価格がクロスしている場合もあるが、これは品質の違う多種多様なコメが取引されていることが理由である。

次に、3種類の穀物の価格の変動パターンが似ていることが指摘できる。これは、これらの穀物が

図4－10(a)　ブラジルと中国における大豆の価格の推移

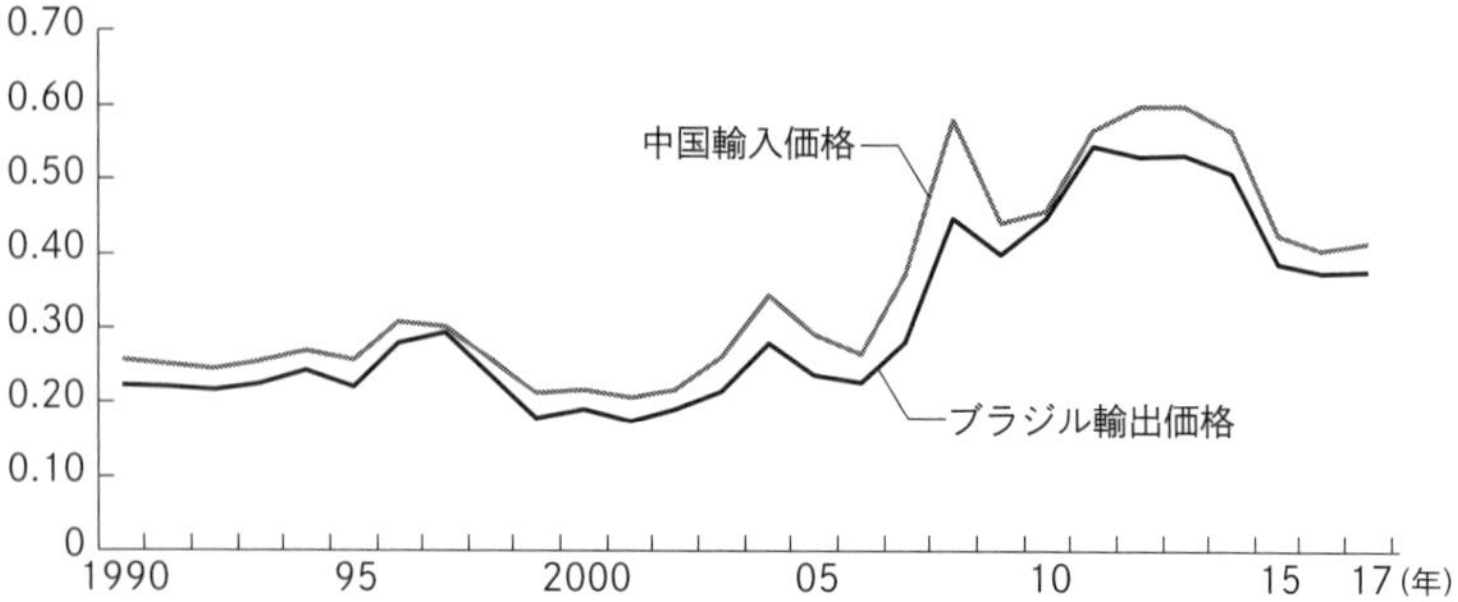

図4－10(b)　タイとナイジェリアにおけるコメの価格の推移

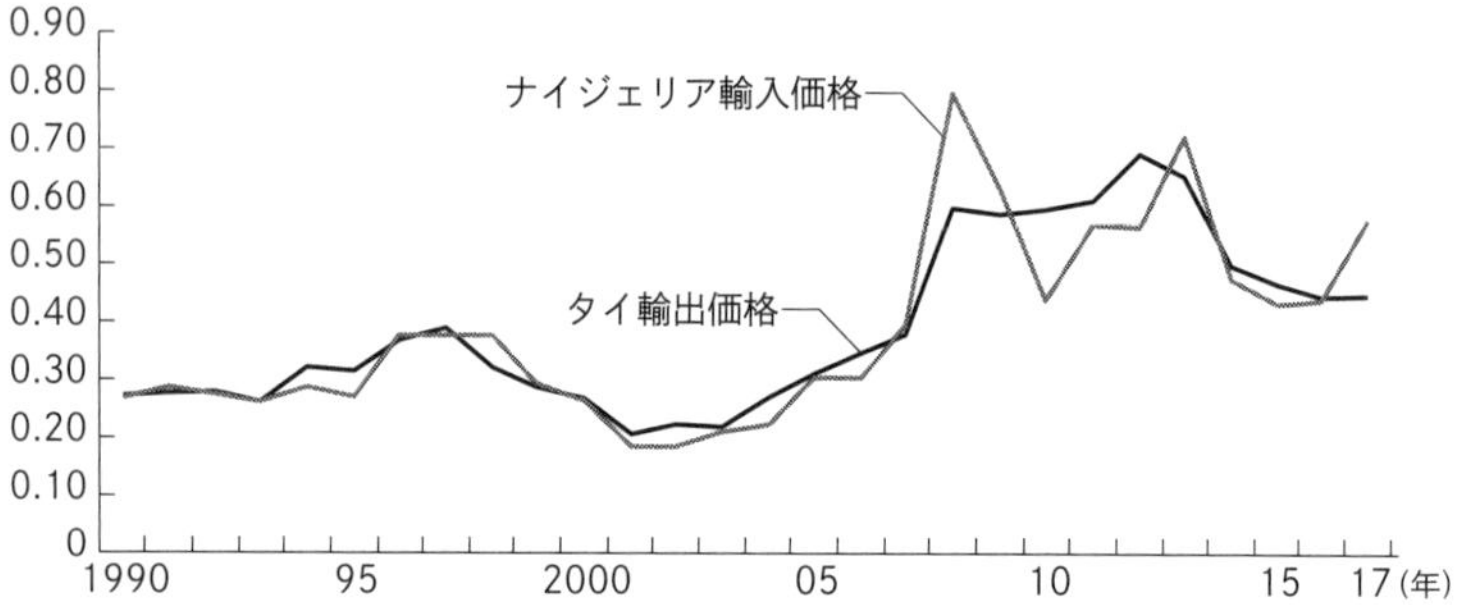

図4－10(c)　アメリカと日本における小麦の価格の推移

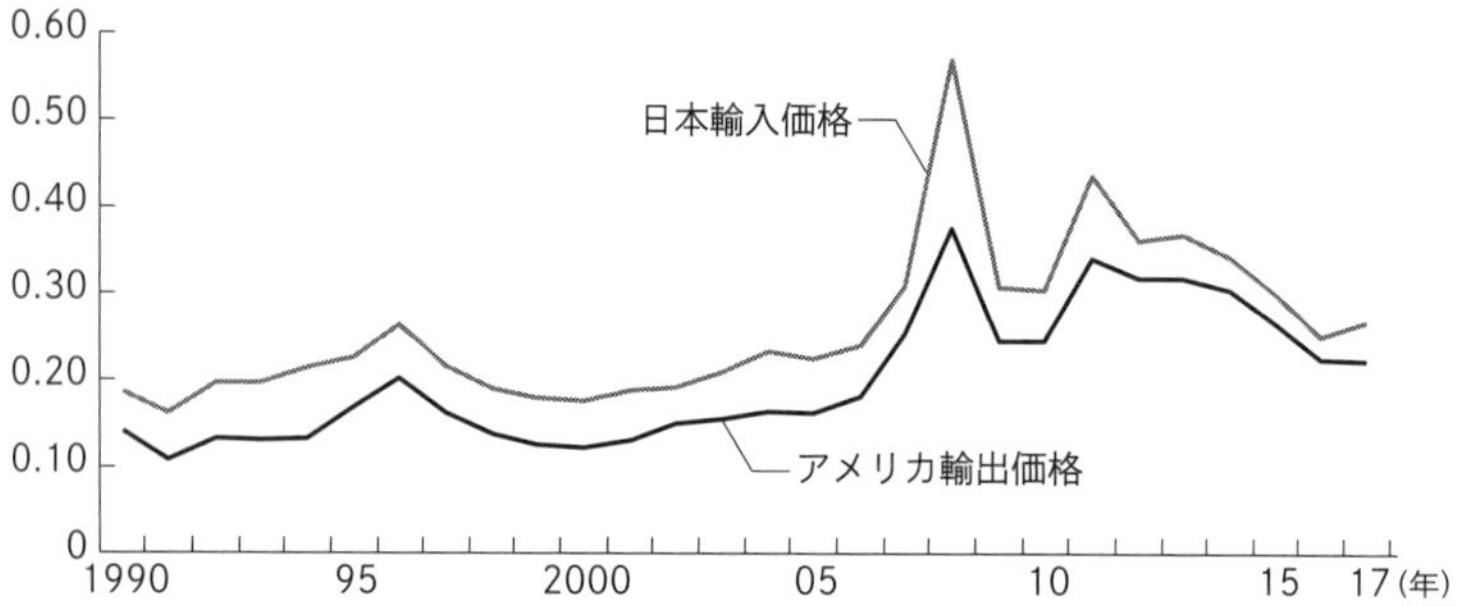

輸出価格は、輸出額（1,000米ドル)/輸出量（トン）。輸入価格は、輸入額（1,000米ドル)/輸入量（トン）

代替可能であり、ある穀物の価格が上がった場合には他の穀物に鞍替えするようになるので、あらゆる穀物の価格変化が類似してくるからである。要するに、世界中の穀物市場はつながっているのである。

ということは、もしアジアが穀物の巨大な輸入地域になったとすれば、世界の穀物価格は高騰し、穀物を輸入している地域はまともに被害を受けることになる。もちろん、ここで問題になるのはアフリカである。また第8章で説明するように、気候変動にともなって穀物の世界的生産量は減少してしまうことが予想される。それは、とりもなおさず穀物価格をさらに押し上げることを意味する。こうした世界の穀物市場のこれからの情勢を考えるならば、アフリカはいま以上に貪欲に、穀物の増産を図らなければならない。

7 まとめ

最後に、本章での議論をまとめておこう。

- 経済の発展とともに、アジアやアフリカでは、食糧不足の問題、農村と都市の所得格差の問題、そして次に食糧自給率の減少という農業問題が起こる傾向がある。
- 高収量品種の開発と普及を中心とする「緑の革命」は、アジアにおける食糧問題の解決に大きく貢献した。
- アフリカでも土地が希少になりつつあり、緑の革命が起こる素地が整いつつある。

- 多くのアジア諸国では、賃金の上昇にもかかわらず小規模で労働集約的な農業生産が行われている。その結果、農業の比較優位は低下しつつあり、アジアは巨大な食糧の輸入地域に転落する危険がある。
- 世界の食糧のマーケットはつながっており、もしアジアが食糧の大輸入地域になれば、食糧価格は高騰し、食糧への消費支出の割合の高い貧困者はますます困窮することになる。それは飢餓につながる危険がある。
- つまり人類は、未だに飢餓の可能性を完全には排除できていないのである。

第5章　東アジアから何を学ぶか？

国際経済は、協調と競争が入り交じった世界である。国際的に自由な取引については、「見えざる手の原理」が働く。つまり、取引する商品が決まっているとすれば、貿易は輸出国にも輸入国にも利益がある。その意味では、国際貿易は協調的である。しかしながら、産業構造の変化と技術の模倣を含めて考えると、長期的にすべての国がともに利益を得るとは限らない。

ここで仮想的に、A国という先進国とB国という途上国を考えよう。A国は自動車や電機製品を生産してB国に輸出し、B国からは衣類等の軽工業品を輸入している。ここでB国は、人的資本、物的資本、インフラ、社会関係資本、知的資本に投資し、以前より効率的に軽工業品を生産できるようになったとしよう。これは、A国にとってありがたいことである。A国の消費者は、前と同じ製品をより安く、あるいはより良い製品を手軽な価格で手に入れることができるようになる。A国には軽工業品を生産している企業はないから、B国の発展によってダメージを受ける産業もない。

しかしB国は、そこで歩みを止めることをしなかった。つまりB国は、A国のしていることを一生懸命に模倣し、社会関係資本、人的資本、物的資本、インフラ、知的資本をさらに蓄積して軽工業製品の生産から脱皮し、自動車や電機製品を生産して輸出をしようと試みたのである。

この場合、A国の経済状態はどうなるであろうか。もしA国がB国に劣らず生産的なストックを着々と蓄積していれば、A国はB国がかなわないようなハイテク製品を生産できるようになるので、A国は相変わらずB国の発展から利益を得るかもしれない。しかし、A国で相応の進歩がなければ、A国とB国は正面から競争することになる。A国の産業は、以前よりも厳しい競争にさらされ、採算が悪化する。その結果、A国の生活水準は低化する可能性が高い。

このA国とB国の関係は、かつての日米経済摩擦を彷彿させる。日米繊維摩擦、日米自動車摩擦、日米半導体摩擦等々、日本経済の発展の過程で日本とアメリカとの間に深刻な貿易摩擦が次々と発生した。B国（つまり当時の日本）の経済水準が低かったときには、A国（つまりアメリカ）はB国の発展から利益を得ていた。しかし、B国がA国の得意な製品まで輸出するようになると、A国は不利益を被るようになる。すなわち、勝者と敗者がはっきりと分かれる競争となったのである。

現在の日本は、かつてのアメリカと同じように、アジアの国々との関係においてA国のようになりつつある。韓国や中国は生産のためのストックを猛烈な勢いで蓄積しつつあり、A国に迫るB国になってきている。もしここで日本が立ち止まっていれば、競争に敗れ、経済状態が悪化する懸念は十分にある。

本章では第1節で、製造業に関する国際競争が、世界的にゼロサム的なきわめて厳しい状態にあることを指摘する。第2節では、B国（途上国）が後発の利益を生かしてA国（先進国）から学ぶことによって、A国以上のスピードで成長可能であることをアジアの経験から検証する。第3節では、奇跡とも呼ばれる東アジア的発展の骨子が、技術や経営に関する知識を先進国から学び、急速に知的資本や人的資本を蓄積したことであることを示す。最後に第4節では、東アジア型の発展戦略を採用することによって、アフリカや南アジアの国々が発展する可能性があるかについて検討する。もしこれらの地域が東アジア型の発展に成功すれば、今世紀は東アジアの世紀から、東アジアを起点としたグローバルな世紀へと転換することになるであろう。

1 製造業の国際競争は厳しい

意外なことのように思われるかもしれないが、世界全体で見て製造業の雇用吸収力は長期的にほとんど変化していない。図5－1は、世界全体の製造業従業者数の推移を示したものだが、過去20年の間、驚くほど変化が見られない（World Bank 2012）。その間、世界全体の所得は増え、工業製品の消費は大きく伸びたはずである。それにもかかわらず雇用が増えていないということは、製造業の労働生産性が急速に改善し、ほとんど同じ人数の労働者で、以前よりはるかに大量で良質の製品を生産できるようになったことを示すものである。

これは、2つの意味で重大である。第1は、パイ（つまり世界全体の雇用）が一定であるかぎり、ある国が工業化に成功すれば、ほかのどこかの国が工業化に失敗するか、既存の工業が衰退することを意味する。例えば、南アジアが工業化に成功すれば、アフリカが工業化に成功する可能性は低くなるということである。これはもう、経済をめぐる戦争である(1)。第2に、製造業の雇用吸収力が高くな

図5－1　製造業に従事する世界の労働者数の推移

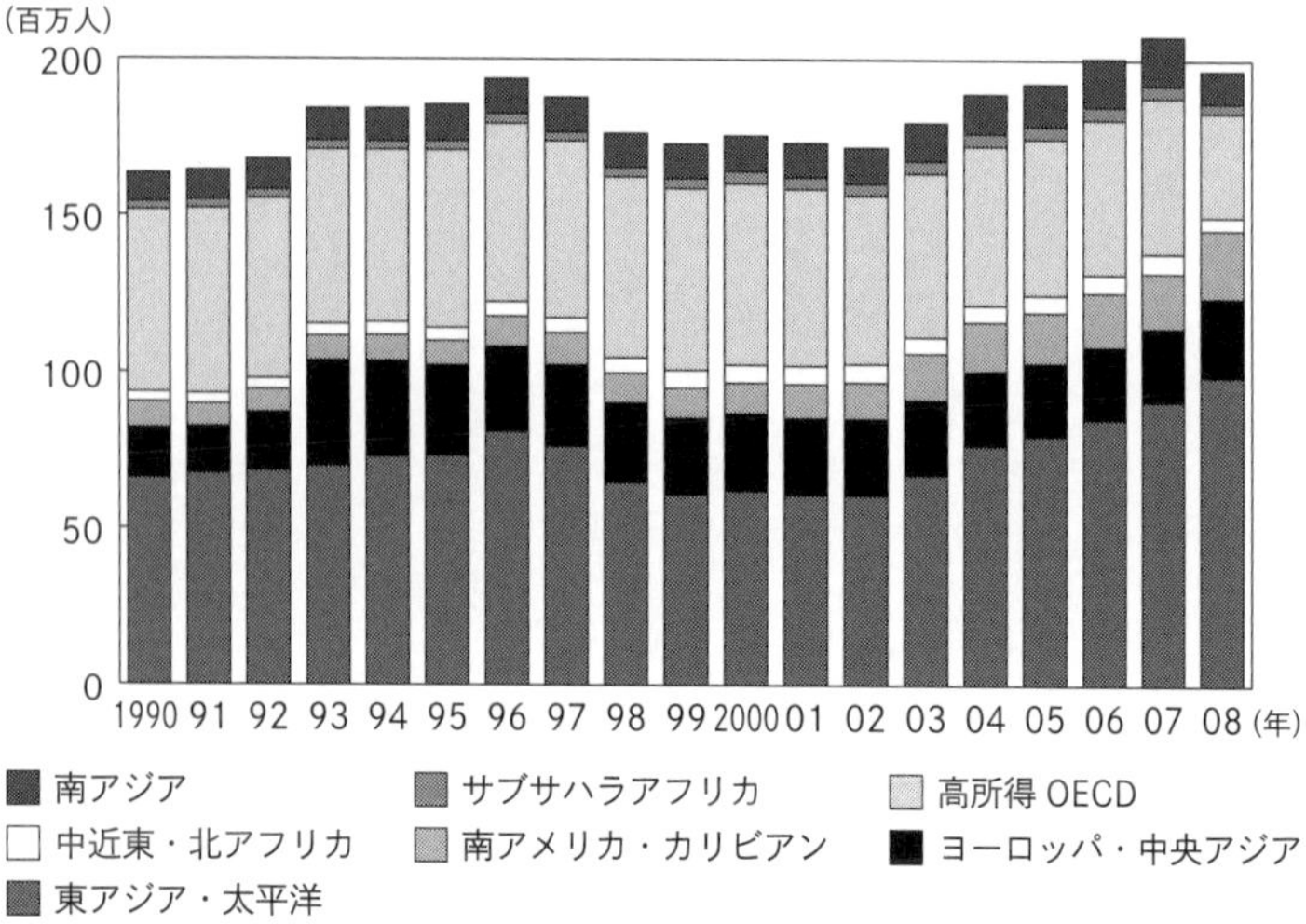

(注) 2009 年以降のデータはなし
(出所) 世界銀行 (2012)

いというのは、世界中で製造業の発展が同時に起こって貧困者に多くの仕事を創出するのは難しいことを示している。貧困者は一般に教育水準が低く、非熟練の労働者であることが多い。したがって貧困削減を実現するには、非熟練労働集約的な産業を発展させる必要がある。それは、例えば繊維産業であり、アパレル産業であり、革靴産業である。あるいは他にも、食品加工、家具製造、金属加工業などの労働集約的な産業がある。こうした製造業の発展なくして、貧困削減を実現することは難しい。しかし、そうした産業の雇用吸収力には限界があるのかもしれないのである。

　非熟練労働集約的な産業とは、一般に軽工業である。それに対して重化学工業は資本集約的産業であり、ＩＣＴ、バイオ、ナノテクノロジー関連の産業は知識集約的で

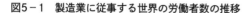

表5－1　主要国における製造業のGDPシェア(%)

	1990年			2015年		
	重化学工業	軽工業	その他	重化学工業	軽工業	その他
日本	34.4	13.6	52.0	50.5	14.0	35.5
アメリカ	34.4	17.3	48.4	45.3	16.8	37.9
中国	28.7	29.3	42.0	35.3	21.8	42.8
タイ	11.6	53.4	35.0	36.4[a]	26.9[a]	36.7[a]
韓国	39.4	24.5	36.1	59.0	10.1	30.8
インド	31.3	26.9	41.7	35.1	18.3	46.6
エチオピア	3.4	82.6	14.0	16.1	46.6	37.3
ケニア	14.0	48.0	37.9	14.9	52.7	32.5

重化学工業は、化学、輸送機械を含み、軽工業は食料、飲料、たばこ、繊維、アパレルを含む
a 2013年のデータ
（出所）世界銀行　World Development Indicators

である。ただし、電子部品の生産などは、開発当初は知識集約的な要素が強かったが、徐々に非熟練労働者でも生産に従事できるように作業が単純化されていった。その結果、この産業は労働集約的になり、生産拠点が先進国から途上国に移っていったのである。

また自動車の場合は、ただ走るだけの車を製造するのであれば、資本集約的な生産方法を採用すればいい。しかし燃費が良く、排ガスの少ない車を生産するには、科学的知識が重要になる。そのため日本の自動車産業はハイテク産業であるが、中国のそれは資本集約的な産業となっている。したがって、産業を労働集約的、資本集約的、知識集約的に区分することは容易ではない。

そうした問題はあるが、大まかな傾向を見るために、製造業を重化学工業、軽工業、その他の3種類に分割して、そのGDPシェアを示したのが表5－1である。多数の産業が含まれる「その他」のシェ

アが高いので、理解が難しい面もあるが、それでもこの表からいくつかの大まかな傾向を理解することができる。

第1は、日本やアメリカや韓国のような先進国では、重化学工業の比率が高く、若干上昇傾向にあることである。おそらくこの中には、新素材などの知識集約的な産業も含まれていることであろう。

第2に、中国、タイ、インドといった中進国では、軽工業のシェアが相対的に高く、かつ減少傾向にあることが指摘できる。

最後に、エチオピアやケニアのようなアフリカの国々では、

するようになる。紡織機械は鋳物のフレームを用いるが、それは自動車のボディーの生産と技術的に類似した点があり、前者の発展は後者の発展につながっていく。このように、産業構造が労働集約的段階から資本集約的段階に移行していく姿を、雁行形態と呼ぶのである。これはまさに、トヨタ自動車の発展の歴史と重なる。この有益な理論は、日本経済史そのものの中から生まれたのである。

直感的にいえば、世界と比べて、自国の人的資本、物的資本、知的資本の量、労働者の数を考え、自国が比較的豊富に持っている資源を多量に使うような産業に特化すべきであるというのが、比較優位論や雁行形態論の教えである。それに逆らって経済発展に成功した国は、皆無であるといっても過言ではない。社会主義のもとでの中国もしかりであるが、1970年代末に日本に一気に追いつくべく、急進的な重化学工業化を目指して失敗した韓国の例もよく知られている。

アフリカについても、地道に労働集約的産業の発展を目指すのではなく、いきなり資本集約的な近代的産業を発展させようとした輸入代替的工業化政策は、ことごとく失敗した。「雁行形態論に従え」は、経済発展に成功するための基本的な必要条件である。

予想通り軽工業のシェアが高いが、期待に反してそのシェアが大きく増加していないことがわかる。これは大きな問題である。労働が豊富なアフリカで軽工業が発展しないとすれば、経済全体の発展は期待できない。

途上国は労働集約的な産業を発展させ、中進国が資本集約的な産業を重点的に発展させて、先進国は知識集約的な産業の発展に取り組んでいることは、世界の調和的発展のためにきわめて重要な国際分業である。まず第1に、それによって「正面衝突的」な貿易戦争をある程度回避できる。例えば、すべての国が名誉をかけて自動車を製造す

BOX5－1　「雁行形態論」には逆らえない

国際経済は常に競争的であり、各国は他の国に比較して自国が得意とする産業に特化しないと勝てない。例えば1978年の経済改革開始前の中国は、農業主体の貧困国で資本が不足していたにもかかわらず、鉄鋼や工作機械のような資本集約的な重工業を育成しようとした。あり余る労働力を活用しないばかりか、投資資金は不足し、輸出品は製造できず、結果として経済は発展しなかった。

この比較優位論を経済発展と結びつけて動学的な視点から議論したのが、赤松要一橋大学名誉教授（故人）である。雁行形態（Flying Geese）というユニークな命名と相まって、雁行形態論を支持する研究者はいまでも多い。

雁行形態論によれば、低所得国は発展初期には綿糸や綿布のような簡単に生産できる製品さえも輸入するが、こうした労働集約的な製品については、やがて国内生産が活発化する。とはいえこの時期には、綿紡績・紡織の機械は輸入に頼っている。日本では明治初期の国産の織機は、鉄の代わりに固い木材を使っていた。しかしながら、資本が徐々に蓄積され紡織機械の構造についての知識が向上するとともに、鉄製の機械を国内で生産するようになり、やがて輸出

るとすれば、あちこちで貿易戦争が発生してしまうだろう。

第2に、より重要なことであるが、労働集約的発展→資本集約的発展→知識集約的発展という段階を踏まないかぎり、途上国が発展することは経験的にありえないということである。これは、経済学では「比較優位の理論」として知られている。ほとんどそれと同じであるが、とりわけアジアではこの議論は、「雁行形態論」（Flying Geese Pattern）として知られている。これは、経済発展にとってきわめて重要な理論なので、ＢＯＸ５−１で説明を加えることにする。

要するに、人的資本、物的資本、インフラ、知的資本に乏しい途上国が、世界の他の国々と国際貿易を通じて競争しようとすれば、非熟練労働のコストが安いことを利用して、非熟練労働集約的な産業を発展させて輸出を図る以外に選択肢はないということである。

同様に、賃金の高い先進国が他の国々と競争するためには、知的資本や人的資本がとりわけ豊富であることを利用して、知識集約的な産業に特化するのが合理的となる。人的資本や知的資本に比べれば、物的資本は蓄積しやすい。だから中進国は、資本集約的な産業に特化する傾向が生まれる。もちろん長期的には、途上国や中進国は知的資本等を他の国以上に急速に増加させることで、より高度な製品の生産に比較優位を持つようになることができる。

2 中国は元気、日本は元気がない

中国は、2010年代後半になって陰りが見られるようになったものの、1978年に開始された自由主義的改革の実施以降の35年間、1人当たりのGDPが年率10％に近いスピードで成長してきた。かたや日本経済の1990年以降の成長は、年率1％という低さである。これは中国経済が偉大で、日本経済が無能か無気力であったことを意味するのであろうか。イエスの要素もないわけではないが、基本的な答えはノーである。模範となる先進国との技術的ギャップが大きいときは、途上国は模倣によって急速に成長しうる。中国は、この後発国の有利性を最大限利用したのである。日本も、1950年代末から1970年代はじめにかけての高度成長期には、1人当たりのGDPがおよそ年率10％で成長していた。

図5－2には、いくつかの国々について購買力平価で調整した1人当たり実質GDPの100年余にわたる長期的変化を示した。半対数グラフなので、カーブの傾きが成長率になっている。戦前の日本経済は、アメリカとほぼ同じスピードで成長している。つまり、日本はこの時期にキャッチアップに成功したわけではない。日本経済の成長がとりわけ急激であったのは、第二次世界大戦後である。日本経済は、1955年ごろに戦前の経済水準にまで回復したあとも、先進国との1人当たりGDPのギャップが大きいことを利用して急速に成長した。ギャップが大きいということは、日本が模倣すべき技術や経営手法が先進国にあったことを意味する。図3－3にも示したように、明らかに日本は

図5－2　アメリカ、日本、台湾、韓国、中国の1人当たり実質GDPの長期的変化

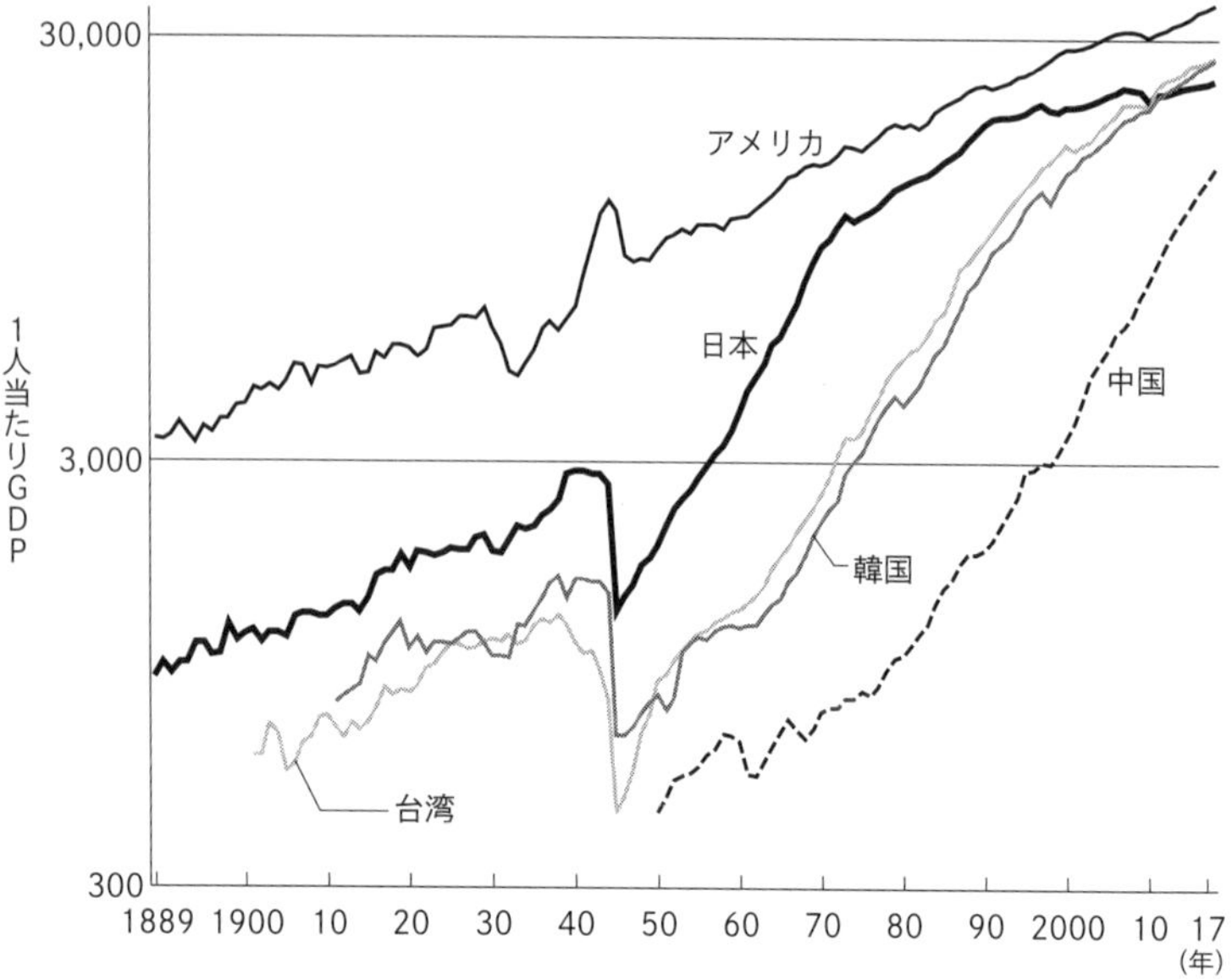

（出所）IMF（2019）

技術を輸入しながら急速に成長したのである。

ところが、日本と先進国との１人当たりＧＤＰのギャップが縮小するとともに、日本経済の成長率は鈍化していく。１９７０年代後半に、「高度成長」からいわゆる「安定成長」の時代に突入するのであるが、国民や政治家が安定成長を望んだわけではない。模倣の余地が少なくなった段階では、自前で技術的知識を開発することが必要になる。しかし、それは非常にコストのかかる作業である。だから望んだわけではなく、必然的に安定成長になってしまったのである。

興味深いことに、約10年遅れて台湾と韓国が日本と同じような高度成長と安定成長を経験した。これは、技術的

図5－3　先進国における国民の大学・大学院での平均就学年数

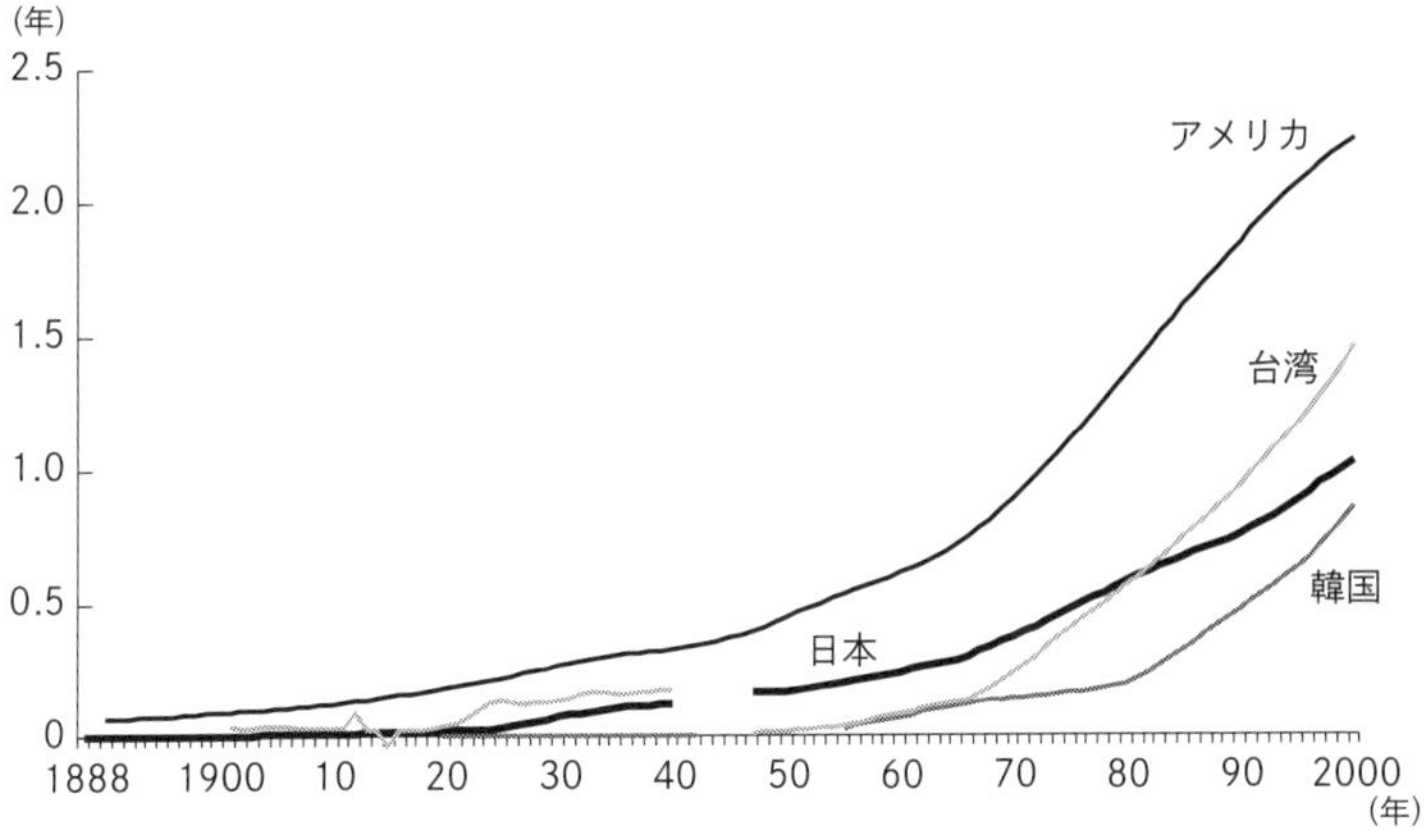

(出所) Godo (2013)

ギャップの存在とその活用が、高度成長の鍵を握っているという考え方の妥当性を支持するものである。また日本の発展が手本になり、アジアの他の国々が「日本型」、あるいは「東アジア型」の発展を次々と実現したことは、特筆すべき出来事である。[2]

中国の1人当たりGDPは、日台韓よりはるかに低い水準にある。中国は、欧米はもとより日本などの技術を模倣しながら、急激に成長してきている。例えば、私が重慶でオートバイ産業の調査をしていた際、中国メーカー各社が「わが社は本田式あるいは鈴木式を生産できる」ということを、競って宣伝しているのを見た。もちろんこれは知的所有権法違反であるが、中国のこうした貪欲な姿勢が中国経済をあっという間に「世界の工場」にまで押し上げたのである。だから中国の元気の源は、「模倣」であるといって過言ではないだろう。

それにしても、日本経済は元気がない。日本では、この30年近くは「景気」が悪かったと考えている人が

善中とはいえ、世界の最先端をいっているとは到底思えない。博士後期課程で、ろくに講義もしていない大学すらあるという。日本の博士課程は質的に劣るだけでなく、量的にも先進国の中で最低クラスである。図５―４に示したように、日本の博士課程の修了者の人口に対する割合は韓国以下であり、先進国中最下位に近い。

もし大学が二流で、大学院が二流で、官や民のリーダーも世界的に二流の人的資本しかなければ、日本経済は二流以外ではありえない。アベノミクスの第４の矢が何になるのかは知らないが、大学と大学院、特に後者の充実を図らなければ、日本経済にバラ色の未来はない。

図5－4　2000年と2017年における全人口に対する博士課程修了者の割合の国際比較

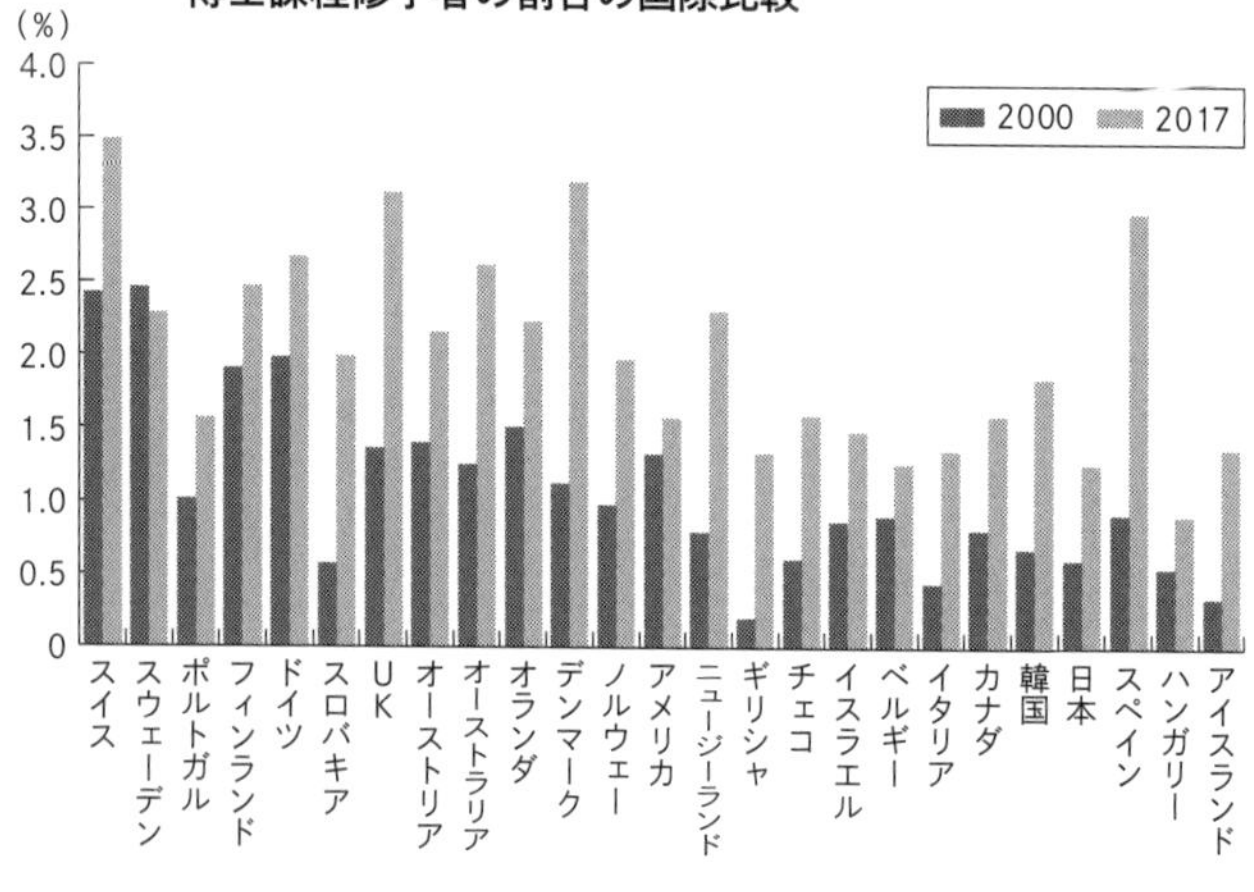

（出所）OECD Science, Technology and Industry Scoreboard 2017

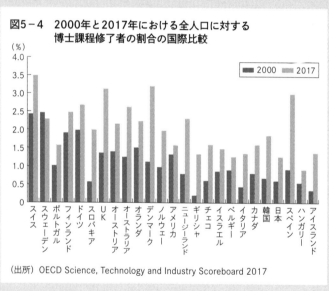

BOX5－2　日本は大学院教育の徹底的強化を(3)

「足の裏の米粒と博士号とかけて何と解く？　取っても役に立たないものと解く」。これは日本経済新聞が、数年前に新聞の第 1 面で書いた記事の内容である。私は腹立たしい思いもあったが、情けなくて声も出なかった。

日本が先進国として世界と戦っていく際に大事な武器は、人的資本と知的資本である。現在の世界では、途上国のみならず先進国でも、官庁や企業で責任あるポストに就いているのは博士号を持った人々である。それは、「資格」が問題だからではない。大学院でのトレーニングを受けてレベルの高い人的資本を獲得し、先進的な知的資本に精通していることが、指導的立場にある人々にとって重要になっているからである。そうでなければ、世界と戦えない。新聞記者もしかりである。欧米の新聞記者の中には、博士号を持ち、ノーベル賞級の経済学者に堂々と論戦を挑む人々がいる。

翻ってわが国の大学を見てみよう。例外はあるにしても、国際的に通用する人的資本を形成し、世界のフロンティア的知識を創造する組織には、残念ながらなっていない。

2013 年に経済協力開発機構（OECD）が実施した国際成人力調査によれば、日本人の読解力と数学的思考力は、先進国中トップであるという。しかしそれは平均の話であり、傑出した人の割合が少ないうえに、55 ― 65 歳の平均点が高かったという。社員を教育するという日本独特の企業文化が、今回の結果には貢献しているようである。同じく OECD が調査している学習到達度調査（15 歳を対象）では、日本の子供の学力は決して高くない。一般に日本の大学の教育は相変わらずいい加減なところが多く、大学院の教育も改

多いようだが、私はそう思わない。そもそも景気に関しては、1、2年程度の景気の停滞は説明できても、30年にもおよぶ長期的停滞を説明できるものではない。日本経済の停滞の大きな原因の1つは、日本人が不勉強であること、特に大学院レベルの教育が貧弱なことにあると思う。図5－3は、先進国における国民の大学・大学院での平均就学年数を示したものである。所得水準と比較して、日本人は、アメリカや台湾の人々よりも大学や大学院で学んでいる年数が平均的に少ない。例えば平均的な台湾人は、最近では約1・5年大学または大学院で学んでいるが、日本人は1年しか学んでいない。

サムスンが大学院卒の優秀な社員を多数擁して、一時期日本のライバル企業を圧倒していたことはよく知られている。しかしこれからは、同じようなことが経済の各分野で起こっても不思議はない。実際問題、図5－2を丁寧に観察すると、最近では日本は1人当たり実質GDPで韓国や台湾に追い抜かれたことがわかる。もし長期的な意味で日本経済を再生しようとするのであれば、大学院教育を充実させ、国際的な第一線で通用する人的資本の形成と、世界的に最先端の知的資本の開発のために最大限の努力をすべきである。そうでなければ産業構造の高度化は望めないし、生産性を上げて財政赤字を減らし、高齢者を養っていくこともできない。これについては、さらにBOX5－2を参照されたい。

3 東アジア型の経済発展の秘訣

日本をはじめとする東アジア諸国が経済発展に成功している理由は、3つあると思う。第1は海外から学ぶこと。これについては、第3章の特許の分析や本章のこれまでの分析からも明らかであろう。本書の分析的フレームワークからいえば、海外から学ぶことには、途上国の人的資本の形成や知的資本の蓄積に即効性がある。第2は、比較優位に従って、無理をせずに身の丈にあった産業を発展させること。第3には、教育熱心で人的資本への投資に積極的であったことが挙げられる。以上の3点が、経済発展の成否の鍵を握っていることを示す最も重大な証拠は、近世・近代の日本の経済史である（BOX5－3を参照）。

海外から学ぶことの重要性についてはこれまでも議論してきたが、最もわかりやすいケースは、バングラデシュのアパレル産業の発展である（Mottaleb and Sonobe 2011）。通常、海外からの技術や経営の知識の学び方には、リバース・エンジニアリングから外国の特許の借用、技術・経営研修、外国系企業での就業経験等、様々なものがあって、具体的にこれといった証拠はつかみにくい。ところが、バングラデシュのアパレル産業の発展のメカニズムは、実にわかりやすい。

1979年、韓国の大宇社が、バングラデシュのＤｅｓｈという地元の企業と技術提携をして輸出向けのアパレル生産を開始することを計画した。ところが、バングラデシュにはアパレル企業は1社もなく、生産やマネジメントに精通する人材もいなかった。そこで大宇・Ｄｅｓｈ連合は、大卒の新入社員130人を9カ月間韓国の大宇の工場と本社に送って、縫製から品質管理、マーケティングまでを徹底的に研修させたのである。ところがその130人は、帰国して2、3年以内にことごとく退社してしまった。ある者はアパレル企業を新たに起こし、ある者はアパレルの輸出商社の社長となって他のアパレル企業の発展を支えた。そのためにバングラデシュのアパレル製品の品質は最初から高く、先進国に輸出することができたのである。また、図5－5に示したように、1980年代初期から従業員規模は平均で300人という大きなものであった。

まで手織機で生産を行い、その製品（すなわち羽二重）をほぼ100％、欧米に輸出していたのである。これは、途上国がまず発展させるべきは労働集約的な産業であるという、開発経済学の基本を地でいったような発展パターンである。しかもいくつかの絹織物産地では、情報のスピルオーバー（模倣）の問題を解決するために、生産者組合が研修所を設立して共同で海外からの技術の導入に努めたという。すでに説明したように、情報のスピルオーバーがあると、革新者にとっての私的利益は社会にとっての利益より少ないので、革新のインセンティブが削がれることになる。組合はそれを防ぐために組合員である企業と協力して、革新のための活動を実行に移していた。さらに、それらの研修所はやがて工業学校に改組され、地場の産業に従事する人々の教育水準の向上にも貢献している(Hashino 2012)。

　これらの事例は、比較優位に従いつつ技術導入をテコに産業を発展させることの重要性を如実に物語っている。しかしこれは、ほんの一例にすぎない。雁行形態論を引き合いに出すまでもなく、日本経済史と現在の途上国の発展を比較検討することは、もっと深く掘り下げる必要のある重要な研究領域である（Hashino and Otsuka 2016）。

その後も、海外から学ぶことの重要性を認識していた企業家たちは、日本、シンガポール、ヨーロッパ、そして近年では中国から継続して技術と経営について学び続けている。その結果、バングラデシュのアパレル製品は、この国の輸出総額の80％近くを占め、この産業の従業員は370万人に達し、女性の地位の向上や貧困の削減に大きな効果を発揮したのである。

もともとバングラデシュは世界の最貧国の1つで、外国人は訪問しただけでその貧しさにショックを受けたものだった。だから、「この国だけは発展するはずがない」と考えていた開発

BOX5－3　日本経済史から学ぶ

すでに再三指摘したように、経済発展には時間がかかる。だから開発経済学と経済史は、隣り合わせの学問領域である。特に日本経済史は、開発経済学にとって研究テーマの宝庫である。近世から近代へと長い時間をかけて日本経済は発展に成功してきたのであるから、その歴史は、経済発展にとって何が重要かを教えてくれる。

私はつい最近まで、渋沢栄一が設立した大阪紡績に代表される近代的な綿紡績業のような産業の導入が、明治以来の日本経済の発展の原動力であると思っていた。しかしこれは、比較優位の理論や雁行形態論とは相容れない。安い労働力が豊富な貧困国日本が発展するためには、労働集約的な産業を発展させる必要があったはずである。日本の綿紡績業は、近代的な導入技術をより労働集約的な方向に修正するという工夫をしたが、それでもかなり資本集約的な産業であったことに変わりはなかったと考える（Otsuka, Ranis, and Saxonhouse 1988）。

ところが最近の経済史の研究によれば、経済全体の発展にとって重要であったのは、こうした近代産業の導入以上に在来産業の近代化であったという。例えば福井の絹織物産地では、20 世紀に入る

経済学者も多数いた。しかしながら、その予想は完全に覆されてしまったわけである。

バングラデシュのアパレル産業の発展の経験が貴重なのは、海外から学ぶことの重要性を示したことにほかならない。しかし別の言い方をすれば、そうした「東アジア的発展」が「南アジア」でも起こりうることを示した点で重要といえる。その後バングラデシュでは、製薬産業も「海外から学ぶ」ことをベースに発展している。

なお大宇は、バングラデシュ経済には莫大な利益を与えたが、ビジネスには失敗した。だからバングラデシュでは、従業員を徹底的に研修するような第2の大宇はいかなる産業にも現れてはいない。つまりバングラデシュのアパレル産業の発展の経験は、海外から学ぶことの重要性とともに、研修を民間企業に任せることの限界を示している。換言すれば、情報のスピルオーバーがあるために、「研修」を私的利益追求型の私企業に全面的に任せることはできないのである。

東アジアの国々の経済が、労働集約的産業→資本集約的産業→知識集約的産業への構造転換を経験してきたことを、データ的に示すのは簡単ではない。しかし表5－1は、経済発展とともに、労働集約的な軽工業からより資本集約的な重化学工業へのシフトがあったことを示唆するものである。ここでもし、製造業部門が比較的資本集約的であり、近代的サービス部門が比較的知識集約的であると考えれば、工業部門のGDPシェアが経済発展の比較的早い段階では増加し、やがて近代的サービス部門の隆盛のために減少に転じることが予想される。

図5－6は、GDPに占める製造業部門のシェアの推移を、アメリカ、日本、韓国、中国について示したものである。アメリカのような先進国では、一貫して製造業部門のシェアが減少している。こ

図5－5　バングラデシュのアパレル産業の発展

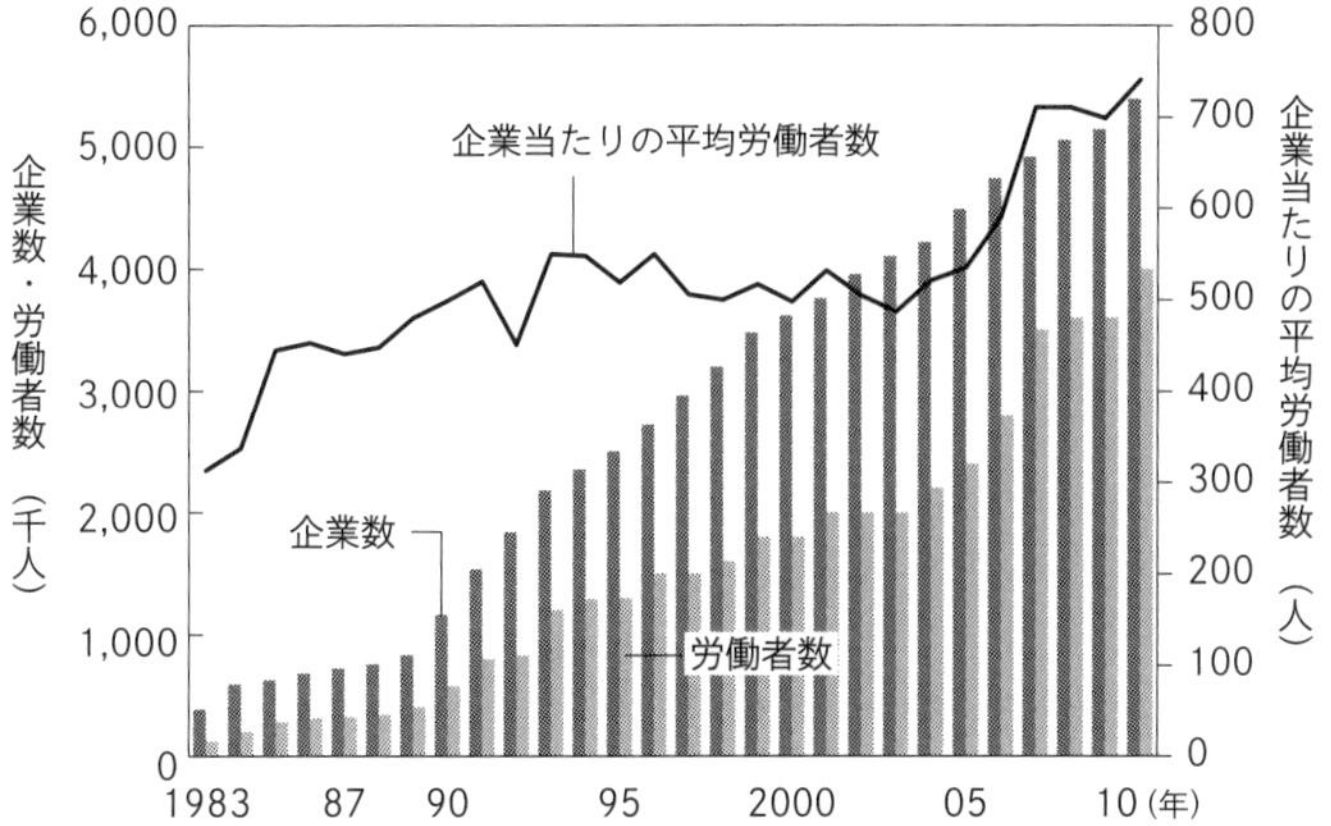

（出所）Bangladesh Knitwear Manufacturers and Exporters Association（2011）

図5－6　アメリカ、日本、韓国、中国における製造業のGDP比（％）

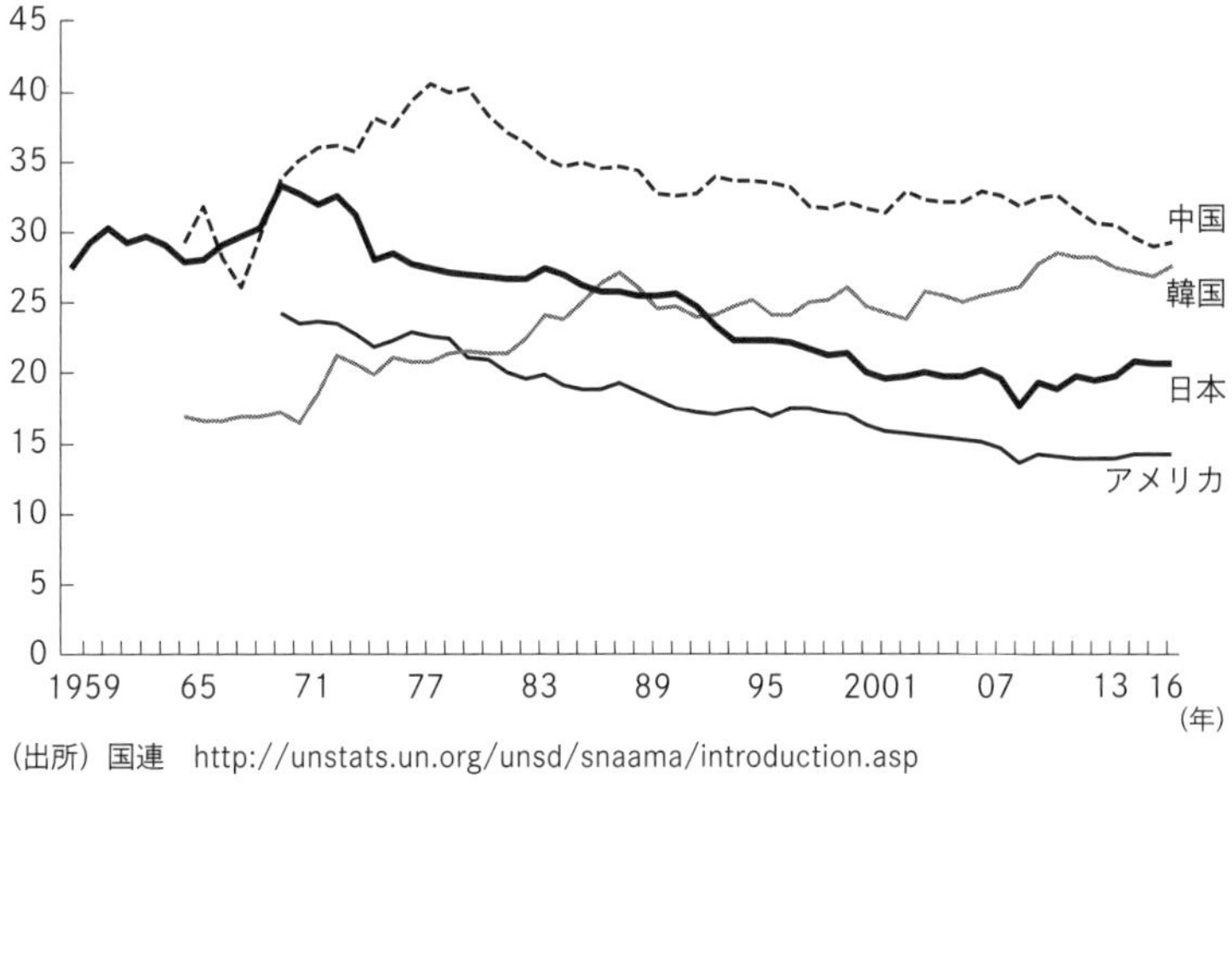

（出所）国連　http://unstats.un.org/unsd/snaama/introduction.asp

れは、より知識集約的なサービス産業に比重を移していったためと考えられる。日本は、１９７０年代初頭のおよそ33％のシェアをピークに、製造業部門のシェアを減らしている。

興味深いのは、韓国でも日本に遅れること10年余で、製造業部門のシェアが増加から減少に転じていることである。さらにより重要なファインディングは、中国もまた製造業部門のＧＤＰシェアを減少させていることである。つまり中国は、世界の工場といわれるだけあって製造業のＧＤＰシェアが傑出して高いが、労働集約的な産業の比較優位を喪失しつつあるということである。

私が２０００年ごろに調査した浙江省湖州のあるベビー服の産業集積は、一時はベビー服の生産で世界一に躍り出たが、いまでは斜陽産業になってしまったという。また現在では、バングラデシュやスリランカのアパレル企業の経営者は、中国よりも国際競争力があることに確信を持っている。中国では、２０００年過ぎから賃金が急激に増加しており、労働集約的産業はすでに不振をきわめている。

それでは、中国に代わって、どの国で製造業、特に労働集約的な軽工業が発展するであろうか。海外から学ぶことの重要性を知っているバングラデシュは、おそらく当確であろう。それではインドはどうか。パキスタンやスリランカが発展するのか。もし、南アジアが工業化に成功すれば、アフリカが工業化に成功する可能性は低下してしまうであろう。アフリカには工業化のチャンスはないのか。その答えはわからないが、巨大な経済である中国の産業構造の変化とともに、途上国全体で工業化をめぐる激しい戦いが繰り広げられようとしている、というのが私の認識である。

4 アフリカは停滞から抜け出せるか？

途上国と先進国の技術ギャップの存在は、ただちに途上国に急激な発展をもたらすものではない。戦前の日本は、適切な産業政策を採用したわけではなく、先進国へのキャッチアップには失敗した。東アジア諸国が、後発の有利性を生かして順調に発展したのは、主に戦後のことである。それは、「東アジアの奇跡」と呼ばれた。それとは対照的に、後発の有利性をほとんど生かせていないのがアフリカである。

途上国側が発展するためには、技術的ギャップの存在を活用して技術の導入を図るという明確な意識、それを促進するための政策、そしてそれを実現するための制度的仕組みが必要である。そのいずれもが不十分であるために、アフリカは工業化に成功していないというのが私の見解である。

例えば、エチオピアのアパレル産業を見てみよう。政府の肝いりで、工業区にアパレル工場の建設が進められ、多額の補助金を出して大型の企業が育成された。ところが政府は、技術や経営の知識のある経営者を見つけ出したわけでもなく、技術や経営についての研修を行うこともなかった。これは、バングラデシュのアパレル産業の成功物語とは正反対である。

その結果は、表5－2に示したように、政府に支援された輸出指向型の14の企業は労働者数とミシンの数だけは多いものの、売上高、付加価値（売上高から原材料費を差し引いたもの）、労働者1人当たりの付加価値額で測った労働生産性は低いままである。社長の学歴こそ高いが、アパレルについ

表5－2　エチオピアのアパレルの事例

	輸出志向型の企業	仕立屋出身の企業
企業の数	14.0	7.0
操業年数	8.4	10.3
社長の教育年数	16.1	13.0
実質売上高（1,999ブル）	2,751	8,342
実質付加価値（1,000ブル）	1,376	3,870
労働者数	192.5	121.7
ミシンの台数	248.4	92.1
高速ミシンの割合（%）	74.3	72.1
労働者1人当たり実質付加価値（1,000ブル）	5.6	22.2

（出所）Sonobe and Otsuka（2011）, p.202-205

ての知識が不足していては、その潜在的実力は発揮できない。しかも当初の目的であった輸出は不振で、採算も取れていない。

一方、仕立屋からたたき上げ、自ら韓国人やインド人のアドバイザーを雇って海外の知識を学んでいる7社の大型企業は、はるかに高い生産性を誇っている。ここでも「海外から学んでいる」企業は、やはり確実に発展しているのである。それに反して資金補助と工業区の土地を政府から与えられた大型企業は、1970年代の輸入代替工業化政策が推進しようとした企業と同じように、不振に陥っているのである。

エチオピアの話ばかりが続くが、エチオピアの男性向け革靴産業のケースは興味深い。この国は牛が多いため、牛革を使った男性向けの靴の生産が多い。このことに刺激されてか、首都のアディスアベバ市内には、われわれの研究グループの推定によると、2000近くの小さな工場《こうば》がある。ただし税金を逃れるために、隠れるように小さな小屋のようなところで生産をしていることが多いので、なかなか人目にはつかない。平均従業員数は、6人程度である。しかしこの零細企業の中から、数百人規模になった企業が10数社ある。こうした企業の特徴は、社長の学歴が高いこと、そして彼ら自身が革靴生産の本場であるイタリアにしばしば足を運んでいることである。目的はもちろん、「イタリアから学ぶ」ことにある。これらの企業は、集中豪雨的な安い中国製品の輸入に押されて一時的にはピンチに立ったこともあったが、その後は中国製品を完全に駆逐してしまっている。

一般論として、順調に発展している産業は海外から学んでいることが多い。過度に高度な技術は学ぶことが難しいが、やさしい技術であれば、合弁企業等から学ぶことによって発展に成功した企業は多い。台湾では、多くの産業が合弁企業から技術と経営のすべを学び取って発展している。ただし、ある程度の人材（あるいは人的資本）を確保することができ、ある程度のインフラが整備されていなければ、海外の企業が途上国に直接投資をすることは期待できない。

「直接投資を呼び込んで、そこから学ぶことによって工業化を図るべし」という意見は強いが、「どうしたら直接投資を呼び込めるのか」がまず検討されなければならない。外国企業にとって魅力のある生産環境を整えるには、まず自力である程度の産業を発展させることが必要である。例えば、機械の修理が全くできないような国では、海外の企業は進出に二の足を踏むことになる。

直接投資で設立された企業から学ぶことも大切ではあるが、技術や経営の研修を通じて海外から知識を学ぶことも重要である。この意味で注目されるのが、エチオピアが取り組んでいる日本式の「ＫＡＩＺＥＮ」マネジメントの導入である（ＢＯＸ５－４）。こうした取り組みは、企業の生産効率を直接的に高めるだけでなく、直接投資の呼び水となる可能性がある。そうなれば、「海外から学ぶ」

ことをテコに、その経済はますます発展するであろう。

KAIZENは、ザンビアでも積極的に取り入れられており、タンザニア政府も大きな関心を示している。もしアフリカ各国が、KAIZENをはじめとして、海外から多くの技術的・経営的知識を学ぼうとするようになれば、アフリカの製造業も発展軌道に乗りうる。その際には、発展水準がさ

は、すでに経営学では英語になっているが、5S（整理、整頓、清掃、清潔、躾）によって職場を働きやすい場にし、QC サークルを奨励していることからもわかるように、現場で働く人々の提案型のマネジメントを目指すものである（Otsuka, Jin and Sonobe 2018）。

その成果を判断するのは時期尚早であるが、私は大いに成果があると信じている。「技術導入」に成功するためには、実は「経営上の工夫」が常に重要であり、まさに多くの日本人の英知で開発されてきたのが KAIZEN 型の経営である。経営者と労働者がともに経営効率を改善するために努力する、という KAIZEN の精神は、すでにヨーロッパやアメリカや東アジアの一流の企業の間では常識であるといっても過言ではない。KAIZEN は、途上国の発展に欠かせない手段であると私は考えている。

私は、知識を海外から学ぶことの重要性を知っているエチオピアこそ、南アフリカを除くアフリカの中で最初に中進国になるであろうと予想している。もしそうなれば、エチオピアの経験はアフリカの発展のモデルになり、他のアフリカの国々の発展に計り知れない影響を与えると思われる。それは、日本がアジアの発展のお手本になったことと重なる。日本は、全力をあげてエチオピアの KAIZEN への取り組みを支援すべきである。それは、日本にとってもエチオピアにとっても、さらには多くのアフリカの国々にとってもメリットがあるばかりでなく、「アジアの世紀からグローバルな世紀への」移行のための扉を開く可能性を持っている。

ほど違わないアジアの国々、特に中国やインドから比較的簡単に学ぶことができる技術や経営のノウハウを模倣することをターゲットにすべきである。

BOX5－4　エチオピアの「KAIZEN」への取り組み

「海外から学ぶ」は、途上国が経済発展をするための最大の近道である。日本人であれば、またいまでは台湾、韓国、中国、タイ、ベトナム、インドネシア人で経済に明るい人であれば、これに異論をはさむことはないと思う。アフリカのリーダーにはこの認識が不足している、というのが私の率直な印象である。アフリカの人々には、アジアの成功にあやかりたいという意識はあるが、アジアから学ぼうとする意欲は弱いのである。例外の1人は、2012年8月に逝去したエチオピアのメレス首相である。

15年近く前になるが、エチオピアの首相官邸でのパーティに多数の招待者とともに招かれた私は、T. Sonobe and K. Otsuka, *Cluster-Based Industrial Development: An East Asian Model*, Palgrave Macmillan（2006）を持参して、直接首相に手渡した。首相は東アジアの発展を研究していて、執筆中の博士論文でも多くのスペースを割いて東アジアの経済発展について議論していた。手渡した本には East Asia という副題があるので、私は首相がこの本を読んでくれるに違いないと思った。その勘は大当たりであった。

首相はこの本に付箋をつけて熟読し、JICA に対して日本的経営をエチオピア人に大々的に指導するように要請してきたのである。彼は国内に「KAIZEN 研修所」を設立し、そこで KAIZEN を指導できるエチオピア人のコンサルタントを多数養成することを目指した。KAIZEN

5 まとめ

最後に、本章での議論のまとめをしておこう。

- 世界全体の製造業での雇用はほとんど増えておらず、ある地域での雇用の増加は他の地域での雇用の減少をもたらし、その逆も真なりという傾向が見受けられる。
- 労働集約的産業→資本集約的産業→知識集約的産業の発展という「雁行形態論」的発展経路をたどることなく、経済発展に成功した国はないといっても過言ではない。
- 海外の技術や経営のノウハウを模倣することこそ、途上国の経済発展のエンジンである。
- 東アジアの発展の秘訣は、(1)海外から学ぶこと、(2)身の丈にあった産業の発展を推進すること、(3)教育を充実させることである。
- 中国の脱工業化とともに、アフリカを含む他の途上国の間で、工業化をめぐる激しい国際競争が展開されようとしている。

第Ⅲ部

してはいけないこと、しなくてはいけないこと

第6章　途上国がしてはいけないこと

実際には存在しないが、いかにも存在しそうな悲惨な国の開発問題を考えてみよう。この国は農業国であり、国民の大半は農業に従事している。ところが山がちで平野が少ないために、人口と比較して耕作可能な農地は少ない。だから、農家の経営規模も小さい。良いことといえば、ケニアやスマトラ島の高地のように標高が高く赤道に近いため一年中涼しく、いつも気温は16度から25度の間くらいで安定している点である。住むには快適であるが、これが裏目に出た。植民地時代、宗主国の白人が大挙して移民してこの国に住み着き、現地の人々を追いやって何百ヘクタール、何千ヘクタールという大農場を建設してしまったのである。ある場合には、南アメリカのラティフンディアやアシエンダ(Hacienda)のように、あるいはアフリカ東部や南部のエステイトのように、現地の人々は農業労働者として大農場で働かされた。他の場合には、フィリピンのハシエンダ[1]で見られたように、大農場主は都市に移住して不在地主となり、現地の人々を小作人として雇って耕作に従事させている。農業労働者の生活も小作人の生活も、貧困ライン以下できわめて貧しい。したがって、人々にとって貧困からの脱出は、どうしても実現したい夢であった。

農業の技術は前近代的で、農民は在来農法で伝統的な作物を栽培していた。もちろん、収量はきわめて低い。農業生産は天候に左右され、天候がよい年にはこの国は食糧を自給することができたが、天候が悪いとたちまち食糧不足に陥り、食糧援助に頼らざるをえなかった。だから、農業の生産性向上も大きな課題であった。

中国、ベトナム、インド、ネパール、エチオピアその他の多くのアフリカ諸国と同じように山々は国有で、国による管理がずさんなために、以前は森林で覆われていた緑の山々は無残なはげ山状態になっていた。高価な木材も生育していたが、誰かが不法に伐採して売り払ってしまった。そのため、農民は料理に必要な薪を集めるのにさえ苦労している。

そこで、エチオピアや南アジアで行われているように、牛やロバの糞を乾燥させて燃料としていた。匂いが出るので、土間は別棟になっている。山が荒れているために洪水が頻発する一方で、快晴が何日間か続くと山から流れてくるはずの小川の水は涸れてしまう。そうなると、女性たちはずっと遠くの川まで水汲みに行かなければならない。エチオピアの場合と同じように、片道3時間もかかることさえ珍しくなかった。国土の保全のためにも、農民の生活を向上させるためにも、森林の回復は待ったなしの課題である。高価な木材になる木を植林して、林業を発展させたいという願望も強い。

産業らしい産業はないが、都市は困窮した農民の移住で膨張を続けている。元々の都市住民は小さな店を構えたりしていたが、最近地方からやってきた人々は、道路での物売りや廃品回収のようなあまりお金にならない仕事に就いている。教育のある人々は、小さな会社に勤めることもあったが賃金は総じて低かった。この状態を打破するためには、農業以外の産業を発展させて雇用を創出するとともに、賃金水準を高める必要があった。

こうした状況の中で、カリスマ的な新しい大統領が誕生した。この大統領は、先進国を訪問して経済を視察し、国民を豊かにするために以下のような新しい経済政策を発表した。

①小作制度は搾取的かつ封建的制度であるので、小作地を地主から没収して小作人に移譲する。これによって小作人の生産意欲が高まり、生産性の向上と貧困削減につながる。②近代的な大型機械を活用し、農業労働者を雇っている大規模農家は維持発展させる。ただし、白人には宗主国に帰国してもらい、地元民に土地の所有権を移譲する。これによって、国民の手で効率性の高い近代的な農業部門を構築する。③森林については、「社会林業」を推進する。社会林業とは、森林を利用している近隣の農民たちのグループが共同で森林を管理する仕組みである。社会林業では、農民は平等に働き、収入は原則として農民の間で平等に分け合う。これによって、薪の供給はふんだんになり、農民は木材の販売等から高収入を得ることができる。④豊かな先進国に早く追いつくために、重化学工業の育成を図る。これによって、所得の大幅な増大を目指す。⑤重化学工業をリードしているのは多くの先進国において大企業であるため、政府は大企業優先の政策を打ち出す。大企業は国際競争力があり、それを多数支援することによって、多くの国民に新しい雇用の場を確保することが目標となる。⑥私企業に任せると賃金がなかなか高くならないため、現行の賃金の2倍の水準に最低賃金を設定する。これによって、企業で働く労働者の生活水準が大幅に改善される。

素晴らしいバラ色の夢のような話であるが、果たしてこの新しい大統領の経済政策は、どのような結果を招いたであろうか。以下では、各政策の結末を検討しよう。なお、①の農地改革はインド、ネパール、フィリピン等で実際に実施されてきた政策であり、②の大規模農業支援は、いままさにアフリカで起こりつつあることである。③の社会林業は、世界銀行、FAO、JICAを含む援助機関が一貫して支援してきたやり方であり、④の重化学工業重視は、独立後のアフリカ諸国が目指した輸入代替工業化の中心的戦略である。そして、⑤の人企業支援や⑥の最低賃金の設定は、どの途上国の政府も実施してきた一般的な政策である。

1　これまでのような農地改革②

貧困削減や所得の平等化を目指してアジアで実施されてきた農地改革は、一定規模以上の農地を所有する地主から、ほぼ無償に近い方法で農地を没収し、それをこれまで耕作してきた小作人に譲渡しようとするものである。一定規模以下の土地しか所有しておらず、自らが耕作を行っていれば農地改革の対象からは外れる。これは、「土地を耕作者に」というスローガンの下に実施されてきた政策である。戦後の日本の農地改革でも、占領軍の強力な支援の下で基本的に同じことが行われた。

なお地主が中小地主の場合には、土地の移譲ではなく、小作料を法定小作料に引き下げるという政策が適用された。これまでのところアフリカの農地改革は、所有権の確立に重点が置かれてきており、アジアの農地改革とは内容が異なる。これについては、BOX6-1を参照してほしい。

「土地を耕作者に」移譲することを目指す農地改革が実施されようとしているのを察知した地主は、どうするであろうか。まず地主が実際にしたことは、農地の所有者の名義を自分一人から親戚や仲間

い。だから、土地は家族の集団管理の下で、メンバーの間に平等に配分されるのである。集団所有なので、土地の貸借や売買は制限される。

しかし個人の所有権が確立していないと、段々畑を作ったり、灌漑設備に投資したり、堆肥をまいて土地の肥沃度を上げたり、商品樹木を植えるなどして、土地の質や価値を高めるという誘因が弱い。

なぜならば、所有権が弱ければ土地の質が高まっても、質を高めた本人がそこから得られる利益を獲得できるとは限らないからである。せっかく、苦労してコーヒーの木を育てたのに、収穫は大家族のメンバーで分けるということが起こってしまうかもしれない。土地があり余っているときならともかく、農地が希少になってきている現在では、個人の所有権が弱いことは大きな問題である。また、売買の権利が公的に確立していないと、農地を担保に銀行から資金を借りることもできない。

そこで、土地所有証書を発行するなどして、個人の農地に対する所有権を確立しようというのが、アフリカの農地改革の第一義的な目的である。それがうまくいく場合もあれば、家族間の利害の調整に失敗し、かえって農地をめぐるメンバー間の対立をあおることも多い。しかし、大家族の土地については、人口が増えて土地が稀少になるとともに、個人の私的所有権が強化される傾向がある。それが自然発生的に起こる前に、個人に土地所有証書を発行することは家族内の混乱を招く結果となる。

BOX6－1　アフリカの農地改革[3]

アフリカの農地改革は、大別して２種類の改革からなる。第１は、エステイトと呼ばれる巨大農場をつぶして、そこで働いている農業労働者等に農地を配分する改革である。ジンバブエでは、数世紀前に白人に農地を奪われた原住民の子孫に農地の所有権を戻すという政策が行われたようであるが、結局、政治的実力者が農地を手に入れたようである。ところが小作人と異なり、労働者は農業の経営を知らないので、相当の訓練をしないとなかなか一人前の農業経営者にはなれない。アジアでも、フィリピンには砂糖キビ、パイナップル、バナナ、マレーシアやインドネシアにはゴムや油ヤシ、スリランカにはお茶のプランテーションがあり、それらを解体しようとすれば、同じ問題が発生する。その改革の難しさのためか、アジアではプランテーション改革は先延ばしされている。

アフリカのもう１つの農地改革は、農地に対する個人の所有権を強化することである。アフリカではこの第２の農地改革のほうが、はるかに重要である。アフリカのほとんどの農地は、カスタマリーランドと呼ばれ、部族が支配している。未開の土地（例えば森林）は部族のメンバーの共有の土地であり、部族の長が管理している。部族の長の許可を得て開墾した土地については、開墾者に明確な使用権が与えられる。伝統的にはその土地で１―2 年間栽培が行われ、その後 20―30 年間は休閑されて地力の回復が図られる。休閑中の土地は、開墾者が所属する大家族の管理下に置かれる。土地を開墾した人が、20―30 年後に生きている可能性は必ずしも高くな

の名前に変更し、各人の所有面積を小さくして、農地改革法の適用から免れようとしたのである。小規模な自作農家を装うために、地主は多くの小作人を追放した。小作人を、自作のための雇用労働者であると偽装したケースも多々ある。これは、私がフィリピンで実際に目撃した話である。

インドで多かったといわれるのは、小作人を毎シーズンごとに交代するというやり方である。小作人との良好な関係を保つために、多くの地主は、小作人の家族の誰かが病気をすれば見舞い、小作人の子供が結婚すればご祝儀を出すなどして、信頼関係を築いていた。だから地主は、同じ小作人を長い間使い続けることが多かった。

こうした状況に鑑みて、「土地を耕作者に」の政策では、特定の土地に1人の小作人がいることが想定されていた。ところが、地主はその政策を回避するために、小作人をシーズンごとに交代させることにしたのである。こうなると、農地改革を実施する側の役人は、どの小作人に土地を譲渡すればよいかわからなくなり、「土地を耕作者に」移譲することができなくなったといわれている。

小作人は自作農と同じように、肥料のやり方や水の管理等々、農業経営を行う主体である。他方、農業労働者は田植え、除草、収穫、脱穀等のような単純作業をする人々である。小作人の仕事には経験や判断力が要求されるために、小作人の所得は農業労働者よりも高い。だから、追放されて農業労働者に転落した小作人の暮らし向きは、確実に悪化したはずである。他方、シーズンごとに違う地主と小作契約を結ぶことになった小作人は、以前と違って真面目に働いても不真面目に働いても収穫後には小作契約が切られるため、やる気を失った。こうした小作人は、土地の肥沃度を保つとか灌漑設備を大事にするとかといった、来季以降の生産に役立つことに関心を失ってしまったのである。

表6－1　ネパールにおけるカースト間の農地所有、家計所得、収量の格差

	高いカースト	低いカースト
サンプル家計数	382	107
平均所得(1,000ルピー)	72.4	30.9
平均所有農地面積(ha)	0.64	0.17
平均耕作地面積(ha)	0.63	0.35
小作地比率(%)	16.8	49.5
収量(1,000ルピー/ha)	63.8	81.8

(出所) Holden, Otsuka, and Deininger (2013, pp.40-41)

すでに議論したように、多数の農業労働者を雇うような農業経営は効率性が悪い。他方、小作人は、本来的には自作農と同じくらい生産性が高い。小作人を追放したあとの地主は、農業労働者を雇って経営を行ったため、農業の生産性は大きく落ちた。おまけに、シーズンごとの契約のために小作人はやる気を失ったので、農業全体の生産性はさらに低下した。

ここで実例を紹介しよう。表6－1は、Holden, Otsuka,and Deininger (2013) に掲載されている論文から、ネパールの状況を示したものである。高いカーストに属する家計のほうが、平均所得が2倍以上も高く、平均所有農地面積は4倍近く大きい。そのため、低いカーストに属する家計は小作人として土地を借りている割合が高い。ところが、「土地を耕作者に」という政策があるために、高いカーストに属する家計は低いカーストに属する家計に土地を貸すのを渋っていた。その結果、収量は、低いカーストに属する家計のほうが高くなっている。

自由に農地の貸借ができるのであれば、高いカーストに属する家計は低いカーストに属する家計にもっと土地を貸し出すはずであり、その結果として収量はより均等化するはずである。そうなれば、両者の家計所得はもっと接近したはずである。

つまり、「土地を耕作者に」という政策は、むしろ貧困を助長してしまったのである。ネパールばかりでなく、「土地を耕作者に」という政策を採用したインドやフィリピンでも、小作人にさえなれない土地なし労働者が多数あふれている。

そもそも、「土地を耕作者に」という目的自体が大きな問題である。なぜならば、アジアの農村で最も貧しいのは小作人ではなく、農業労働者だからである。だからこの政策がたとえ成功したとしても、最下層の人々に恩恵が行き渡ることはなかったであろう。要するに、仮想の国の大統領が意図した、貧困削減も農業生産性の向上も泡と消えてしまったのである。

ではどうすれば良かったのか。それにはいろいろな議論があるが、強引に権力を使って農地を取り上げようとすれば、政治力のある地主の抵抗にあってうまくいかないという現実は理解すべきである。最も効果的で社会的にフェアなのは、累進的土地保有課税であると思うが、それだと余計に地主の抵抗にあうかもしれない。

2 大規模農業支援

途上国の農業にスケールメリットがないことの最大の証拠は、ラティフンディア、エステイト、アシエンダ、プランテーションなどの大規模農場が、いずれも植民地政府か独立後の政府の権力によって構築されたものであり、自由な競争によって形成されたものではないということである。もしスケールメリットがあれば、資産家は土地を買い集め、大農場を設立していたはずである。しかし、それは起こっていない。ひとたび大規模農場が出来上がると、たとえ経営が非効率でも、小農に土地を買い上げる資力はなく、それは延々と存続することになる。

それでも活力のあるプランテーションには、存在意義があった。プランテーションを建設するためにはジャングルを切り開き、道なき荒野に道路や送電線のようなインフラを建設しなければならなかった。プランテーションで栽培される作物は新鮮なうちに処理しなければならないから、次々と計画的に収穫し、加工施設が常にフル稼働するように経営する必要があった。しかしながら、プランテーション作物の生産自体には、スケールメリットはない。なぜならば、手作業の多い労働者の仕事ぶりを監視することは難しいからである。つまり、やはり「農業は家族経営が基本」なのである。

南アジアやアフリカの途上国では、3－5ヘクタール規模の中規模農家と、1－3ヘクタール規模の小規模農家を比較すると、後者のほうが収量（土地当たりの生産量）が高い。それは、後者のほうが家族労働を主に使っているからである。これは、「農家規模と生産性の逆相関」と呼ばれ、南アジアやアフリカで広く観察されている現象である。

砂糖とパイナップルについて、フィリピンにおけるプランテーションでの生産と、タイでの小農による生産の長期的変化を比較してみよう（図6－1）。インフラが徐々に整備されたタイでは、加工設備をフル稼働させるために、工場経営者は、収穫時期をずらすように契約栽培を小農と行うようになった。もし小農のほうがプランテーションよりも生産面で効率的であれば、そしてまた両者の取引がうまくいっていれば、タイのほうがフィリピンより生産の効率性が高いはずである。もしそうであ

図6－1　フィリピンとタイにおける砂糖とパイナップルの生産量の推移

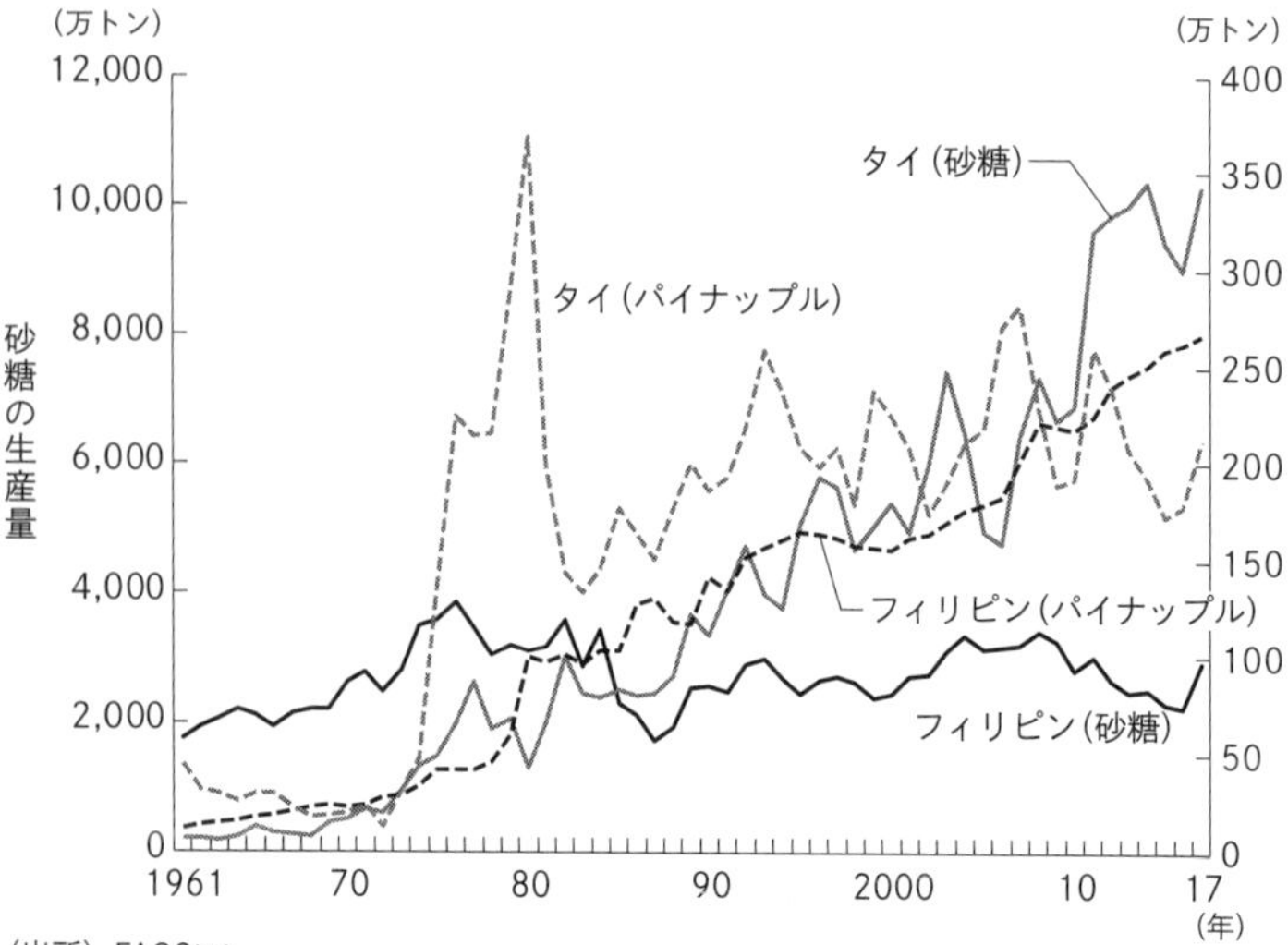

（出所）FAOStat

れば、タイでは栽培面積がより拡大し、生産量が増えることが予想される。

この図から明らかなように、タイにおける砂糖の生産の伸びは、フィリピンのそれをはるかに上回っている。これはHayami（2001）が指摘したように、インフラの充実とともに、プランテーションの有利性が減退する運命にあることを示している。しかしながらパイナップルについては、1970年代後半にタイでの生産がフィリピンをはるかに上回ったものの、その後はタイの生産は減少気味になりフィリピンの生産がそれを追い越すようになった。一つの可能性の高い解釈は、農地改革がパイナップルのプランテーションを解体し、小農による効率的な生産が復活したことである。しかしプランテーションが盛んなミンダナオ島は紛争地帯なので、残念ながら訪問してそれを確認できない④。

2008年の穀物価格の高騰（食糧危機）以降、アフリカで土地を購入し、大規模経営を行おうという外国企業が続出した。中には、国内の企業もあるという。多くのアフリカ諸国が抱える大きな問題は、土地が国有であることである。特に、一時期社会主義を目指したモザンビーク、タンザニア、エチオピアなどでは、小農が農業を営んでいる農地は公式には国家の所有になっている。そこで内外の企業は、国家の承認を得て農地を買収したのである。中には、現地の農民を追いやって大規模農場の経営を開始しようとしている場合もあるようである。[5] エチオピアでは、インドの大企業がコメ生産を行うために30万ヘクタールもの農地を買収し、社会的問題を引き起こした。証拠がないので断定的な言葉は慎むべきだが、私には、これは貧しい農民を犠牲にする失政に思えてならない。[6]

こうした大規模農場が、実績を公明正大に報告していないことも気になる。専門家の意見によると、土地は購入したものの生産に着手できていない外国企業も多いという。また自らは耕作せずに、そこで耕作していた農民を小作人にしているケースもあるという。それは新たな大地主制の誕生に等しい。

それでは、政府に支援された大規模農場の経営はどうなっているのであろうか。労賃は安いものの、農業労働者の管理は難しいので、大規模農場では大型機械が使用されるであろう。これは、小農の雇用機会を奪うことにほかならず、小農の生活にはマイナスである。しかもそもそも労賃が安いから、農場側にとっても労働の節約はたいしたメリットにはならない。

それでは、大型機械は効率的に使用可能であろうか。例えば、大型機械には、整備された長方形の広い田畑が適しているが、途上国の田畑はそのような形になっているのであろうか。また、大型機械の保守点検をできるような労働者はいるのであろうか。さらには、大型のトラクターが故障したとき、必要なスペアパーツは容易に入手できるのであろうか。

大型機械の使用は、畑が狭く不規則な形状であり、修理のシステムが確立していない途上国よりも、先進国のほうが有利である。これでは、大規模農場が効率的に運営されるとは到底思えない。

おまけにケニアのように、白人の農場主を追い出したあとに経営者となったのは、白人から土地を取り上げられた先住民ではなく、よそからやってきた政治力のある人々であった。当然、両者の間に軋轢が生じ、政治的な紛争のもとになってしまう結果となった。

結局、仮想の国の大統領の大規模農業支援の政策は、小農から働く場を奪い、かつ国内の農業生産の不振と政治的混乱を招いてしまう結果となった。

3 むやみな社会林業⑦

戦前の日本の山村では、「入会地《いりあいち》」という制度があった。そこでは、集落や村落の住民が近隣の雑木林を共有し、そこで薪、炭、牧草、薬草等の採取を行っていた。また春先には野焼きと称して、害虫を殺したり雑草の種を焼いたりしていた。住民に勝手に入会地から木の枝、樹木、牧草を採取させると、取り合いになって過剰採取が起こりやすい。伝統的な経済学では、そう考えられていた。

渋滞した大通りに横から侵入してくる車の運転手は、自分の損得だけを考えており、他のドライバーへの迷惑を考えてはいない。だから、ひどい渋滞が発生する。それと同じように、薪を拾った人は、自分がそれを拾うと他の人が薪を見つけにくくなるという迷惑を考えてはいない。だから、過剰採取が起こるのである。これには、「共有地の悲劇」という名前がついている。

共有地の悲劇を回避するために、日本の入会地では資源の採取のルールが決められ、取りすぎを防ぐようにしていた。まず資源が減りすぎてしまうことがないようにその年に採取してもよい総量を決め、採取の権利を原則として各家族に平等に分配していた。野焼きの共同作業なども、メンバーであるすべての家族が平等に参加していた。それと驚くほど似たことが、現在のネパールやインドのヒマラヤのふもとで行われている。雑木林を利用する農民は、共同でツル切りをし、若干の植林をし、過剰採取が起こらないように監視人を雇用したり、交代で見張りをしたりしている。また多くの場合、ルールに従って薪などの資源を利用者の間で平等に分配している。

ネパールやインドの地域の共有林は以前は荒れていたが、共同管理をはじめた最近では、復活しつつあるという。この共同管理システムが、過剰採取の防止に効果的であることは疑いなさそうである。それに刺激されたのか、FAO、アジア開発銀行、世界銀行、JICAなどの援助機関が1970年代以降、木材の生産を意図した植林プロジェクトにおいて採用してきたのが「社会林業」である。「コミュニティ林業」と呼ばれることもあるこの制度の下では、日本の入会地やネパールの共有林のケースのように、林を利用しているすべての農民が原則として一緒に植林し、その後は共同で木の手入れをし、木材が販売された暁には、収入は平等に分配されることになっている。

しかし、この社会林業の成果はかんばしくない。2013年8月、ネパールの林業の専門家たちが開催した国際会議に招待された私は、彼らと意見交換をすることができた。高級な木材を生産するには、剪定、間伐、ツル切りなどの作業を行わなければならないが、彼らの話によれば、どうも木材の共有林を管理する農民たちはそれを積極的に行っていないというのだ。

そうであれば、値段のはる木材は生産できない。木材からの収入があまりないということは、農民にとって植林プログラムは魅力がないということに等しい。植林によって二酸化炭素を吸収し、気候変動を少しでも緩和したいときに、植林プログラムに魅力がないのはゆゆしき問題である。

問題なのは、雑木林と高級木材の林の性質の相違を無視して社会林業を採用していることである。雑木は雑草と同じように、伐採しても放っておけば新芽が出てきて自然に復活するし、育てるのにさほど手間もかからない。他方、木材用の木は手間をかけないと立派な木材にはならない。つまり価値のある木材を育てるためには、過剰採取を防ぐと同時に、農民が木の世話をしなければならないのである。そのためには、農民にとって木の世話をするインセンティブがなければならない。

この問題を理解するために、中国の人民公社の崩壊について考えてみよう。人民公社は町のような大きな組織であるが、人民公社がつぶれはじめた1978年の段階では、平均農家数が25軒程度の、生産隊という組織が農業経営にあたっていた。一軒に夫婦が一組いるとすれば、生産隊は総勢50名程度の労働者によって構成されていた勘定になる。そこでは集団で農作業を行い、平等に収穫を分け合っていた。

問題は、農民にやる気が出ないことであった。ある農民が草取りを丁寧に行えば、生産量はいくばくか増加するであろうが、この農民は、その増加分の2％（50分の1）しか自分の収入にすることができないのである。連れ合いの収入を加えても、収入の増加分は生産の増加分の4％である。これでは、働く意欲は生まれない。

1978年に中国政府が、「例外的に貧しい地域に限って、個人経営をしてもよろしい」というお触れを出すと、4、5年のうちに人民公社はほぼすべて解体され、農家責任制という個人経営のシステムに取って代わられた。その結果、土地当たりの収量は40％増加し、しかも作業が早く終了するので農民に時間的余裕が生まれ、農村での企業（郷鎮企業）の勃興につながったといわれている。

社会林業は、林の資源の過剰採取の防止には有効な制度であるが、樹木の世話という面では人民公社によく似ている。ネパールの農民は、社会林業の下では、木の世話をする意欲がわいてこないのだ。

戦後の日本では、木材需要の高騰に応じて、入会地は解体されて私有林になったり、入会地は維持されたものの土地の使用権を個人に配分するというような改革が行われた。トラクターの登場で牛馬のための牧草の需要は激減し、灯油や電気の普及で薪や炭の需要も激減した。だから、薪や牧草などの過剰採取は問題にならなくなってしまった。そこに戦後の住宅ブームが起こり、木材価格が高騰した。それを機に農民は、杉などの木材を植林して育てようとしたのである。

ここで大事なのは木の世話であり、木の世話を一生懸命するためには、自分が木を所有していることが合理的なのだ。だから入会地の制度は、事実上自然崩壊してしまったのである。近年、中国やベトナムでも、公有林の私有林化が進行している[8]。詳しい事情はわからないのだが、日本の戦後と似たことが起こっているのではないかと推察される。

仮想の国の大統領が推進しようとした社会林業のほうは、林の資源の過剰採取が減るようになったため雑木林の復活には成功した。農民は薪や牧草を持続的に採取できるようになり、治山や治水が進んで洪水や川の水の枯渇は滅多に起こらないようになった。ただし、価値のある木材の生産には失敗したので、林業によって農民の所得を高めるという目的は達成されなかった。だから上記の政策は、「してはいけないこと」というほどひどいものではなかったが、「してほしくなかった」政策とはいえる。

冷静に考えれば、この大統領は、「過剰採取の防止は集団で、樹木の世話は個人で」という政策を採用すべきであった。つまり、林の土地は共同で所有して資源の過剰採取を防止する一方、樹木は個人が所有して価値の高い木材を生産すべきであった。

植林によって気候変動を少しでも緩和しようとするのであれば、この仮想の国の大統領ばかりでなく、常に社会林業を推進してきた国際援助機関や各国の援助機関は、社会林業の有効性を再検討すべきである。

4　性急な重化学工業化

工業化の成功例と失敗例として、しばしば比較されるのがインドネシアとナイジェリアのケースである（例えば、Hayami and Godo 2005）。国の地理的サイズや人口が似ているうえに、石油の輸出国である点でも共通している。ところが、インドネシアは工業化に成功し、対照的にナイジェリアは失敗している。それはなぜか。多くの研究が指摘しているのは、ナイジェリアが石油精製部門の発展

BOX6－2 「比較優位」も「適正技術」も大事

これまで、比較優位の重要性をしばしば指摘してきたが、「適正技術」には触れてこなかった。

適正技術とは、賃金の低い途上国で採用すべき「労働集約的な技術」のことを指す。同じような製品をつくるのに、様々な生産法がある。例えば布を織るのにも、手織機を使う方法から、空気や水を使って杼《ひ》を飛ばすような高速の織機まである。

しばしば途上国では、先進国で採り入れているような資本使用的（＝労働節約的）技術が採用されるために、そうした技術は「適正」であるかどうかという疑問が生まれたのである。

合弁企業などの外資系企業は、高級でかつ均質な製品を作ろうとする傾向が強く、途上国でも先進的で比較的労働節約的な近代的な機械設備を採用しがちである。また外資系企業は、地元の企業に比較すると労働者の管理が苦手であるから、労働よりも資本を多く使おうとする。他方、国有企業や政府から資本設備への投資に補助金を得ているような私企業も、資本のコストが安くなり、近代的で資本集約的な技術を採用しがちである。

しかし補助金を含めた総費用は、高いものについてしまう。低所得国であれば、安価な労働を活用しないかぎり、国際競争力はない。低所得国は、労働集約的な産業を選択するとともに、労働集約的な技術を採用することが重要なのである。

途上国の政策担当者の中には、「経済の近代化」を資本集約化、オートメーション化、重化学工業化、ハイテク化と、取り違えている人が少なからずいる。

そうではなく、経済が発展するためには身の丈にあった産業を選択し、適正な技術を採用することによって安上がりの生産を実現することが肝要なのである。

図6－2　ナイジェリアとインドネシアにおける製造業のGDPシェアと製造業製品の輸出に占める割合

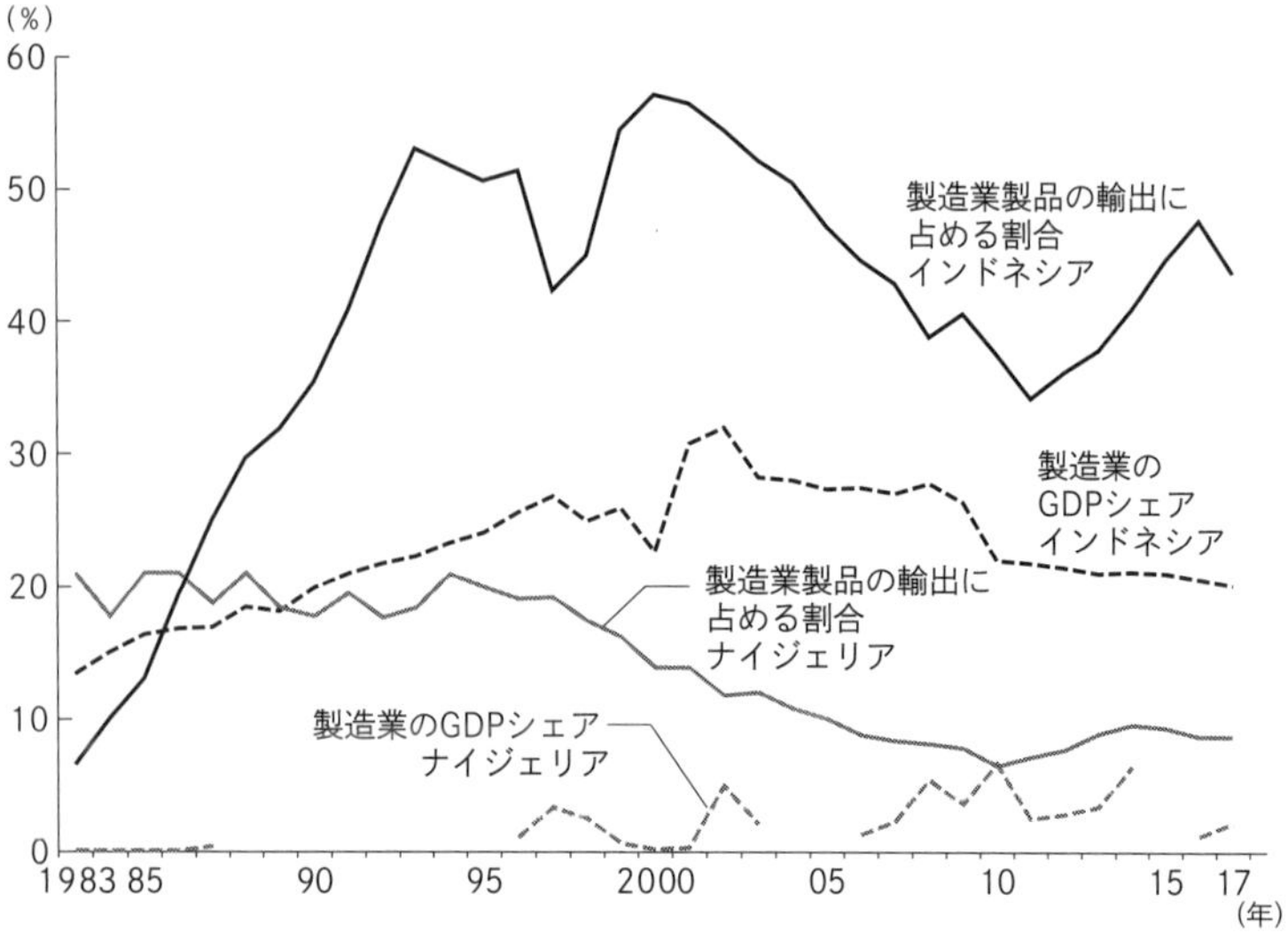

(出所) 世界銀行 World Development Indicators

等、性急な重化学工業化を目指したのに対して、インドネシアは労働集約的な工業化を目指した点である。また、ナイジェリア政府が企業の投資資金に補助金を与えたために、企業にとって資本のコストが安くなり、過度に資本集約的な「不適正な技術」を採用したことも問題であった。工業化のためには、比較優位のある産業を選ぶことも重要であるが、「適正な技術」の採用も重要である[9](BOX6－2)。

図6－2は、ナイジェリアとインドネシアの製造業のGDPシェアと、製造業製品の輸出に占める割合の変化を、1983年にまでさかのぼって示したものである。1980年ごろまでは、製造業のGDPシェアも製造業製品の輸出シェアも、両国においてきわめて低く、両

国間でその差はほとんどなかった。ところがその後、ナイジェリアでは製造業製品の輸出シェアは下がり続け、かつ製造業のGDPシェアは1990年代中ごろまで実質的にゼロであった。重化学工業化を目指した政策は持続可能ではなく比較優位を無視していたために、全くといっていいほど輸出をするまでには至らなかった。

それとは対照的にインドネシアでは、1980年代に入って製造業のGDPシェアが増加しはじめ、1990年代には工業製品が輸出の50％前後を占めるようになった。その中心は軽工業製品であり、こうしたインドネシアの経験は、比較優位に則った発展の重要性を強く示唆するものとなっている。

ここでは、ナイジェリアとインドネシアの比較だけを行ったが、この両者の比較はアジアとアフリカの経験の相違を反映しているように思われる。事実、インドネシアの代わりにタイやバングラデシュのケースを考えても、低所得国が性急な重化学工業化を図ることは、持続的な経済発展につながらないということでの結論は、変わらない。

5　大企業支援

多くの人々は、企業経営にはスケールメリット（あるいは規模の経済性）があり、大企業のほうが中小企業よりも効率性が高いと思いがちである。たしかにトヨタ自動車のような巨大企業を見ていると、スケールメリットがありそうである。しかしながら、トヨタは何千社、何万社という下請け、孫請け、曾孫請け企業に、部品や中間製品の生産を委託しているのである。もし単純に規模が大きいほど生産効率が高くなるのであれば、トヨタは部品生産を含めたすべての生産活動を自社の内部で行うはずである。そうした丸抱えの内部生産（内製）を行ったのが社会主義企業であり、その非効率さはよく知られている。社会主義企業では生産工程によって、過剰設備のためにあり余るように部品が生産されてしまう一方で、不足する部品もあるといった状況が生まれたのである。

どの産業にもスケールメリットはないと主張するつもりは決してないが、スケールメリットがないケースのほうがはるかに多いことを、東アジアの実例から示そう。

表6－2は、日本、台湾、韓国の製造業の事業所当たりの従業員数の推移を比較したものである。事業所とは工場のことであり、複数の工場を操業している企業があるために、企業の従業員規模とは一致しない。しかし台湾などでは、1社で1工場というケースが圧倒的に多い。企業レベルのデータではないということには注意を要するが、事業所の従業員規模が驚くほど小さいことは事実であろう。

2000年時点の日本や台湾では、事業所当たりの平均従業員規模はわずかに16人から17人程度である。韓国は1970年代末に朴政権の下で、チェボルという大企業・大財閥優先の政策を採ったために、1980年には事業所の雇用規模が顕著に大きくなった。しかしその政策は失敗に終わり、1980年以降は従業員規模は減少を続けた。要するに、少なくとも工場レベルでは、著しいスケールメリットがないのが普通である。

だから仮想の国の大統領の大企業優遇策は、もしそれがスケールメリットを追求しようとしたもの

表6－2　日本、台湾、韓国の製造業の事業所当たりの平均従業員数(人)の変化

日本	**1970**	**1980**	**1990**	**2000**（年）
製造業全体	20.9	14.9	16.2	16.4
飲料・食料品	12.5	14.0	16.9	21.5
繊維	11.2	8.0	8.0	6.6
縫製	12.4	11.7	11.9	9.5
金属製品	12.3	9.3	10.3	10.4
台湾	**1971**	**1981**	**1991**	**2001**（年）
製造業全体	28.2	24.0	19.0	17.2
飲料・食料品	10.5	16.5	18.7	19.7
繊維	106.6	48.8	26.7	23.5
縫製	67.7	44.5	28.0	19.3
金属製品	n.a.	8.6	8.5	7.8
韓国	**1970**	**1980**	**1990**	**2000**（年）
製造業全体	35.7	65.4	44.0	27.9
飲料・食料品	22.8	39.3	46.0	28.9
繊維	70.0	81.0	46.0	23.9
縫製	17.0		36.0	17.7
金属製品	38.4	80.3	31.0	18.0

2000年以降、全事業所のデータがない

（出所）日本：経済産業省 工業統計「産業編」データ

台湾：Industrial and Commercial Censuses of Taiwan and Fukien Area（1971, 1981, 1991, 2001）

韓国：Report on Mining and Manufacturing Survey（1970, 1980, 1990, 2000）

であれば、効果は期待できないものであった。そもそもこうした大企業は、投資資金の不足で困っているわけではない。だから、資金制約を緩和するためにこの企業を支援する理由はない。もし投資資金を補助したりすれば、過度に資本集約的な非適正技術が採用されてしまうおそれがある。

大企業を支援する理由があるとすれば、それはこの企業が先端的企業で、人材を他企業に供給し、すぐれた知識を他企業に模倣されているような場合である。しかしそれが根拠であれば、企業規模ではなく、他の企業への影響度で支援の程度が決められるべきであろう。

企業規模は小さくても、優秀な企業はいくらでもある。大田区に行けば、「この部品を製作できるのは、世界中で当社だけだ」と豪語する小さな企業がたくさんある。そうした企業は、他企業に知識を真似されそうな先端的企業である。そもそも現在の日本の大企業の大半は、元をただせば家族経営による小規模企業であった。もし政府が支援するのであれば、知識のスピルオーバーがある企業や、資金制約があるために潜在的な成長力を発揮できていない企業を対象にすべきである。単に企業規模が大きいから支援するというのは、賢明な政策ではない。

6　高い最低賃金

経済学を知らない人でもわかる「開発経済学」の入門書を書こう、という当初の目的とは矛盾するが、最低賃金の効果を説明するためには、どうしても需要と供給の理論を使う必要がある。そこで、図6－3を用いて最も単純な需要・供給分析について説明したい。横軸は労働者数を表し、縦軸は賃

図6－3　労働の需要・供給と最低賃金の効果

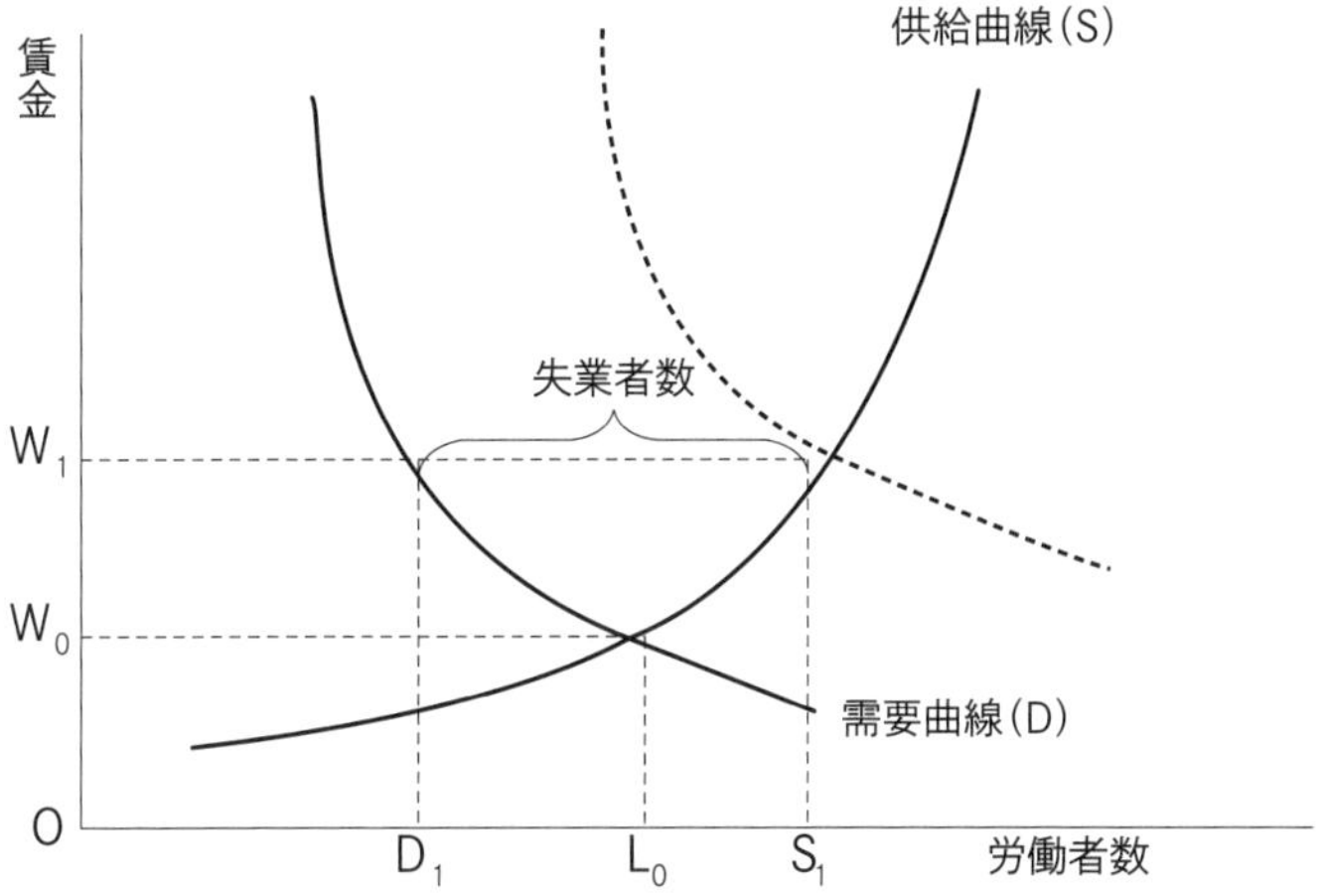

金（日当あるいは月給）を表す。賃金が上がれば、働きたい労働者は増えるので、供給曲線（S）は右上がりになっている。他方、労働を需要するのは企業で、賃金が上がれば雇用者数を減らし、下がれば雇用者数を増やす。だから、右下がりの需要曲線（D）が描かれている。働きたいと思っている労働者は多数いるし、彼らを雇用したいと思っている企業も多数あるので、労働者も企業も単独で賃金を決定するような市場支配力はないものと仮定する。

賃金がW_0の水準だと、働きたいと思っている労働者の数はOL_0であり、企業側が雇いたいと思っている労働者の数もOL_0である。したがって、労働の過不足はないことになる。現実の労働市場の状況が、ちょうど都合よくSとDの交点で決まっているとは限らないが、そこから大きく離れているとも考えにくい。もし賃金が非常に高くてW_1であるとすれば、働きたい人の数はOS_1だが、企業が雇用したい人の数はOD_1にすぎない。OS_1とOD_1の差は、失業している人の数であ

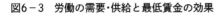

る。失業者は、もっと安い賃金でもいいから働きたいと思うだろうから、賃金が下落するような圧力が加わる。他方、賃金がW_0よりもはるかに低ければ、企業が雇用したい労働者数のほうが、働きたいと思う労働者数を上回ってしまい、企業側は労働者探しに奔走することになる。だから、この場合には賃金が増加するような圧力が加わる。

仮想の国の大統領の最低賃金政策は、W_0をW_1に増加させたと解釈することができる。もしこの最低賃金の支払いを政府が強制したとすれば、S_1とD_1の差だけ失業者が発生してしまう。仕事にありつけた人々は幸運で豊かになるが、仕事にありつけなかった人々は収入がなくなってしまう。つまり最低賃金政策は、運の悪い労働者に困窮を迫るものとなる。実際には、労働者の中には質の差があり、最低賃金の影響を受けるのは最下層の貧しい労働者たちである。それを考えると、最低賃金法の実施はとても支持されるものではない。

2010年から2012年にかけて、アラブ世界で政府が転覆するほどの大規模反政府・民主化要求デモが発生した。その理由の1つは、政府が高い賃金を設定した結果として失業者を大量に出したことだといわれている。それに加えて、政府が、役に立つことのない大学教育を受けた労働者たちを役に立つことのない政府系の職場で雇用していたことも問題であった。そうした仕事では、賃金支払いに応じた事業収入はなく、毎年のように赤字を出していた。そのため政府は、高給で多数の労働者を雇い続けることができなくなったのである。それらの結果として失業者は増え続け、政治問題化したのである。高い賃金が失業者を発生させたという点では、アラブ諸国の政策と最低賃金政策は類似している。

大統領が採用した最低賃金政策の問題に話を戻せば、最低賃金は失業という社会的コストをともなってしまうため、望ましい政策とはいえない。かくして新大統領の経済政策は、その意図とは裏腹に、荒廃した林に雑木が生えたことを除けば、大きな成果を上げることはできなかった。それどころか、産業を発展させることもなく、貧困者と失業者を増加させ、食糧生産を減少させる結果に終わってしまった。このカリスマ的な大統領が目指すべきだったのは、農業や林業や産業の発展を促して雇用機会を創出し、それによって賃金を上げることであった。図6－3を用いていえば、それは点線で示したように労働の需要曲線を右側にシフトさせることだったのである。そのためには、産業を発展させせて労働需要を喚起し、図6－3の労働の需要曲線を点線の方向にシフトさせるべきであった。そうすれば、賃金も雇用も拡大したのである。

7 まとめ

途上国政府がやってはいけない政策は多数あるが、本章ではしばしば採用され、なおかつ有害である6つの政策を採り上げた。以下では、その結論を要約しておこう。

- 「土地を耕作者に」という農地改革は、地主による小作人の追放や小作地の削減をもたらし、農村で最も貧困な土地なし農業労働者層をつくり出してしまう。
- 大規模農業支援は、機械化を促し、農民の働く場を奪ってしまう。しかも、大規模農業の経営陣は労働者の管理にてこずり、決してビジネスとして成功しているわけではない。

- 社会林業プロジェクトは、はげ山や荒れた林で樹木を育てることには成功するが、平等主義的な利益の配分システムのために、木材の世話をしようという誘因が欠如しており、価値のある木材を生産することには失敗する。
- 性急な重化学工業化は、賃金が安いときには労働集約的な産業を発展させ、賃金があがれば資本集約的な産業を発展させるという経済発展の鉄則、「雁行形態」的発展に反する政策であり、合理性を欠くために経済発展に資することはない。
- 大企業支援は、大多数のケースで規模の経済性がないために、効率性の高い企業の育成にはならない。
- 最低賃金制度は、失業者を発生させてしまうために、社会の安定を乱す結果に終わってしまう。

第7章　途上国が「豊か」になるためにすべきこと

本章では、いよいよ途上国の開発戦略について考えよう。そのためには、これまで説明してきたことと、読者が持っている常識を総動員してほしい。経済理論のかなりの部分は、常識を体系的に整理したものだと私は考えている。したがって、ここでは理論の代わりに常識を使うことにしたい。

まず、農業開発と工業化の戦略の相違について考えてみよう。貧困な国々では、50－80％もの人々が農業または農村での仕事に従事しており（表2－3参照）、農業の発展なくして貧困削減はありえない。一口に農業といっても、穀物ばかりではなく畜産や野菜・果樹・花などの園芸作物の生産もある。ケニアやエチオピアなどで行われているバラの生産は、大きな温室の中で何百人という労働者を雇って行われており、基本的に工場生産と変わりがない。したがって、その開発戦略には、小農主体の農業の発展戦略よりも工業化の戦略のほうがよくフィットする。

また輸出向けの野菜や熱帯の果物などについては、商社的な企業が農民に種子や肥料を配布し、技術指導もセットにして提供する契約栽培を行っている[1]。そこには資金や技術の制約はほぼ存在せず、著しい市場の失敗は克服されているようにも思われる。市場の失敗がより顕著なのは、穀物の生産である。

例えばコメや小麦や自家受粉型のトウモロコシなどは、誰もが改良品種の種子を自分で再生産できるので私企業にとってその開発と販売はビジネスにならない。より進歩した栽培方法なども比較的容易に真似されてしまうので、私企業が農家にコンサルティングのサービスを提供することもビジネスになりにくい。とはいえウルグアイのコメ生産では、各農家の地質調査に基づいたきめ細かい生産の指導が行われ、同時に肥料代の前貸し、コメの貯蔵、精米を担っている大型のコメ輸出企業が活躍している。もしかすると穀物についても、「契約栽培」的な生産システムが効率的なのかもしれない。(2)

しかしこの章では、貧困な国々、特にアフリカの小農による穀物生産（とりわけコメとトウモロコシ）の効率を、契約栽培以外の方法で上げるにはどうしたらよいか、に焦点をあてたい。

農業開発にせよ産業開発にせよ、まず試みなければならないのは、その国にとって有望な作物あるいは製品を見つけ出すことである。開発を目指す途上国の気候風土に似た地域で高い生産性が実現されていれば、その作物が有望になる可能性が高い。例えばそれは、アフリカのコメである。なぜならば、気候風土の似ているアジアのコメの生産性は、アフリカよりはるかに高いからである。アフリカで適応的な研究を行ってアジアから技術を移転すれば、アフリカのコメの生産性が飛躍的に高まる可能性がある。またトウモロコシのように重要な主食作物についても、生産性の向上を図るべきであろう。生産される量が多いだけに、生産性上昇のトータルな経済効果はきわめて大きいことが期待される。(3)

製造業については、国際的な市場で中長期的に競争力を有するような産業を育成しなければならない。理想的には、将来を見通す力のある民間の企業家が選んだ産業を、政府が後押しすることが望ましい。しかしアパレル、金属加工、皮革、家具などの産業はどこの国にもあり、政府の支援がなくてもそれなりの発展を遂げている。自然発生的にある程度の発展を遂げている産業は、潜在的に「比較優位」を持っていると考えて間違いない。文化的な背景が類似していて、経済的にやや発展しているような国が近くにあれば、そこで発展している産業の振興を図るという戦略もありうる。

それは例えば、韓国や台湾にとっての日本であり、ベトナムにとっての中国であり、あるいはバングラデシュにとってのインドである。身の丈にあった産業を選び、技術や経営についての模倣ができれば、後発国がその産業の比較優位を長期的に確立できる可能性がある。しかしそれが具体的にどのような産業であるかは、あくまで民間の企業家の決定に委ねるべきである。

1 どの産業も発展戦略の基本は同じ

支援のターゲットとなる作物部門や産業が決まったら、次に考えなければならないのは、どこで市場が失敗しているかを見極めながら、社会関係資本、人的資本、インフラ、物的資本、知的資本の蓄積を図ることである。表7－1は、基本的な考え方をまとめたものである。ただし、政府が社会関係資本を育成することは容易ではないし、そうしようと努力すべきでもない。政府にできることは、人々の間の信頼関係の強い農村の共同体や、狭い地域の中に部品メーカーや最終製品のメーカーが密集しながら協力し合っている産業集積を利用して、農業や産業の育成を図る点にある。また、政府が

表7－1　市場の失敗と対応策

	市場の失敗との関係	対応策
社会関係資本	不正取引	農村共同体／産業集積の活用・支援、法的整備
人的資本	投資資金の借用困難	研修・技術普及・一般教育
インフラ	公共財	工業区の建設・公共投資
物的資本	不完全情報	政策的信用供与
知的資本	情報の外部効果	研修・研究投資

不正行為を取り締まるような法的整備をすることも重要となる。なお、産業集積については、第3節を参照されたい。

人的資本への投資、特に教育投資については、資金の借入れが難しいために過少投資に陥りがちである。政府は、奨学金の支給を含めて一般教育への投資を積極的に行うべきである。実践的な知識を生産者に伝えるためには、研修や技術の普及活動が重要となる。ここで注目しなければならないのは、新しい知識というものは、それを獲得した人から他の人に伝わっていくことである。そのこと自体は社会にとって望ましいが、研修参加のコストを自らは負担せずに、研修に参加した人から無料で知識を得ようとする人が出てくることは問題である。つまりこれは、情報のスピルオーバーの問題であり、「ただ乗り」の問題である。全員がこの「ただ乗り」の動機を持てば、受講料を徴収する独立採算型の研修は成り立たなくなる。そこで、政府が研修を支援すべきであるということになる。

人的資本と知的資本は、区別しにくい面がある。新しい発明や工夫に関する知識は、明らかに知的資本である。ところが、例えば学校で役に立つ新しい知識を学んだり、研修に参加して新しい経営や技術に関する知識を獲得したような場合には、人的資本が高まったと考えることもできるし、その企業にとっての知的資本の水準が高まったと考えることもできる。知的資本の場合にも模倣が可能であるとすると、知的資本の獲得による私的ベネフィットが、社会的ベネフィットを下回るという問題が発生する。理想をいえば、ここでも政府による支援が望ましい。

インフラは公共財的な性質を持つので、コストを負担しなくても、ひとたび完成すれば誰もが利用可能である。それを防ぐためには、「ただ乗り」をしようという動機が働く。その結果、過少投資が起こりがちである。そのためには、公共投資が必要である。あるいは、工業区あるいは経済特区を建設して、とりあえずそこだけは集中的にインフラを充実させるという政策もありうる。工業区に類似の製品を製造する企業を集中的に受け入れれば、産業集積の発展にもつながる。これは、中国の地方政府が積極的に行ってきたことである。物的資本への投資については、借手の能力や行動がよくわからないために、資金の貸手が貸出に消極的になりがちであるという問題がある。だから、こうした投資には政府による支援が必要であるということになる。

ここまでは、重要な論点の整理をしただけで、発展戦略の説明にはなっていない。それは、すべての資本への投資が重要であるといっているようなものである。戦略というのは、限られた資源を有効に使うものでなければならない。小部隊がA地点で敵に先制攻撃をしかけ、敵がひるんでB地点方向に移動することを見越して、本隊をそこに集結して不意打ちをかける、というのが戦略である。

私が考える発展戦略の構築とは、どのような順序でどのような資本に投資すべきか、という問題を解くことである。もしそれができれば、それは重要な知的支援になる（BOX7－1参照）。本章の次節以降では、農業と製造業それぞれについて、より具体的な発展戦略を考えることにする。ただ

BOX7－1　知的支援こそが重要な支援

本書で再三述べてきたように、農業開発にせよ産業開発にせよ、開発経済学者や実務家の間で効果的な開発戦略についての合意は得られていない。こうした状況では、開発戦略の構築に役立つような証拠を示すことが、援助活動の重要な一部であるべきである。しかし残念ながら、こうした認識を持っている専門家は少ない。

例を挙げて説明しよう。よく知られているように、日本の援助の特徴は、他の国と比較してインフラ投資の比重が高いことにある。日本の方法に批判的な国もあれば、好意的な国もある。しかし、それらは主観的な判断でしかない。もし日本が、過去のインフラ投資の収益率を客観的に推定していたら、状況は大きく異なっていたであろう。もし収益率が非常に高いとすれば、日本の援助は高い評価を受けるばかりでなく、他の先進国政府や国際機関の政策に影響を与えることによって援助全体の効率性を高めることに貢献していたであろう。あるいはもし日本が、どのような状況の下でいかなる投資の収益率がどれくらい高いかを推定していれば、それは開発戦略の構築に有益な情報を提供していたと考えられる。

ここで細かい議論をする余裕はないが、収益率の推定というのは、実はそう簡単ではない。正確な評価のためには、現場での知識と経済理論に基づいた手法の両方を活用しなければならない。つまり効果的な支援を行うために、実務家と研究者が協力すべき分野はきわめて多岐にわたるのである。「もっと早くから行っていれば」という感がないわけではないが、最近JICAが開発経済学者を活用するようになってきた。これは大いに歓迎すべきことである。それによって、日本が知的支援の面で国際的なリーダーシップを取るようになることを期待したい。私自身も、それに対してはできるかぎりの貢献をしたいと思っている。

し、まだわかっていない事柄が多いだけに、本章では、あくまで望ましい戦略の輪郭を描き、ラフな「設計図」をつくることを目的とする。

2 アフリカの農業開発戦略(4)

アフリカの食糧不足を解決するには、「緑の革命」の実現が必須条件である。そのためには、有望な品種を開発し、適切な栽培技術を確立する必要がある。ＩＲＲＩ（国際稲研究所）が最初に開発した近代品種ＩＲ８は背が低くて高収量であったが、その性質は台湾の品種から、また熱帯への環境に適応する性質はインドネシアの品種から受け継いだものである。一般には、アジアの品種をアフリカに移転するには、アフリカの風土に合うように品種を改善する適応研究を実施することが望ましい。しかし興味深いことに、水稲生産は品種を含めてかなりの程度、直接的な技術移転が可能である。ＪＩＣＡが力を入れて開発したタンザニアのローワーモシ灌漑では、ＩＲ54というＩＲＲＩで開発された品種が高収量を発揮した。ある程度の適応研究は必要であるとしても、水稲の場合には、アジアからアフリカへの技術の移転可能性が高いのである。特に灌漑があると、生産環境が似てくるので、水稲の改良品種の直接的な移転の可能性が増す。

改良された技術が開発されたとしたら、あるいは直接移転可能な技術が見つかったとしたら、次にすべきことは何であろうか。それは灌漑投資でもなく、種子や化学肥料がたやすく手に入るように補助金を出すことでもなく、さらには運輸や通信インフラに投資して物流をスムーズにすることでもない。なぜならば、農民はまだ新技術について知らないし、それを採用していないからである。改良されていない在来品種を使っている状況では、化学肥料を投入しても生産はあまり増えない。だから農民は、化学肥料の購入には興味を示さない。同じように、改良品種を採用していなければ、灌漑があってもなくてもそれほど収量に差はない。だから農民は、灌漑にも特に関心を寄せることはない。技術移転・技術開発の次にすべきことは、疑いもなく技術普及である。

ところがコメの場合には、その栽培方法を熟知している技術普及員がアフリカにほとんどいない。このように技術普及のシステムが弱体であることが、アフリカにおける水稲の「緑の革命」の最大の制約条件となっているのだ。逆にいえば、それを強化することがコメに関する「緑の革命」を成功させる最大の近道なのである。

アジアでは、「水田とは、畔のある農地のこと」と定義されている。ところが何と、アフリカには畔のない水田がたくさんあるのである。畔がなければ、ちょっと雨が降らないと水田が乾ききってしまう。そして水がなくなれば、雑草が繁茂するようになってしまう。また、畔がないと肥料をまいても他の田んぼに流れてしまうから、肥料は使われない。

畔をつくるのと同じように重要なのは、均平化といって水田を平らにすることである。均平化は、稲の均質で順調な生育にとって非常に重要な栽培技術である。しかしながら、アフリカには均平化されていない水田がいくらでもある。試算では、畔をつくって均平化をすれば、ヘクタール当たりのコメの収量は固く見積もっても50％のアップ、うまくいけば倍増するのである。アジアではこうした基本的な栽培技術が、ほぼ完璧に普及している。つまり水稲の生産性の改善には、改良された新品種ば

表7－2　ウガンダにおける水稲の収量(トン/ha)と生産技術の採用状況

	平均	ブギリ	マユゲ	ブケディア	パリッサ
全技術採用者（トン/ha）[a]	4.13	4.47	2.89	1.22	0.37
3つの技術の採用者（トン/ha）	3.20	4.15	1.89	–––	1.54
2つの技術の採用者（トン/ha）	2.25	3.07	2.00	1.95	2.26
1つの技術の採用者（トン/ha）	1.81	2.30	1.91	1.89	1.38
不採用者（トン/ha）	1.33	–––	0.79[b]	1.42	0.66[c]
化学肥料採用率（%）	7.55	7.55[d]	–––	–––	–––
近代品種採用率（%）	19.6	43.8	40.0	5.0	1.6
サンプル農家数	300	75	75	75	75

a 畔の設置、均平化の実施、正常田植えの実施、適正な時期の田植えの実施の 4 つの栽培技術の採用を考えた
b 1 農家のみの数値である
c 3 農家の数値である
d 4 農家の数値である
(出所) Kijima et al. (2012)

かりでなく、適切な栽培技術の普及が必要なのである。私は、技術普及システムさえ充実すれば、アフリカでの水稲の「緑の革命」の実現は夢ではないと考えている。⑤

その証拠を見せよう。⑥ 表7－2と表7－3は、ウガンダとガーナでの水稲の収量と技術の採用の関係を示したものである。ウガンダの最初の調査地（ブギリ）は、JICAが生産技術の指導とともに、簡単な灌漑設備の設置を指導したところである。その効果が出たために、収量は非常に高い。それと同時に、改良された技術を採用すると収量が向上することが読み取れるであろう。ウガンダの2番目の調査地（マユゲ）は、灌漑設備は設置せずに、JICAが技術指導だけを行ったケースである。灌漑がないだけにブギリより収量はだいぶ劣るが、それでも新技術を採用すると収量が上がることが確認できる。最後の2つの調査地（ブケディアとパ

表7－3　ガーナ北部における水稲の収量（トン/ha）と生産技術の採用状況

	不採用者	部分採用者				全技術採用者
		近代的投入のみ[a]	少なくとも近代的投入[b]	近代的投入、畔の設置、均平化採用のケース	少なくとも近代的投入、畔の設置、均平化採用のケース	
サンプル農家数	63	78	349	37	84	47
（比率、%）	(11.6)	(14.3)	(64.0)	(6.8)	(15.4)	(8.6)
収量（トン/ha）	1.46	1.70	1.95	1.98	2.33	2.59
労働投入（日/ha）	102	152	187	204	238	264
労働分配率（%）	61.5	62.6	54.6	52.8	49.5	47.6

a 近代品種と化学肥料の採用のケース
b 近代品種と化学肥料の他に、畔の設置、均平化、点播のうち最低1つは採用しているケース
（出所）deGraft-Johnson et al. (2013)

リッサ）は、全く技術指導が行われなかった地域である。この2つの調査地は、最初の2つの調査地と気候や地形の面では類似しているが、技術の採用状況にかかわらずコメの収量は非常に低い。こうした分析結果は、技術を正しく指導することの重要性を示唆するとともに、新技術の普及活動が稲作の生産性を大きく高めることを示している。

表7－3で示したガーナの場合には、2000年前後にアジア的な水稲生産の技術普及プロジェクトが実施された。ここでも、近代品種、化学肥料、畔の構築、均平化によって、収量が相当に高まっていることがわかる。ここは純粋な天水田地帯であり、灌漑設備は一切ない。こうした生産環境は、コートジボワールの北部からナイジェリアの北部までの広大な地域に広がっており、ここでの収量増大の大きな可能性がわかったことは、非常に大きな意味を持つものである。

水稲生産では、改良された技術の生産性への貢献は、灌漑施設があるほうが高くなる。ということは、

新しい改良品種の普及は灌漑投資への収益率を高める。だからそれは、灌漑投資を刺激することになる。アジアでは、「緑の革命」の初期に大規模灌漑への投資が活発化した。大規模にせよ小規模にせよ、灌漑設備を有効に利用するためには、水田への灌漑水の効率的な配分や農民による灌漑施設の維持が決定的に重要となる。したがってそこでは、社会関係資本が重要な役割を果たさなければならない。

また新技術の採用とともに、肥料代等の現金支出が増えるようになるので、信用（クレディット）への需要が高まる。アジアの場合には、精米業者兼肥料商が肥料代を前貸しし、収穫後に利子をつけて返済するという慣行が生まれたが、それはアフリカでは一部の灌漑地帯でしか見られない。前貸しが行われるのは、水田で生育している若い稲が事実上の担保の役割を果たすからである。ただしアフリカでも、外国系の企業が農民に肥料代や種子代を前貸しし、収穫後に代金を利子つきで返済するというビジネスを開始しようとしているケースがある。ここでも、農民と業者との信頼関係（ある種の社会関係資本）の構築が、新しい取引の成否の鍵を握っている。

図7－1は、以上の議論を整理して農業の発展戦略を簡潔に示したものである。まず第1に、技術移転と技術開発に投資し、知的資本の向上（あるいは有望な技術の確立）を図ることが先決条件である。有望な技術が確立されれば、第2にしなければならないことは、技術普及である。第3は、灌漑投資や、新技術が普及する地域での輸送・通信インフラの整備となる。最後に、信用に対する需要が高まった地域において、それをサポートする物的資本の充実策が必要となる。なお穀物生産に関わる農業では、人的資本、特に教育はさほど重要ではない。アジアの場合でも、近代品種の普及が開始さ

図7－1　農業の発展戦略

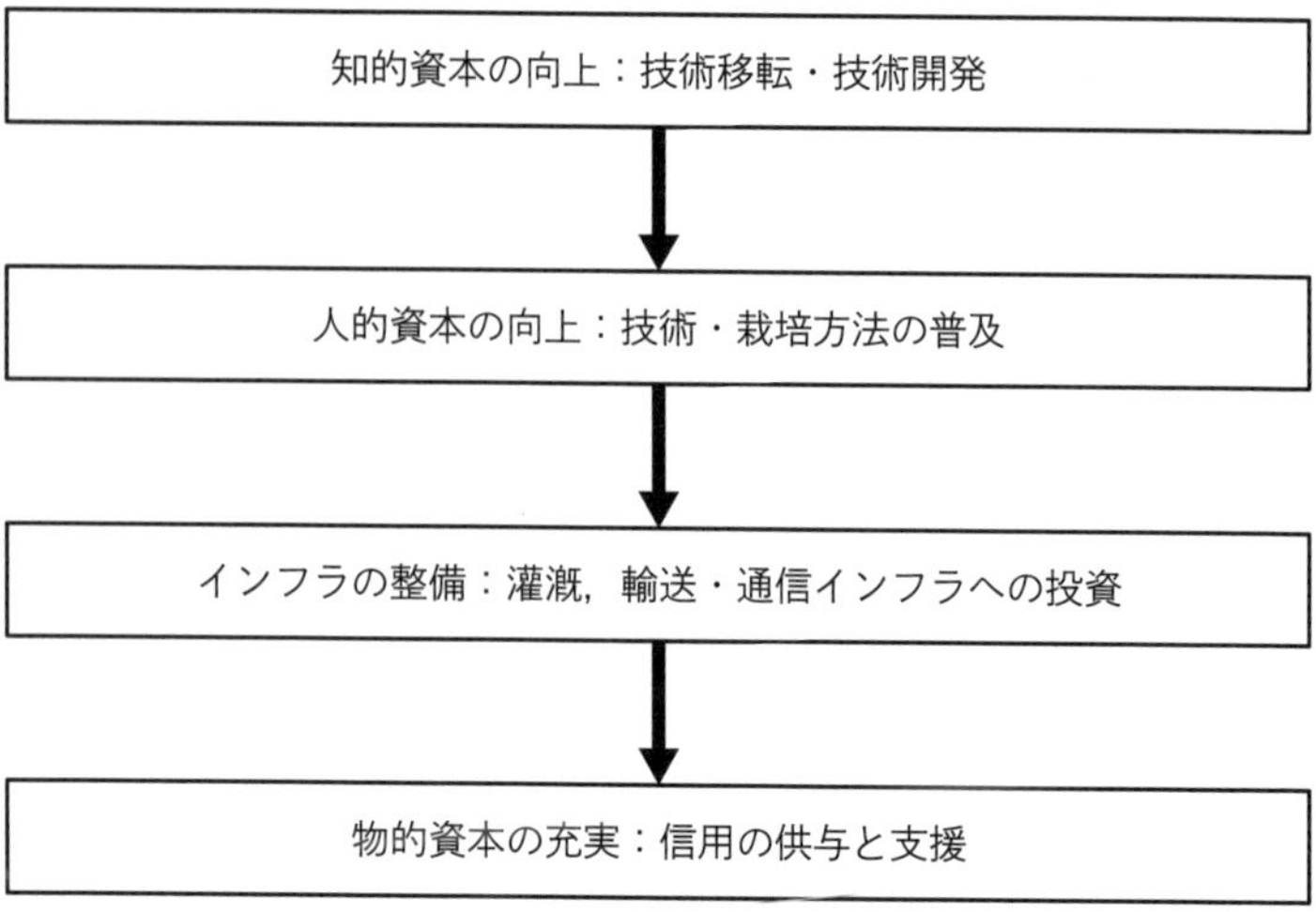

れた１９７０年代を除いては、教育が技術の採用や生産性の向上に大きな影響を与えたという証拠はほとんどない。

　すでに指摘したように、水稲はアフリカで最も有望な作物である。しかも水稲の場合は、水田に流れ込んでくる水が様々な栄養素を運んできたり、水や土の中の藻が空中窒素を固定したりするので、土壌の疲弊が少ない。そのため、水稲は最も持続可能性の高い作物といえる。逆に、畑作物は土壌の管理が難しい。無肥料で栽培すると、土壌の肥沃度が落ちて収量が低下してしまう。それを防ぐためには、作物が土壌から摂取した栄養分を補給してやらなければならない。

　それではアフリカの農民は、どのようにして持続可能な畑作物の生産を行っているのであろうか。特に人口密度が高い地域では、休閑による地力回復の余裕はなく、農民は毎年のように耕作する農地の肥沃度を維持しなければならないはずで

表7－4　ケニアの集約的トウモロコシ栽培

	2004年	2012年
サンプル農家数	699	692
化学肥料投入量（窒素・リン酸・カリ、kg/ha）	57.14	47.11
有機肥料投入量（kg/ha）	2,312	2,786
トウモロコシ改良品種採用率（％）	58.30	82.20
豆との混作比率（％）	86.10	79.30
ネピアグラスの作付面積比率（％）	13.30	11.60
非改良牛の数（農家当たり頭数）	1.85	1.17
改良牛の数（農家当たり頭数）	2.95	1.93
トウモロコシの収量（kg/ha）	1,907	2,125
トウモロコシの金額表示の収量（ksh/ha）	34,829	38,082
トウモロコシと豆の金額表示の総収量（ksh/ha）	45,544	46,598
その他の作物を含む金額表示の総収量（ksh/ha）	58,346	67,295

（注）金額は2009年の実質価格表示。kshは、ケニアシリングの略

ある。ここでは、その好例であると思われるケニアの高地のケースを紹介しよう（表7―4）。

ここでは、GRIPS（政策研究大学院大学）が2004年以来定期的に何回か同じ農家を対象にして農家調査を実施している。まず指摘したいのは、土壌の維持のために、化学肥料ばかりでなく堆肥（有機肥料）を投入し、かつ豆類との混作を行っていることである。堆肥は、在来のこぶ牛とヨーロッパの牛の交配種（改良牛）の糞尿が原料である。改良牛は、ミルクの生産にせよ堆肥の生産にせよ、在来牛より数倍も生産性が高い。改良牛は搾乳や糞尿の回収のために、牛舎で飼育される。そのために、農民は畑の一部で飼料作物（特にアフリカ原産のネピアグラス）を栽培しなければならない。豆類は空中窒素を固定するから、豆類との混作は窒素肥料を投入しているのと同じことになる。こうして約80％のトウモロコシ畑で混作

が行われている。そのため、トウモロコシだけの収量を見ると約2トンの水準でさほど高くないが、豆類を含めたトータルの1ヘクタール当たりの生産額はかなり高く、上昇傾向にある。「緑の革命」とまではいかなくても、生産性は相当に改善されてきているといえる。興味深いことに、牛の牛舎での飼育、飼料作物の生産、堆肥の利用は、産業革命に先立ってイギリスで起こった「農業革命」のエッセンスである。

しかしながら、トウモロコシと豆類をどの程度どのように混作するのが望ましいのか、堆肥と化学肥料の最適な組み合わせがどのようなものなのか、飼料作物とトウモロコシのローテーションはどれくらいの頻度が望ましいのか等々、この畑作物と改良牛の混合経営という新しい技術体系については、ほとんど何も研究されていない。つまり、トウモロコシの栽培技術については望ましい技術体系がまだ確立されていない、といっても過言ではない。この点が、すでに有望な技術体系が確立されている水稲の場合との基本的な相違である。

もしトウモロコシの「緑の革命」を実現しようとするのであれば、技術体系の確立が急務である。そしてそれに成功すれば、技術普及のシステムの充実が重要な課題となる。このようにして増産されたトウモロコシを輸送インフラの充実等によってサポートすれば、生産性の向上が期待できるようになる。

要約すれば、「緑の革命」への道筋は、有望な作物の選択→技術の移転・開発→技術普及→インフラ投資と信用の供与、というステップを踏むべきであるということになる。

3 製造業の発展戦略⑦

製造業は、集積することが多い。産業革命時、マンチェスターに綿糸を生産する企業が集中し、バーミンガムには鉄鋼を生産する企業が集中した。日本でも、戦前の岡谷や前橋の製糸業、いまでも続いている西陣や桐生の絹織物、戦後の浜松のオートバイ、現在の大田区や東大阪の金属加工、豊田市の自動車等々、多くの産業集積が見られる。産業集積とは、類似の製品や関連する製品（例えば最終製品と部品）を生産する企業が密集する地域を指す。ただし、豊田市のようにトヨタ自動車をトップとして、1次下請け、2次下請け、3次下請けが存在するようなピラミッド型の産業集積は、途上国にはあまりない。

興味深いことに、産業集積は台湾、中国、ベトナム、バングラデシュ、インド、パキスタン、そしてラテンアメリカやアフリカにも数多く存在する。台湾では、集積していない産業を見つけるのが難しいほどである。中国でも、製造業の発展は集積の発展に大きく依存したといわれている。産業集積の発展の少なくとも初期段階では、零細企業や小型企業が数多く誕生し、多くの非熟練労働者が雇用される傾向がある。この雇用創出は、貧困削減にとって決定的に重要な要素である。

それではなぜ、製造業では企業が集積する傾向が強いのであろうか。

第1に、社会関係資本を形成しやすいことが挙げられる。産業集積には企業が近接しているために、農家家計が隣接している農村の共同体と似た性格がある。多くの企業家同士が知り合いで、非社会的な行為はたちまち噂となって流れてしまう状態にある。だから、集積内で操業を継続するために、企業家は誠実な行動を取ることが求められる。その結果、部品や中間製品が企業間でスムーズに取引されるのである。

第2は、新しい知識を模倣しやすいというメリットがある。いくつものアパレル産業の集積で聞いた話だが、新しい売れ筋のデザインが登場すれば、2、3日のうちにほとんどの企業が同じ製品をつくりはじめるという。これはメリットだが、多くの企業家が安易に模倣を志向すれば、新製品や新技術を開発する可能性は低くなるというデメリットがある。

第3のメリットは、熟練工、技術者、デザイナー、商人などが産業集積に集まってくるので、必要な労働やサービスを入手しやすいというものである。

産業集積には、停滞型と成長型がある。残念ながらアフリカの集積は停滞型が多く、東アジアには成長型が多い。両者の分かれ目は、「革新」の有無にある。革新というと画期的な技術進歩を思い浮かべがちであるが、そういうタイプの技術進歩よりも、「多数の工夫的な改善」のほうがしばしば重要となる。ちょっとした工夫でも、業績には大きな効果があることが多い。典型的な産業集積の発展パターンについては、BOX7-2で説明しよう。

ここでは、革新が生まれずに停滞している産業集積を発展させることを考えよう。政府の援助もないのに産業集積が存在しているということは、この産業が潜在的に比較優位性を持っていると考えることができる。政府がすべきことは、①信用の供与による機械などの物的資本への投資、②インフラ投資、③人的投資と知的投資の促進である。問題は、どこから手をつけるか、にある。

最初に、停滞する産業集積の零細企業に信用の供与をすることにしたとしよう。何か問題になることがあるだろうか。実は大いにある。それは、どの企業家が有望かわからないことである。企業家の中には、家事の片手間に家族的企業を経営し、多面的な革新を行う気力もなければ能力もない人々がいる。彼らに信用を供与しても、収益率の高い投資は起こらないし、産業全体が発展することもない。だから、信用の供与からはじめる戦略は誤りである。しかしながら、信用の不足が小規模な企業の成長の最大の制約条件である、と信じている専門家は多い。

それでは、インフラ投資からはじめるのはどうだろうか。ここでの問題は、どこに道路、上下水道、送電線、港湾を建設するかである。長期的には、国民の生活水準を引き上げるためにも、多くの地域にそうしたインフラを建設することが望ましい。しかし予算に限りがある以上、重点地域を決定しなければならない。都市か、農村か、停滞する産業集積か、これは悩ましい問題である。

もしこの産業集積が将来的に有望であれば、そこに集中的にインフラ投資をする、あるいは中国やエチオピアが行っているように、インフラの整った工業区を建設し、そこで産業集積を形成させることも考えられる。だが、どうやってこの産業集積が将来的に有望かどうかを判断するというのか。それに関する情報がなければ、インフラ投資からはじめる開発戦略は成功しそうもない。

それでは、まず研修によって海外の先進的技術や経営的知識を零細・中小企業の経営者に教えるのはどうだろうか。1つの問題は、経営者が研修で得られる知識の有用性を理解していないことである。それは、大学院を修了するまで大学院生が大学院の価値がわからないのによく似ている。しかし、経営者研修が経営の効率化に有効であるということが、最近の実証研究によってわかりつつあ

を採用して、同じように国内市場に同じような製品を販売する。こうして企業の数が増えることによって、産業集積が形成されるのである（図7－2参照）。これには、ほとんど例外がない。この時期は、模倣ばかりが行われるので、製品の質の向上は起こらず、模倣者の能力が低ければ、集積全体の生産性はむしろ減少することすら起こりうる。われわれは、この時期を「量的拡大期」と呼んでいる。

量的拡大期には、質の悪い製品が大量に国内市場に流れ込むので、値崩れが起こってしまう。そのために、図7―2の点線で示したように、企業数が増加気味の一方で、採算性は悪化する。そしてそのまま採算性が低い状況が続くのが、停滞型の産業集積である。

産業集積の採算が悪い原因ははっきりしている。それは、製品の質が悪いことである。そこで革新的な企業家は、より質の良い原材料や部品を使い、デザイナーや熟練の技術者などの高給取りを雇って、質の改善に取り組もうとする。質を改善することも容易ではないが、質が良いことを消費者に理解してもらうことはもっと難しい。例えば、私企業の発展が盛んな中国の温州市の製品は、もともとは粗悪品の代名詞だった。革新的な企業家は1980年代末ごろから製品の質の向上に取り組んだが、消費者になかなかわかってもらえず、質の良い製品を相応の高い値段で売ることができなかった。質の良い原材料や賃金の高い労働者を雇っていたため、これでは企業の採算は悪化する。そこで革新的な企業は、ブランドを確立したり、販売員を増やして消費者の説得に努めたり、系列店や直営店を経営して評判を高めようとしたのである。それに成功すれば、売上げは伸び、採算は再び上向きになり、雇用は増え、うまくすれば先進国に輸出もできるようになる。そうなれば、労務管理、品質管理など、マネジメントが複雑になる。こうしたことがすべてできれば、企業は大成功する。われわれは、この時期を「質的向上期」と呼んでいる。

質的向上が起こるかどうかは、ここに述べたような「革新」が起こるか否かによって決まる。言い換えれば、量的拡大期の末期に革

BOX7－2　産業集積の発展パターン

同僚の園部教授と一緒に、私は、日本、台湾、中国、ベトナム、バングラデシュ、ガーナ、タンザニア、ケニア、エチオピアにおいて、20を上回る数の産業集積について調査票を用いた事例研究を行ってきた（園部・大塚 2004; Sonobe and Otsuka 2006, 2011, 2014）。これらの集積の中には、発展している集積もあれば停滞している集積もあるので、異質性が観察されたことは疑いない。しかしながら、産業や社会制度が異なるにもかかわらず、驚くほど集積の発展パターンに類似性が多いのも事実である。

アパレルや革靴のように、つくるのはやさしいが売るのは難しいような製品の場合は、元商人が起業することが多い。他方、機械や機械部品のように、つくるのは難しいが、顧客の多くが機械に詳しいこともあって、ある程度の品質の機械であれば売るのがそれほど難しくない場合には、技術者や熟練工が起業する傾向が強い。こうした企業家は、特に教育が高いわけではないが、天賦の才能やひらめきのある人々であり、よく売れている先進国からの輸入品の模造品を試行錯誤しながら生産するようになる。先進国では入手できても途上国にはないような原材料や部品も多く、起業には大きな苦労がともなう。当然、製品の質は悪い。第三者にはこの新しい事業の将来性は不透明であるから、資金不足も大きな問題となる。実際に、自己資金、親戚や友人からの借入れで初期投資をまかなうことが圧倒的に多い。われわれは、この発展段階を「始発期」と呼んでいる。

生産方法の確立や販売ルートの開拓等の苦労は多いが、輸入品よりも安ければ質の悪い製品でも買おうとする消費者はおり、結構な額の儲けが出る。それは、創業者利潤と呼ぶべきものである。何事も新しいことをはじめるのは難しいが、真似することは容易である。利潤の分け前にあずかろうとして、追随者がこの産業に参入するようになる。特に多いのは、創業者企業の従業員による起業である。こうした企業は、創業者と同じ原材料や部品を使い、同じ生産方法

(222) ページからつづく

新が起こるかどうかが、成長型の産業集積になるか、停滞的な産業集積にとどまるかの分かれ目である。思えば「メイド・イン・ジャパン」も、1950年代までは粗悪品の代名詞になっていたが、製品の質の改善、QCサークル等の発展を含めた日本的経営の確立、マーケティングの改善によって、そのイメージを180度転換することに成功したのである。

革新についていけない多くの企業は、倒産したり、革新的な企業に吸収されたりするので、質的向上期には企業数は減少する（図7—2)。もちろん、産業全体の生産規模は大きくなる。成功する企業家は、教育水準が高く、しばしば外国系企業での勤務経験があり、海外の技術や経営に精通していることが多い。また、生産者組合が音頭を取って研修所をつくり、海外の技術を学んで産業集積全体のレベルアップを図ることもある。戦前の日本の絹織物の産地や、最近のパキスタンの医療器具の集積では、そうした努力が見られたという。情報のスピルオーバーがあるために、企業が革新的なアイディアの導入に消極的な状況では、生産者組合のこうした行動はきわめて効果的である。

図7－2　企業数と採算性の変化から見た典型的な産業集積の発展パターン

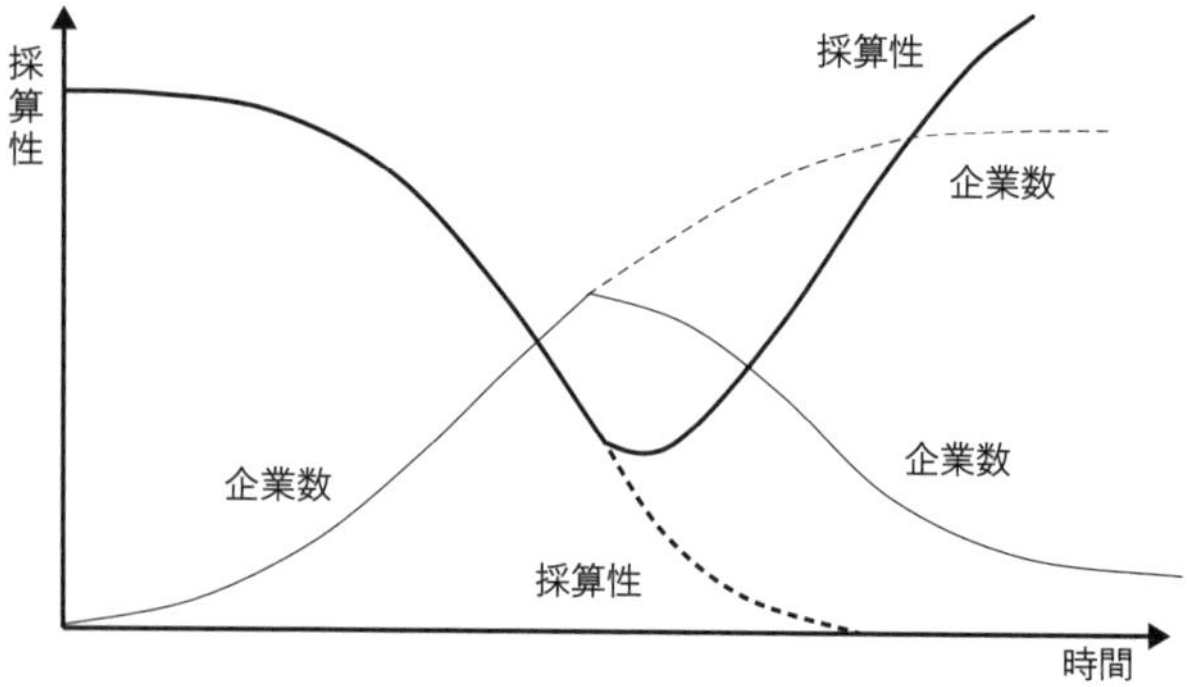

る。もしそうであるとすれば、多くの経営者がやがて研修の有用性を理解するようになるであろう。

例えば日本的KAIZENマネジメントの研修を行って、いわゆる5S（整理、整頓、清掃、清潔、躾）等の指導をすると、アフリカのかなりの数の経営者はそれを大いに評価する。そうした新しい知識を理解する能力があり、それを実行する意思のある企業家は、研修によって業績を改善している。コストは節約傾向になり、売上げは伸び、品質の管理に敏感になる。こうした企業は収益が高まったために、投資によって工場を拡大しようとするようになる。

ここで強調したいことは、研修には、人的資本や知的資本の蓄積に貢献するだけでなく、有望な企業とそうでない企業とを選別するという重要な機能がある点である。だから、停滞する産業集積を活性化するために最初にすべきことは、研修による人的資本と知的資本への投資である。それによって収益が上がり、企業規模を拡大しようとする革新的企業を出現させる。こうした企業にこそ、工業区を建設してインフラを優先的に活用させるべきなのである。

こうした企業の業績は上昇するので、自己資金がある程度は蓄積されるし、銀行も融資に積極的になる。とはいえ、工場の建設費用、新しい機械の購入費用はかなり巨額になるかもしれない。またこの産業の将来が不透明であれば、投資の収益性は不確実である。そうした場合にこそ、政府が信用の供与をサポートすることが望ましいのである。

以上の議論を要約すれば、製造業の発展のためには、まず有望な産業を選択し、それに続いて研修による技術や経営手法の海外からの導入→工業区の建設→信用の供与、という政策を採用すべきであるということになる。図7－3には、これを「製造業の発展戦略」としてまとめておいた。

図7－3　製造業の発展戦略

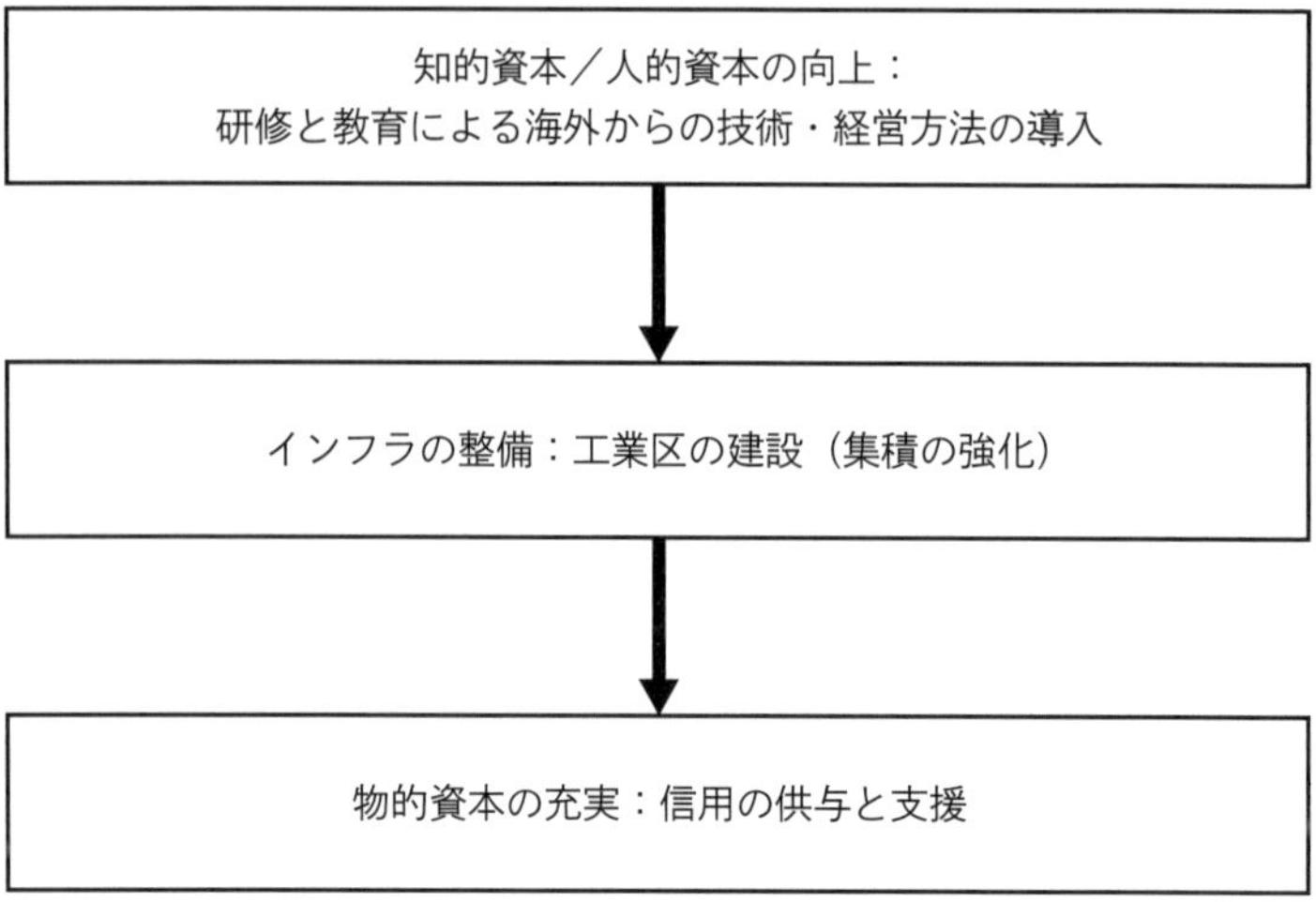

ここで強調したいことは、農業の発展戦略と製造業の発展戦略の類似性である。知的資本／人的資本の向上→インフラの整備→物的資本の充実というシ基本的なシークエンス（順序）は、ほぼ同一である。ただし、製造業の場合には有望な産業の選択という難しい課題があること、長期的に学校教育がより重要になること、また政府の資金制約の下では工業区という特定の地域の振興を図るべきであるという点が、農業の場合とは異なる。なお有望な産業の選択については、他国の経験や自国の状況を検討しつつ、専門家の意見、世界銀行のような国際機関や先進各国の援助機関と議論しつつ、将来的に比較優位を確立できるような産業の特定化を行うべきである。

なお、インフラを整備して工業区に外国企業を誘致するというのも、望ましい開発戦略である。外国企業は、優れた技術や経営のノウハウを持っている。それは、地元の企業が「海外から学ぶ」

絶好の機会を提供してくれる。外国企業の海外直接投資を実現するためには、意味のない規制などは撤廃し、自由な生産・投資環境を外国企業のために整えることが望ましい。さもなければ、外国企業は直接投資から逃げてしまうだろう(8)。

4 近代的サービス産業の発展

私は、ＩＴを使った近代的サービス産業についての研究の経験はなく、また他の研究者による現地密着型の実証研究も少ないので、サービス産業の発展についてしっかりした現実感覚を持ち合わせてはいない。したがって、この節の説明には絶対の自信は持っていない。そこで、理論的（つまり常識を活用する）考察からはじめることにする。

ＩＴの場合には、資本設備や建物のコストはあまり高くないし、必要とあれば仕事をアウトソースしてくる先進国の企業から借入れを行うことも可能であろう。だから、物的資本の不足がビジネスの障害になるとは思えない。ただしインフラについては、携帯電話用の基地の建設や大量のデータを送るための回線の設置は必要である。技術やノウハウ（知的資本）については、もちろん先進国の企業が指導してくれる。残るは人的資本であるが、途上国にも優秀な大学はたくさんあるし、欧米の国々で学位を取った人材も少なからずいる。特に英語圏の場合には、多くの国民が流暢な英語を操れるだけに、ＩＴ産業の発展に有利である。

つまりサービス産業の場合には、農業や製造業の発展と比較して、種々の資本の蓄積あるいは利用

図7－4　サービス産業のGDPシェアと国民1人当たりのGDPの関係
(米ドル、2018年)

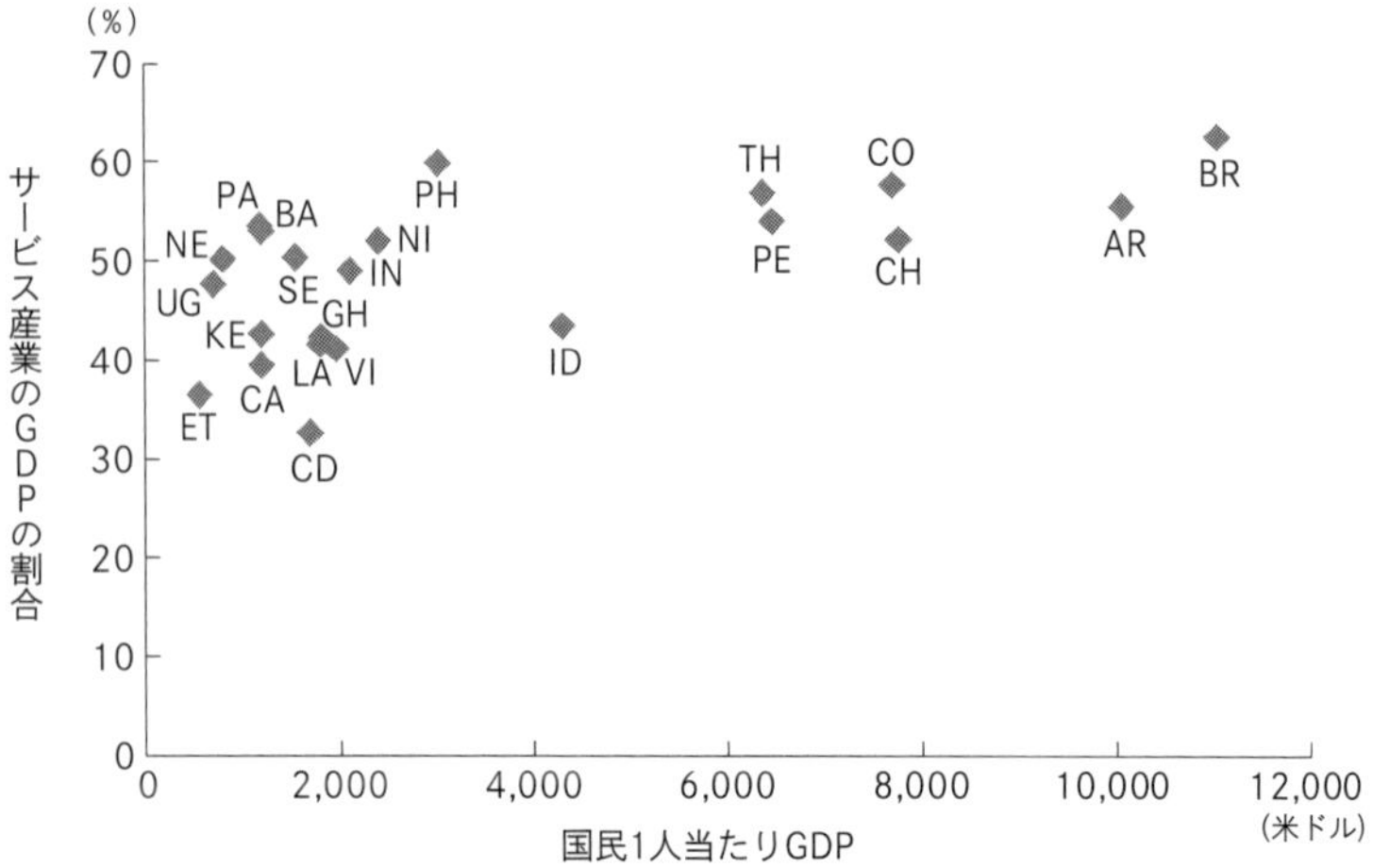

ET はエチオピア、NE はネパール、UG はウガンダ、BA はバングラデシュ、KE はケニア、CA はカンボジア、LA はラオス、PA はパキスタン、SE はセネガル、NI はナイジェリア、VI はベトナム、CD はコートジボワール、IN はインド、PH はフィリピン、ID はインドネシア、GH はガーナ、CH は中国、TH はタイ、PE はペルー、CO はコロンビア、AR はアルゼンチン、BR はブラジル
(出所) 世界銀行 World Development Indicators

を妨げるような市場の失敗は比較的軽微であるように思われる。だから農業や製造業の発展には政府の政策的支援が重要だが、サービス産業の発展には政府の役割はそれほど重要ではない。おそらく重要なのは、英語の教育であり、大学の教育である。まさにそれを示唆するのが、図7－4である。

予想されるように、1人当たりGDPが増加するとともにサービス産業比率も増加を見せるが、全体の傾向から上に飛び出ている途上国がいくつかある。その中には、インドやフィリピンのように英語を公用語にしている国が多く含まれている。これも、英語の能力がサービス産業の発展を支えている証拠と思われる。フランス語圏であるセネガルも、所得が低いわりにはサービス産業比率が高いが、政府がIT産業を積極的に支援しているという事情がある。なお大学教育については、1人当たりGDPと強く相関しているので、その効果をデータから読み取るのは難しい。

おそらく、近代的サービス産業の発展を支援する基本的な政策は、英語教育を含む大学教育であろう。近代的サービス産業に従事するために、英語教育や大学教育の収益率は高まっているといわれている。海外との競争に打ち勝つためには、教育を支援する政策が必要であり、今後とも近代的サービス部門は発展することが見込まれるから、この政策に異論をはさむ余地はない。しかしながら、近代的サービス部門は、主に教育のある富裕層に雇用の場を創出するものである。

格差を生まない平等な発展を志向するならば、農業や製造業の発展における雇用創出をおろそかにすることは許されない。さもなければ、所得階層間の格差が広がり、社会が不安定化し、経済発展自体の持続性が危ぶまれることになる。

その点で気がかりなのは、インドである。IT産業は、バンガロールやハイデラバードで急激に発展しているが、それが貧困削減につながるとは到底思われない。であるとすれば、IT産業主導で持続的な経済成長が実現できるとも考えにくい。農業では徐々に機械化が進展しつつあり、農業での雇用機会を失った膨大な数の農民が、非農業での就業機会を求めて都市に移動することが予想されるが、彼らに雇用機会を提供できなければ、社会不安が発生する可能性が高い。

なお、インドでIT産業が発展している大きな理由は、シリコンバレーで働いていたインド人が、先進的な知識をインドに持ち帰ったからである。つまり海外から学ぶことは、製造業の発展ばかりでなく、サービス産業の発展の場合にも決定的に重要なのである。

5 残された研究課題

途上国で実証研究をしていると、次から次へと興味深いテーマが見つかり、いつまでたっても終わりが見えない。しかしながら、「貧しい国の開発戦略」の構築は急を要するテーマであり、一刻も早く目途をつけなければならない。筆者が今、残された主要な研究課題であると考えているのは、①ピラミッド型の産業集積と②農村工業の開発戦略である。

本書で議論している産業集積は、実は「横並び型」とでも呼ぶべきものであり、その他に「ピラミッド型」がある。例えば、革靴の集積の場合は横並び型である。なめし革や靴紐等のような原材料が必要だが、それらを生産している企業は必ずしも集積の中にあるとは限らない。またあったとしても、系列的な固定的取引関係があるわけではない。集積内にあるのは、主に革靴を生産する企業の場合が多い。だから、集積は「平屋」または「2階建て」の建物が横並びで密集したような景観を呈する。アパレル産業の集積もこれに似ている。

それとは対照的なのが、ピラミッド型である。その頂点には組立てを行う企業があり、その下に1次下請け、2次下請け、3次下請けの企業と続く。代表格は自動車産業であり、トヨタ自動車の周りには何千という企業群が立地し、いわゆる企業城下町を形成している。

この種の産業集積の場合には、組立てを行う企業は、良質な部品を安定的に確保するために、1次下請け企業と緊密な関係を構築し、しばしば1次下請け企業を指導したり訓練したりしている。1次下請け企業も、質のいい部品を安定的に確保するために、2次下請けの企業を訓練しており、2次下請け企業も3次下請け企業を訓練している。

そういう系列的関係はあるが、完璧な系列は珍しく、トヨタ系の1次下請けが、他の自動車会社に部品を納めることはよくある。一般に1次下請けの企業は資本集約的・知識集約的な方法で部品を生産しており、2次ではより労働集約的で単純な部品を生産するようになり、3次ではさらにその傾向が強くなる。

途上国の自動車産業の場合、優秀な下請け企業がその国にないと、外資である組立て企業は母国から1次下請けの部品企業を招聘して現地生産を開始させたり、2次下請けや3次下請けが生産する部品を海外から調達したりしている。

自動車産業では関連する企業の数は膨大であり、それに応じて部品の数も膨大で、多種多様な車と部品が生産されている。こうした複雑な産業でも、発展の成否を決めるのがイノベーションであることは疑いがないが、どうやってイノベーションを起こさせるかという戦略は、「横並び型」の産業集積に比べてはるかに複雑である。これは、筆者のこれからの研究課題の一つである。

もう一つの大きな研究課題は、農村工業化である。農村は貧しくて仕事が少なく、都市には仕事があるが混雑が激しくて生活環境が悪い。であるとすれば、農村で産業を育成して、仕事を増やせればそれに越したことはない。有望なのは食品加工産業で、製糖工場、タピオカ澱粉の工場、果物の缶詰工場、精米業者、果樹や野菜や花の選別・加工・出荷企業等々、様々な工場や企業が農村に立地している。

農産物の多くは、新鮮なうちに処理や加工をしなければならないので、農村での工業化に利点がある。また高級な果物や野菜は、新鮮なうちに工場で洗浄され、燻蒸され、等級分けされ、パックされて町のスーパーマーケットに出荷される。そうした簡単な加工も、「製造業」に含まれる。穀物中心の農業から果樹、野菜、畜産、商品作物へのシフトは農業の多角化・高付加価値化につながり、農村工業化は農村の変革につながるきわめて重大な変化である（Otsuka and Fan 2020）。問題は、そうした産業を農村で育成しようという政策的努力が、筆者の知る限り、ほとんど実施されていないということである。それは、やり方がわかっていないからだと思う。

興味深いことは、この種の産業の多くが、ピラミッド型と横並び型の産業集積の双方の特徴を持っていることである。農産物加工業者から見れば、原料となる農産物を生産する農家は、ピラミッド型の産業集積の下請け企業と類似している。だから、加工業者は農家を訓練するインセンティブはあるのだが、農家は訓練をしてくれた企業ではなく他の企業に農産物を抜け売りするリスクがある。それでも、農家と加工業者との契約栽培は盛んになりつつあるようである（Otsuka, Nakano, and Takahashi 2016; Otsuka and Zhang 2020）。加工業者は、地理的に集積することもあれば、農産物の産地にやや拡散して立地している場合もある。しかし、同じような企業が数多く存在している点では、横並び型の産業集積に似ている。

多くの途上国では、所得の高まりとともに高級な果樹や野菜、乳製品等の加工食品の需要が高まっている。したがって、農村工業化の可能性が高まっている。また、気候風土の相違を利用して、途上国から先進国への農産物輸出が増大している。だから、農村工業化の潜在的可能性はますます高まっている。どのようにしてそれを現実のものにするかは、「産業開発戦略」の重要な課題の一つである。筆者は、この研究課題にも取り組み始めているが、まだ結論を得るには至っていない。

6 農業国から工業国へ

これまでは、あたかも農業の発展と工業の発展とが独立しているかのように議論してきた。しかし、これは正しくない。農業研究者の間では、Hirschman（1958）の「前方連関」と「後方連関」の概念を適用して、農業の発展が非農業の発展につながると主張する人が多い。

例えば、新しい採算性の高い高収量技術が農業で採用されると、「後方連関」として肥料、農薬、農業機械に対する需要が増大し、それがこれらを生産する産業の発展を刺激する。また「前方連関」として、精米業、運送業、小売業が発展するかもしれない。さらには農民の消費が増大すると、それを供給する企業の生産が刺激される。他方、農業関連の製造業が発展し、肥料や農機具が安価になれば、それは農業の発展を刺激するであろう。これは、Hirschman にいわせれば前方連関効果である。だからといって、肥料や農業機械をすべて国内で生産するのが農業発展に望ましいわけではない。安価で良質な肥料や農業機械が輸入できるのであれば、そのほうが望ましいに違いない。

他にも、こうした産業間の発展の連鎖はあるだろう。農業と製造業が同時的に成長することに望ましい面はある。事実、アジアの農村の貧困が減少した大きな原因は、農家の兼業所得の増大や子弟の非農業への就業であった（Otsuka, Estudillo, and Sawada 2009）。だから、貧困削減のためには非農業部門の発展が不可欠である。また農業の発展は、農民の所得を増大させ、それを通じて子弟への教育投資を刺激し、教育を受けた子弟がやがて非農業に就業してその発展を支えることになる。

しかしながら、「発展の連鎖」を正確に推定した研究はない。どの産業の発展も様々な要因によって引き起こされるので、個々の要因が種々の産業の発展にどのように貢献しているかを推定することは容易ではないのである。後方連関や前方連関効果の大きさが推定できれば、その効果が大きい産業を発展のターゲットにすることは考えられる。しかしそれが不可能な状況では、産業間の発展の連鎖を発展戦略の中には組み入れにくい。

われわれの産業集積研究では、「金属加工」を重視している。なぜならば、金属加工は機械の修理や部品の生産にとって重要であり、将来、機械産業の発展をサポートするであろうと期待されるからである。またある国で金属加工業が発展していれば、海外の企業が直接投資を行おうとする可能性は高まるであろう。もしそれが実現されれば、それは金属加工業や機械産業の一層の発展につながることになる。

結論すれば、産業間の補完的関係や「連関」を意識することの重要性は経験的にわかっているが、現段階では経済発展戦略の中心に取り込むほどの数量的情報は得られていないということである。

7 誰が何をすべきか？

本章での説明の骨子は、図7－1と図7－3に「発展戦略」としてまとめたので、他の章のように「まとめ」をする必要はないように思う。そこでここでは、視点を変えてこの戦略を実現する主体と、その主体が為すべきことについて若干の考察をしておきたい。

● 開発戦略を実行する最も重要な主体は、疑いもなく途上国の政府である。しかしながら、途上国政府が適切な戦略を実行する能力を備えていない場合や、他の途上国の成功体験についての知識が欠如している場合には、国際援助機関や先進国の援助機関がアドバイスをすることが望ましい。

● 草の根的な支援を得意とするNPOやNGOは、技術や経営のノウハウの普及や信用の供与の支援で、大きな貢献をすることが期待される。

● 途上国政府に資金的制約や人材面での制約があれば、製造業の発展支援において、既存の産業集積を発掘し、将来性を判断したうえで人材育成や工業区の建設に資源を集中的に投入することが望ましい。また農業についても、有望な作物と有望な地域を選んで優先的に発展させるという政策が採られるべきである。そこでの経験は、他の地域での発展戦略に貴重な情報を提供するであろう。

● 開発経済学の研究者は、実務家や援助機関と協力しつつ、①農業や産業の長期的発展プロセスを実証的に究明し、②その理論化に努めるとともに、③重大な事柄については、その真の重要性を数量的に評価するように努力すべきである。

第8章　世界がもっと真剣に取り組むべきこと

これまで本書では、貧困削減を目指した農業発展戦略や工業化戦略について説明してきた。しかしながら、多くの途上国が農業発展や工業化に成功し、そのせいで二酸化炭素の排出が増えて気候変動が加速化するようでは困る。世界中の気温が上昇し、南極の氷やヒマラヤの万年雪が解けて海面が上昇し、伝染病が蔓延し、強い台風やサイクロン、ハリケーンさらには豪雨や旱魃が頻繁に発生し、われわれの生活に甚大な影響があるようでは、経済開発を目指すこと自体に意味があるかどうか疑わしくなる。

だから私たちは、「貧困削減」と「地球環境の保護」という2つの困難な問題を同時に解決しなければならないのである。私は、それが可能であると考えている。また、これらの2つの問題は密接に関係しているものの、別々に議論することができると考えている。だからこれまでは、環境問題に触れることなく、開発問題だけに議論を集中してきたのである。

しかしながら、気候変動は、貧困削減と同じくらいに重要な、あるいはそれ以上に重要で解決困難な問題である。地球環境が悪化すれば、生活に悪影響を及ぼすことは避けられず、貧困問題は深刻化する。逆に軽工業が発展して貧困が削減されたとしても、その発展がエネルギーの利用を通じて温室効果ガス（ＧＨＧｓ）を大量に発生すれば、気候変動に悪影響がある。要するに、開発経済学は、「貧困削減」と「環境の改善」という一見すると相反する目的を同時に達成する「戦略」を考えなければならないのである。

しかし、本章で検討するように、両者には質的な相違がある。「環境問題」は多分にそれをやり遂げようとする意志あるいは覚悟と国際的な合意形成に関わるが、「貧困削減」を実現するには、意志と経済を発展させるという戦略の双方が必要である。

以下第1節では、ＭＤＧｓ（ミレニアム開発目標）からＳＤＧｓ（Sustainable Development Goals 持続的開発目標）へと移行しようとしている世界の開発目標の変化について考える。第2節では、気候変動によってどれほど地球環境が悪化し、どれほどの被害があるのかについて解説する。第3節では、1人当たり所得が上昇するとともに環境は悪化するが、ある程度の所得水準を超えると環境は改善するという「環境クズネッツカーブ」の議論を検討する。もしこの議論が成立すれば、経済を発展させることによって、地球環境問題は解決の方向に向かうことになるかもしれない。第4節では、途上国と先進国が、どれほどの温室効果ガスをどのように排出しているかについて検討し、第5節では、気候変動を食い止めるためには、先進国ばかりでなく、どうしても途上国が国際的な温室効果ガス削減の取り組みに積極的に参加しなければならないことを指摘する。

そして最後に、本書全体の締めくくりとして、「気候変動の阻止」と「貧困削減の実現」を達成するための戦略を描いてみたい。

1 MDGsからSDGsへ

まず、国連の「ミレニアム開発目標」（MDGs）とは何だったのかを確認しておこう（表8－1参照）。MDGsには8つの目標が掲げられており、その下に21のより具体的な目標と60の指標が設定されている。そのほとんどが、1990年を基準年とし、2015年を達成期限としている。読者は8つの目標を見て、どのような感想を持つであろうか。このMDGsが、世界の関心を貧困問題に引きつけたことは大いに評価できる。また、「半減」のように目標を具体的に設定したことは、その成果を評価することを可能にした点で賛同できる。

しかし、「落第点」をつけなければならないことが2つある。1番目は、「極度の貧困を半減する」ことを宣言しているものの、どのようにそれを実現するのかについては何も議論していないことである。これでは、貧困削減という目標は「予想」でしかなく、「努力目標」ではない。

第2章でも検討したように、この目標が達成されたとしても、それは国際社会の努力の結果ではなく、途上国、とりわけ中国の発展によるものである。一歩譲って、MDGsを決定した時点では明確な貧困削減戦略がなかったとすれば、その後、そうした戦略の構築に必死の努力を払うべきであったのではないか。しかしながら、そうした形跡は全くない。国連の無責任ぶりは、大きな問題である。(1)

一方で、それとは対照的に、初等教育の普及、(2) 5歳児未満の子供の死亡率の削減、はしかの予防接種の普及率向上などの目標は、国際的な支援によってかなりの程度達成されているようである。

２番目の問題は、気候変動の取り扱いが小さく、しかも貧困削減等の他の目標との関係が不明確なことである。「環境の持続可能性確保」は、いかにも抽象的な目標であるし、８つの目標のうちの７番目では重要性が伝わってこない。しかし気候変動こそ、21世紀に人類が直面する最大の問題である。したがって、ＭＤＧｓが終わる２０１５年以降の目標が、環境の保護を打ち出しているＳＤＧｓに取って代わられるのはごく自然なことである。

表8－1　国連「ミレニアム開発目標」の要約

1. 極度の貧困と飢餓の撲滅(貧困者数の半減)
2. 初等教育の完全普及の達成
3. ジェンダー平等推進と女性の地位向上
4. 乳幼児死亡率の削減
5. 妊産婦の健康の改善（妊産婦の死亡率を4分の１削減）
6. HIV/エイズ、マラリア、その他の疾病の蔓延の防止
7. 環境の持続可能性確保
8. 開発のためのグローバルなパートナーシップの推進

表8－2　国連「持続可能な開発目標」の要約

1. 貧困をなくそう
2. 飢餓をゼロに
3. すべての人に健康と福祉を
4. 質の高い教育をみんなに
5. ジェンダー平等を実現しよう
6. 安全な水とトイレを世界中に
7. エネルギーをみんなにそしてクリーンに
8. 働きがいも経済成長も
9. 産業と技術革新の基盤をつくろう
10. 人や国の不平等をなくそう
11. 住み続けられるまちづくりを
12. つくる責任　つかう責任
13. 気候変動に具体的な対策を
14. 海の豊かさを守ろう
15. 陸の豊かさも守ろう
16. 平和と公正をすべての人に
17. パートナーシップで目標を実現しよう

「持続的」の意味は、2つある。1つ目は、環境を悪化させることなく、持続的に経済発展を実現しようという意味である。2つ目は、社会が安定するように、平等で貧困のない経済社会を建設しようというものである。たとえ平均所得が増大しても、所得の不平等化が進行し、かつ貧困問題が深刻化すれば、社会不安が起こり持続的な発展は不可能になるかもしれない。だからSDGsは、MDGsの基本姿勢を受け継ぎつつも、環境にもっと配慮しようという提唱をしていると解釈される。しかしながら、表8－2に示したようにSDGsの目標はあまりにも多岐にわたり、NDGsよりもはるかに表現が曖昧である。しかも、どのようにして貧困削減を実現するか、どのようにして地球環境を維持・改善するかという肝心な事柄については、国連は相変わらず無言を押し通している。

2　気候変動と被害の予測

やたらと暑い夏があったり、空梅雨で水不足が心配されたり、強い台風がたびたびやってきたり、ゲリラ豪雨が頻繁に起こったりして、どうも私たちのまわりの気候がおかしい。ヒマラヤの雪が減っている写真などを見ると、ぞっとせざるをえない。これは単に地球環境の循環的な変化で、長期的な気候変動ではないかもしれないが、専門家の間でも気候変動が着実に起こっているという意見がますます優勢になりつつある。

図8－1を見ていただきたい。これは世界の毎年の気温から、1981－2010年の30年間の世界の平均気温を差し引いた気温の変化を示している。年々の短期的な変動はあるが、どう見ても

図8－1　世界の気温の変化（1981－2010年の平均との差）

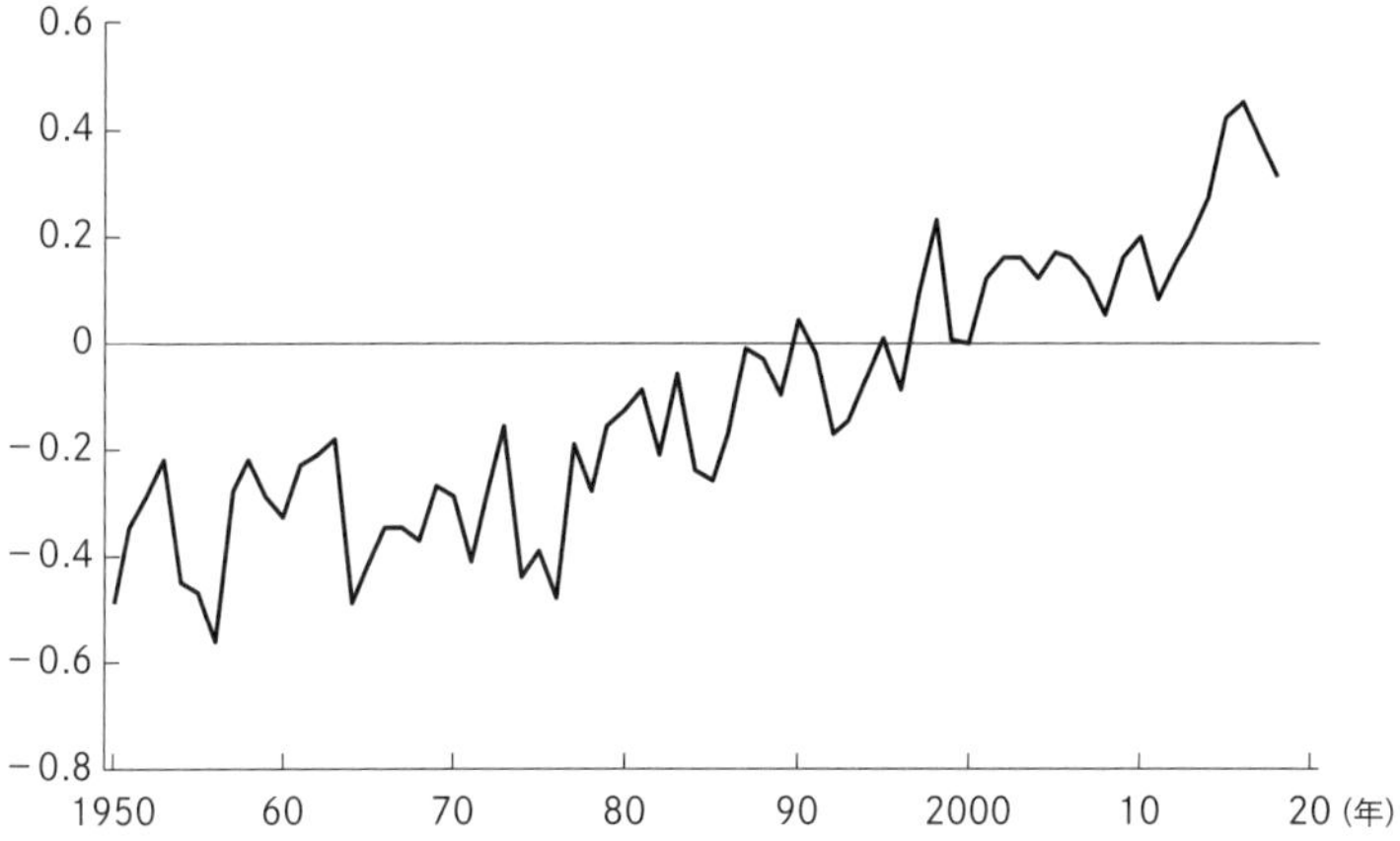

（出所）気象庁（https://www.data.jma.go.jp/cpdinfo/temp/list/an_wld.html）

１９７０年代の末ごろから世界の平均気温が着実に上昇している傾向が見える。ラフにいえば、この70年間で約０・７度から０・８度程度、気温が上昇しているようである。世界の気象・環境の研究者で構成されるＩＰＣＣ（気候変動に関する政府間パネル）は相当な確信を持って、人為的な活動によって世界全体の気候が変動しつつあると結論づけている。

人為的な活動の中で特に重要なのは、二酸化炭素の排出である。石炭や石油や天然ガスのような化石燃料を燃やすと、二酸化炭素が大気中に放出される。それが蓄積されて、温室効果ガスが地球を温室の中に包み込むような状態にしてしまう。その結果、温暖化をはじめとした気候変動が起こるのである。二酸化炭素の排出が、温室効果ガスの排出の75％以上を占めているが、メタンガスと代替フロンも温暖化を促す温室効果ガスである。[3]

メタンガスは、窒素肥料を使った水田から主に発

図8－2　気候変動の構造：温室効果ガス（GHGs）の排出と二酸化炭素の大気中での蓄積[a]

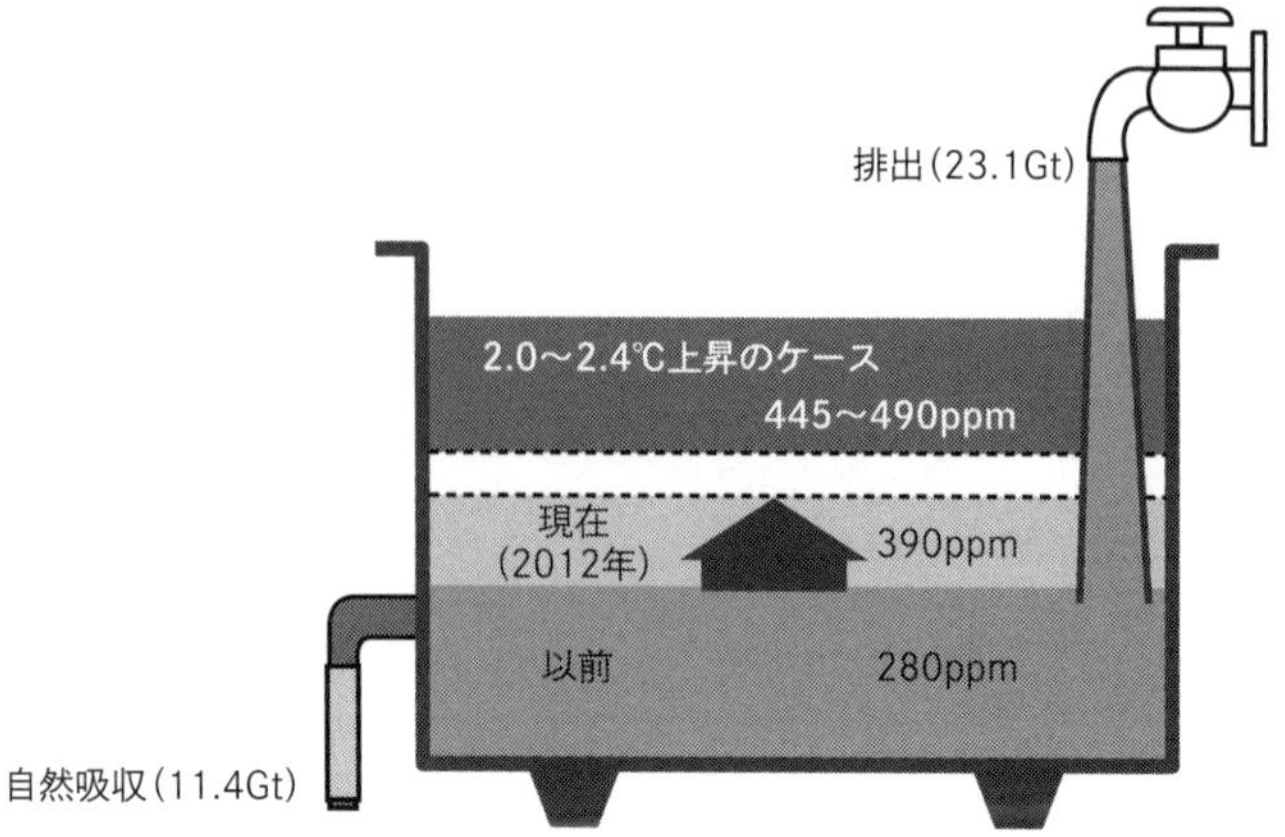

a Gt は二酸化炭素換算のギガトン
（出所）気候変動に関する政府間パネル『第４次評価報告書』（2007）のデータ等に基づいて作成

生する。

　気温が上がれば、南極の氷が解け、高い山の万年雪が解けて海面が上昇する。そうなれば、ゼロメートル地帯や海抜のほとんどない島々は水没してしまう。そうした地域に住んでいるのは、貧困な人々である。また、高潮や津波の被害も深刻になるであろう。さらに地球温暖化は、伝染病の蔓延や作物の病虫害の被害を拡大する。温帯の地域でも、気温が大きく上昇すればマラリアが発生するようになってもおかしくない。

　以前は地球温暖化という言葉が使われていたが、いまでは気候変動という言葉が使われるようになった。これは、単に気温が上昇するばかりでなく、異常気象が頻繁に起こるであろうことが予想されるからである。東アジアでは強い台風、南アジアでは台風より風雨が強いサイクロン、北米では大型のハリケー

表8－3　1986～2005年を基準とした21世紀末の世界平均地上気温の予測

シナリオ名称	温暖化対策	平均（℃）	「可能性が高い」予測幅（℃）
RCP 8.5	対策なし	＋3.7	＋2.6～＋4.8
RCP 6.0	小	＋2.2	＋1.4～＋3.1
RCP 4.5	中	＋1.8	＋1.1～＋2.6
RCP 2.6	最大	＋1.0	＋0.3～＋1.7

（出所）IPCC（気候変動に関する政府間パネル）第5次評価報告書（2014年）

ンにしばしば見舞われる危険がある。雨量の少ないアフリカでは、旱魃が頻発するかもしれない。だから、「地球温暖化」ではなく「気候変動」なのである。個人的には、単に「変動」ではなく「悪化」のほうが適切なように思えるが、シベリアやカナダの北部などの極寒の地域では、気温が上がって都合がいいという事情があるのかもしれない。

図8－2で風呂の湯量の比喩で示したように、CO_2に換算したGHGsの排出量は、地球が自然に吸収できる量を2倍ほど上回っている。[4] その差は11・7Gt（ギガトン）であり、これがGHGsのネットの増加分である。[5] だから、ppmで測った大気中の二酸化炭素の量は、お風呂の湯量が上がるように、確実に増加してしまうのである。2012年の時点ですでに390ppm強の水準にあり、このままではどう頑張っても、450ppmを超えることは避けがたいと考えられている。もしそうなれば、地球の2050年における平均気温は、いまより2度以上も高くなることが予想されている。

表8－3は、IPCCの第5次評価報告書の将来予測を示したものである。これによれば、GHGsの排出に何も制限を設けないというシナリオ（RCP8・5）では、今世紀末にはおよそ3・7度も気温が上昇する。それに対して、今世紀末までには排出をゼロにするシナリオ

（RCP2・6）では、気温上昇は1度に抑えられる。排出ゼロはきわめて厳しい数値であるが、達成不可能な数値ではないと考えられている。しかしながら、よほどの努力をしない限り、気温が2度程度上昇することは避けられないのが現実である。

途上国は、GHGsを排出したのは先進国であるから、先進国がGHGsの排出に責任を取るべきだと主張している。それは、たしかに理にかなった主張ではある（World Bank 2009）が、あとで示すように現在の途上国全体のGHGsの排出量は先進国とほぼ等しい。だから、途上国も排出削減に取り組まないと、半減の実現は不可能となる。もしここで差異のある責任を取るとして、例えば先進国は80％の削減、途上国は20％の削減をすると地球全体のGHGsの排出量は半減することになる。もし技術が一定であるとすれば、先進国はエネルギーの消費量を80％も削減しなければならなくなる。しかし欧州連合（EU）は、2050年までに温室効果ガスの排出をゼロにすることを目指すという。それには、画期的な省エネ技術の開発や再生可能エネルギーの利用効率の大幅な進歩を実現するという意志が感じられる。それがなければ、気候変動を阻止することはできない（Stern 2006; World Bank 2009）。

こうした気候変動の予想には、不確実な要素が多い。しかしながら、もし気候変動に関する予想が正しいとしたら、どれくらいの被害が想定されるのであろうか。イギリスの高名な経済学者であるStern（2006）は、もし人類がGHGs削減の努力を怠れば、1人当たり消費は20％程度切り詰めざるをえないだろうと推定している。これは、長期的に所得が20％落ち込むのと同じことである。国際食糧政策研究所（IFPRI）のNelson et al.（2010）の予測によれば、気候変動のために穀物の生

図8－3　気候変動と2050年の穀物価格の変化率の予測

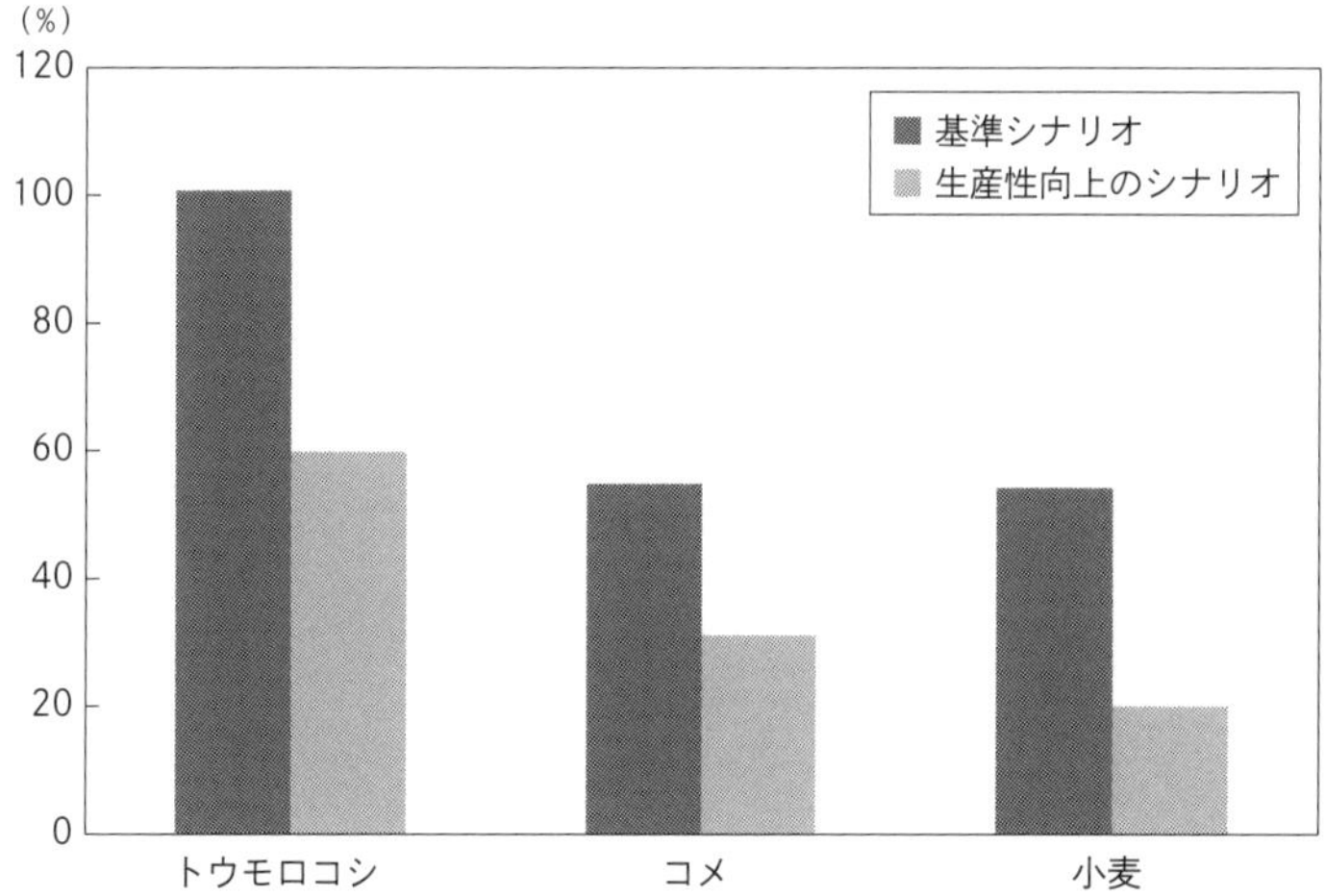

（出所）Nelson et al. (2010), p.56.

産が減少し、穀物価格が高騰する（図8－3）。ただし、もし穀物収量が2010年から2050年の間に、基準シナリオより40%上昇すれば（生産性向上のシナリオ）、穀物価格の増加率は半減する。それにしても穀物価格の予想増加率は高い。

また、食糧不足による栄養不足の子供たちの数は、気候が変動しない場合に比べて相当に増大することが予想されている。図8－4によれば、もし気候変動がなければ（左のグラフ）、そして世界の1人当たりGDPが年率約2・5%で順調に成長すれば（経済発展の基準シナリオ）、2050年までに栄養不足の子供の数は9%近く減少する。世界の1人当たり平均のGDPが約3・2%という楽観的な予想に従って成長すれば、栄養不足の子供の数は37%ほど減少するが、悲観的シナリオだと1人当たりGDPは年率約0・9%で成長し、栄養不足の

**図8－4　低所得国における気候変動と
2050年の栄養不足の子供の数の変化率の予測**

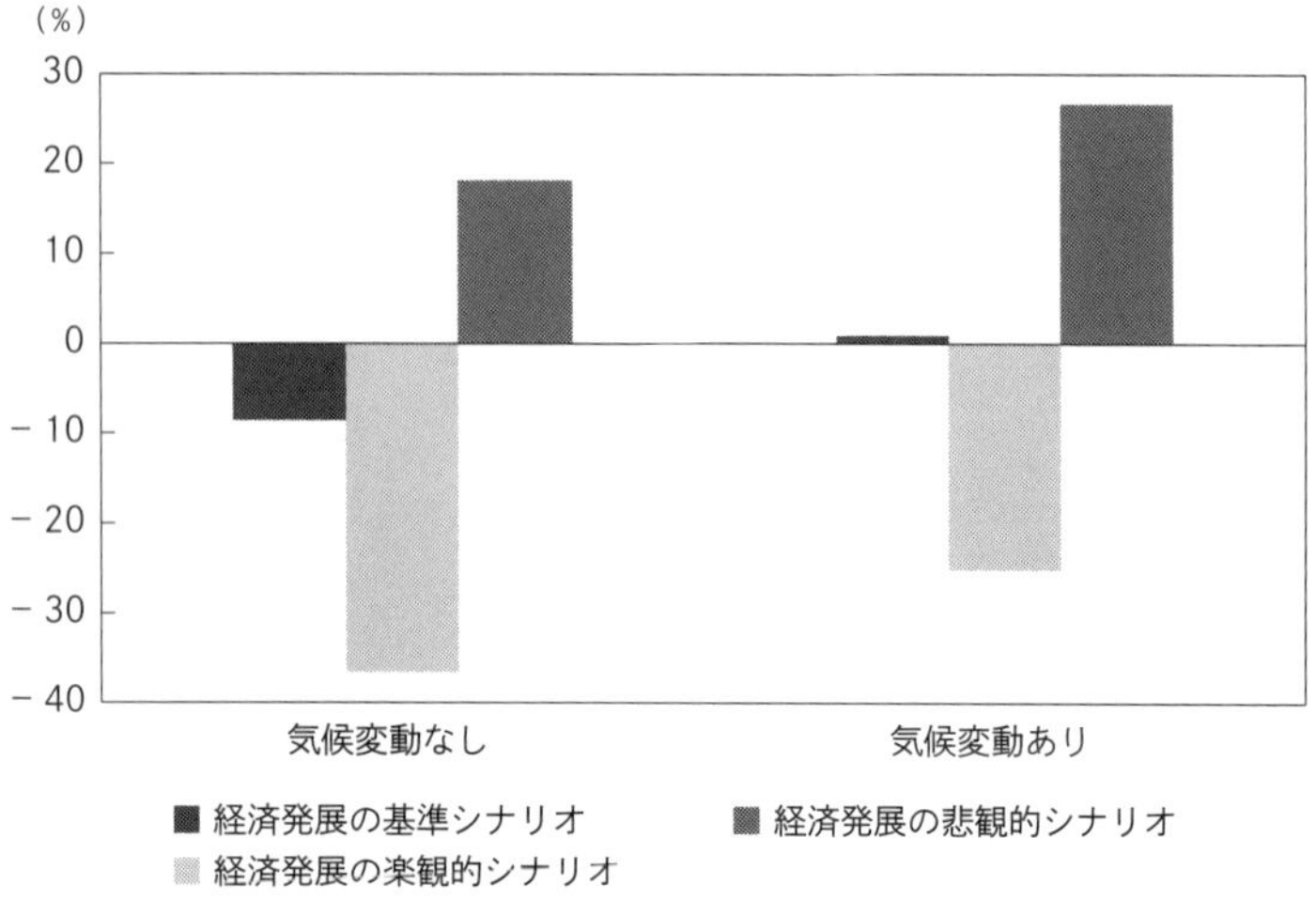

（出所）Nelson et al. (2010), p.47.

子供の数は18%増大するとしている。

気候変動ありの場合には（右のグラフ）、気候変動なしの場合に比べて、栄養不足の子供の数の減少幅は大きく減るか上昇幅が拡大することになる。特に、アフリカの子供たちの栄養不足は深刻化しそうである。こうした予想にどれだけの信憑性があるかは不明であるが、地球環境が大幅に悪化すれば、甚大な被害があることだけは確かであろう。また、それがどれくらいの規模になるかが不明なことが、かえって不気味さを感じさせる。

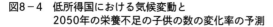

3 環境クズネッツカーブはあてにならない(6)

開発経済学の大御所の1人である Kuznets (1966) は、経済発展の初期段階では1人当たりの所得の増大とともに所得分配は悪化するが、ある程度以上の所得に達すると、所得分配は改善されると主張した。つまり、横軸に所得を取って縦軸に所得分配の不平等度を取ると、変化の軌跡は釣鐘型のような逆U字型になるというのである。これを証明する長期のデータはなかなか得られないが、この主張はおおむね正しそうだと考えられている(7)。

この逆U字型という考え方を環境問題に適応したのが、「環境クズネッツカーブ」である（図8－5を参照）。所得の低い段階で所得の増大とともに環境が悪化するが、それは貧しい人々が環境より物質的な満足を求めるためであり、また汚染物質の排出の多い化学産業やエネルギー多消費型の重工業が徐々に発展するからである。しかし所得がさらに高くなると、国民の環境に対する意識が高まり、石炭のような汚染物質をたくさん排出する燃料から、それよりはましな原油やさらによりクリーンな燃料である天然ガスに切り替わり、かつ産業構造が汚染の少ないサービス業にシフトしていくこともあって、汚染は減少する、というものである。この考え方が正しければ、経済が十分に発展すれば環境問題は解決するかもしれない。こういう期待を抱く自然科学系の環境の専門家が、少なからずいるようである。

環境クズネッツカーブの妥当性を検証するために、図8－6には、日本の17の地点で継続的に計測

図8－5　環境クズネッツカーブのイラスト

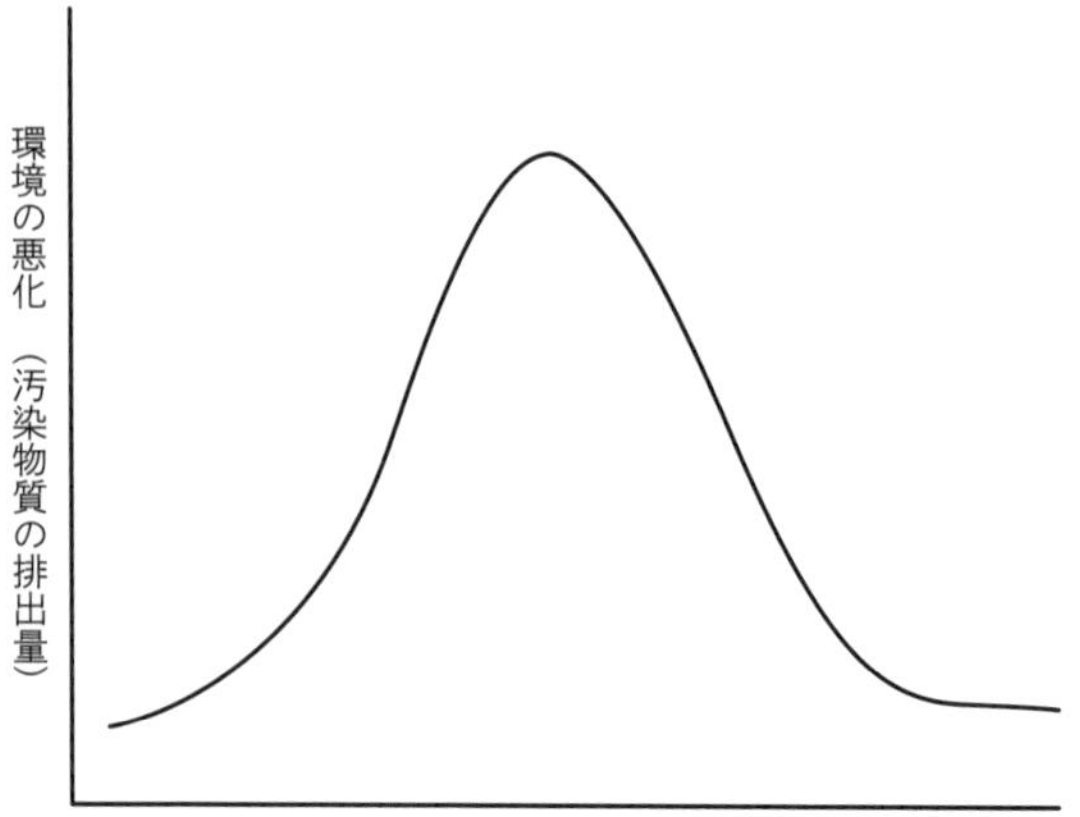

された硫黄酸化物の濃度の推移を示した。それによると、硫黄酸化物による汚染は、逆U字型の右側のような形を描いている。1965年以前のデータがないのは、行政が大気汚染をそれほど深刻に考えていなかったことによるものであろう。第二次世界大戦直後から1965年にかけてのころは、徐々に製造業が発展し、車の数も徐々に増えていったから、大気汚染は次第に深刻になっていたはずである。だからもしデータが得られれば、右上がりのカーブの部分が加わり、全体として逆U字型の変化が観察できたであろう。なお、図8－6の横軸は1人当たり所得ではなく、西暦の年であるが、所得に変えても傾向は同じであろう。こうした検討結果から、日本における硫黄酸化物の排出については、環境クズネッツカーブの議論が正しいことを裏付けている。なお多くの関連文献が、大気汚染や河川の汚染は逆U字型の変化をたどることを報告している。

ここで強調したいのは、いわゆる公害については環

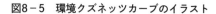

図8－6　日本の硫黄酸化物の汚染度の推移

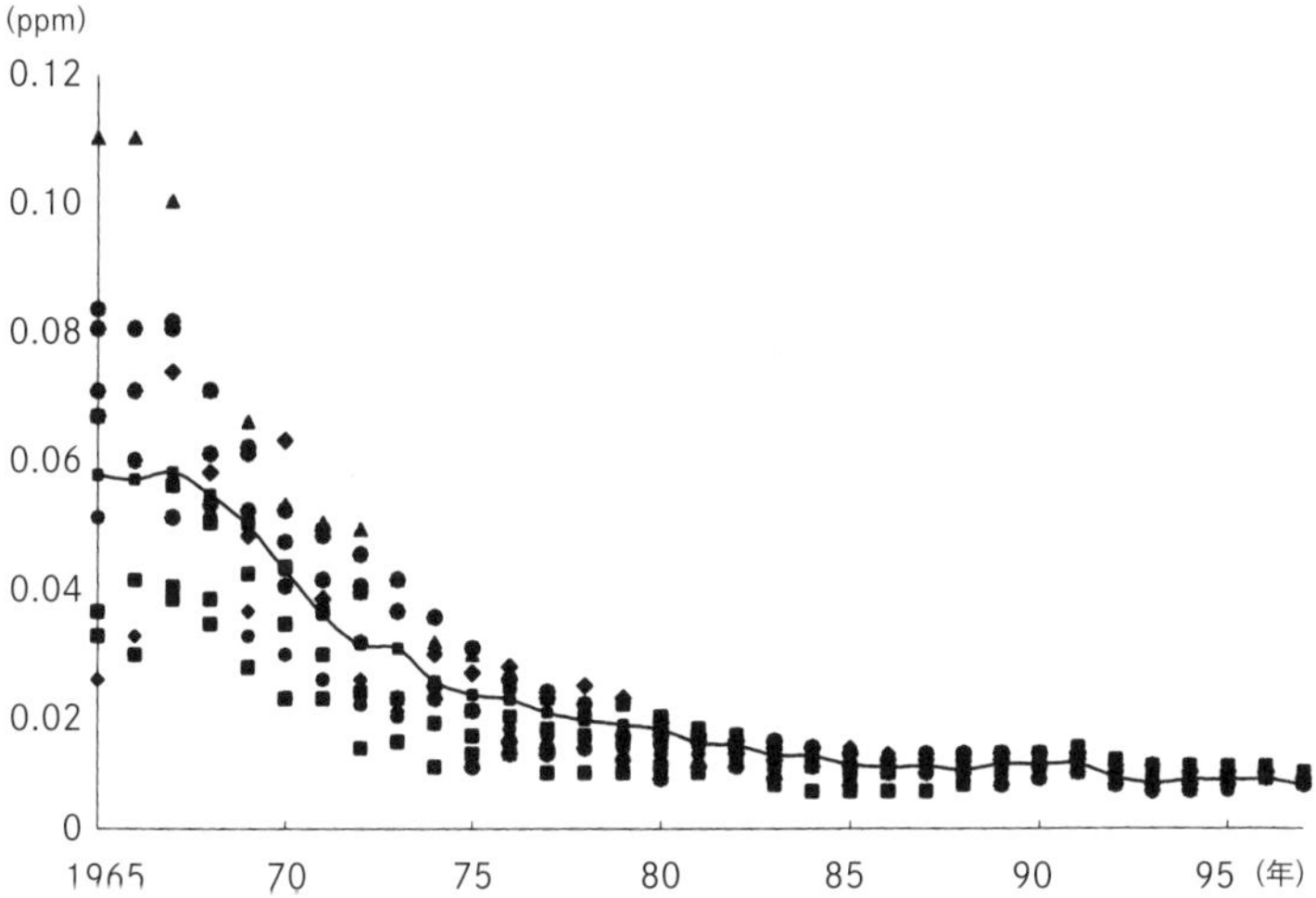

（出所）環境省『日本の大気汚染状況』（各年版）

境クズネッツカーブが成立するかもしれないが、地球規模の外部不経済であるＧＨＧｓの排出は別問題であるということである。硫黄酸化物や窒素酸化物が大気中に大量に放出されれば、近くにいる住民は被害を受ける。したがって、住民から苦情が出てそれを抑制しようとする政策につながる。しかし、二酸化炭素が大量に大気中に放出されても、われわれは被害をただちに体感することはない。だから、近くの工場で二酸化炭素が排出されても苦情は出ないのである。ここが、公害と気候変動の大きな違いである。そのため、国際的な合意がなければ、環境クズネッツカーブが想定するようにＧＨＧｓの排出が所得の増加とともに減少する保証はない。これについては、さらにＢＯＸ８－１で解説しよう。

　ここで、二酸化硫黄と二酸化炭素の排出の、日本と中国における相違と変化を表８－４を使

GHGsの排出が、将来の世代にとっての環境を悪化させてしまうという問題がある。将来の世代の声が届かないために、現在の世代は切実に排出削減に努力していない傾向がある。

グローバルな気候変動の解決は、世界中の国々の解決への意思と将来世代への思いやりがあってはじめて可能になる。利害を同じくする住民は団結しやすいが、気候変動については各国の利害が対立しており、合意を得るのは容易ではない。環境クズネッツカーブが示すように、経済の発展とともに温室効果ガスの排出量が減ると考え、途上国の経済発展を待望している人々は、失望する結果に終わるであろう。

気候変動の抑制に関する多国間の国際的な枠組みであるパリ協定では、世界の平均気温の上昇を産業革命以前と比較して2度未満、できれば1.5度未満に抑えることが目標になった。それを実現するためには、公害の抑制と同じように、自由な経済活動を規制し、「**強制的**」に汚染物質（つまり温室効果ガス）の排出を削減しなければならない。ところが2015年のパリ協定では、各国が自由に温暖化ガスの排出削減目標を決定することになっている。しかも驚いたことに、各国は目標達成の義務を負わない。各国が他国のことを考える利他主義者であればともかく、利己主義的である限り、これでは平均気温を2度以下に抑えることは到底できるわけがない。そもそも厳しい排出削減目標を「**強制的**」に課すことができないのは、各国が自国の利益を優先的に考えているからに他ならない。こうした中で、欧州連合（EU）が温室効果ガス排出を2050年には実質ゼロにするという目標を掲げたことは、大いに評価できる。

実際問題、あとで図8－9が示すように、温室効果ガスの排出は増加を続けており、まだ減少する気配がない。

BOX8－1　公害と気候変動は違う

水俣病、イタイイタイ病、四日市ぜんそく等、日本は経済発展の過程で多くの公害問題を発生させてしまった。私自身は子供のころ、昼間だというのに東京の都心の空が、排ガスのためにどす黒くなり、うす暗かったのを覚えている。1950年代後半のことである。「解決」という言葉を使うと、未だに肉体的あるいは精神的な苦痛に悩まされている方々には申し訳ないが、少なくとも水銀汚染や大気汚染、河川の汚染などは、大幅に減少してきた。これは、環境クズネッツカーブの教える通りのパターンである。

汚染はある程度まで進行するが、それ以降は回復していく。なぜかといえば、被害にあった人々が被害を訴えたからだ。その結果、行政も公害の抑止に動かざるをえなくなった。公害問題に疎い政治家は選挙で勝てなくなったに違いない。政治も住民の公害反対の声を聞かないわけにはいかなくなった。だから公害は、それが起こった地域の人々の意思によって解決可能であったと思う。大事なポイントは、公害の抑制のためには、政府が自由な経済活動を規制し、**「強制的」**に汚染物質の排出を削減させたことである。

しかし、気候変動は話が違う。いくら二酸化炭素が排出されても、近隣の住民は痛くもかゆくも苦しくもないのである。だから、近隣住民は抗議行動を起こさない。しかしその結果、大気中に温室効果ガスが堆積し、地球規模の気候変動が徐々に起こりはじめ、各地で被害が生まれるのである。

ローカルな外部不経済はローカルに対処できるが、グローバルな外部不経済はグローバルな協調なくしては解決できない。これが、ローカルな問題である公害とグローバルな問題である気候変動との根底的な違いである。それに加えて気候変動には、現在の世代の

って検討しよう。この表から、多くの重大な事実を見つけ出すことができる。第1は、最初の行に示した産業部門における二酸化硫黄の排出量が、2番目の行に示した産業のエネルギー消費量と必ずしも比例して変化していないことである。中国の場合には、エネルギー消費量は1990年から2010年の20年間で3倍以上に増えているのに、二酸化硫黄の排出量は5割強の増加しか見られない。しかも2016年にかけては、経済全体の二酸化硫黄排出量が2010年の産業の排出量を下回っている。日本の場合には、エネルギーの消費量が増加しているのに、二酸化硫黄の排出量は減少している。このことをより明瞭に確認するために、二酸化硫黄の排出量をエネルギー消費量で割って、二酸化硫黄の排出係数を求めた(e)。この数値が低いほど、エネルギー消費に比べて二酸化硫黄の排出が少ないことになる。これを見ると、日本のほうが中国より排出係数が大幅に小さい。これは脱硫装置によって二酸化硫黄の排出を抑えると同時に、よりクリーンな天然ガスのような燃料が多く使われたからであろう。日本においては、特に1975年以降の排出係数の下落幅が大きい。中国においても、2000年を過ぎたころから中国製の脱硫装置が急速に普及したといわれており、二酸化硫黄の排出係数は減少している。つまり、両国ともに二酸化硫黄の排出による大気汚染という公害に対しては、程度の差こそあれ、対策を講じていることがわかる。

(c)と(d)には、経済全体の二酸化炭素排出量とエネルギー消費量の変動を示した。その変化は、二酸化硫黄の場合と大きく異なる。中国では、両者とも急激に増大している。日本では2000年から2015年にかけて、二酸化炭素の排出もエネルギー消費もほとんど変化していない。つまり両者の間には、かなり比例的な関係がある。それを確認するために、二酸化炭素の排出係数を検討してみよ

表8－4　日本と中国における環境汚染物質の排出とエネルギー消費の比較

	中国				
	1980	1990	2000	2010	2016
(a) 産業部門二酸化硫黄排出量（百万トン）	n.a.[a]	14.90	16.20	18.60	11.03[b]
(b) 産業部門最終エネルギー消費量（石油換算百万トン）	n.a.[a]	283	418	1,009	n.a.[a]
(c) 経済全体の二酸化炭素排出量（二酸化炭素百万トン）	1,364	2,089	3,100	7,833	9,064
(d) 経済全体の最終エネルギー消費量（石油換算百万トン）	417	684	1,011	2,492	3,047
(e) 産業の二酸化硫黄排出係数 (a)÷(b)×100	n.a.[a]	5.27	3.88	1.84	n.a.[a]
(f) 経済の二酸化炭素排出係数 (c)÷(d)	3.27	3.05	3.07	3.14	2.97
	日本				
	1975/1980	1990	2000	2010	2016
(a) 産業部門二酸化硫黄排出量（百万トン）	2.34	0.62[d]	0.46[d]	0.32[d]	0.41
(b) 産業部門最終エネルギー消費量（石油換算百万トン）	134	184	181	176	149
(c) 経済全体の二酸化炭素排出量（二酸化炭素百万トン）	871[c]	1,042	1,136	1,127	1,146
(d) 経済全体の最終エネルギー消費量（石油換算百万トン）	359[c]	441	522	504	450
(e) 産業の二酸化硫黄排出係数 (a)÷(b)×100	1.75	0.34	0.25	0.18	0.28
(f) 経済の二酸化炭素排出係数 (c)÷(d)	2.43	2.36	2.18	2.24	2.55

a データなし　　b 経済全体の二酸化硫黄排出量　　c 1980 年のデータ
d 日本の二酸化硫黄排出量については、日本の 1990 年は 1989 年、2000 年は 1999 年、2010 年は 2011 年のデータである
（出所）環境省『大気汚染排出量総合調査』各年版、日本エネルギー経済研究所『EDMC エネルギー・経済統計要覧』2013 年版、中国国家統計局『統計年鑑』各年版
（c）は IEA 統計、（d）は BP 統計

図8－7　二酸化炭素と温室効果ガスの排出量と実質原油価格の変化

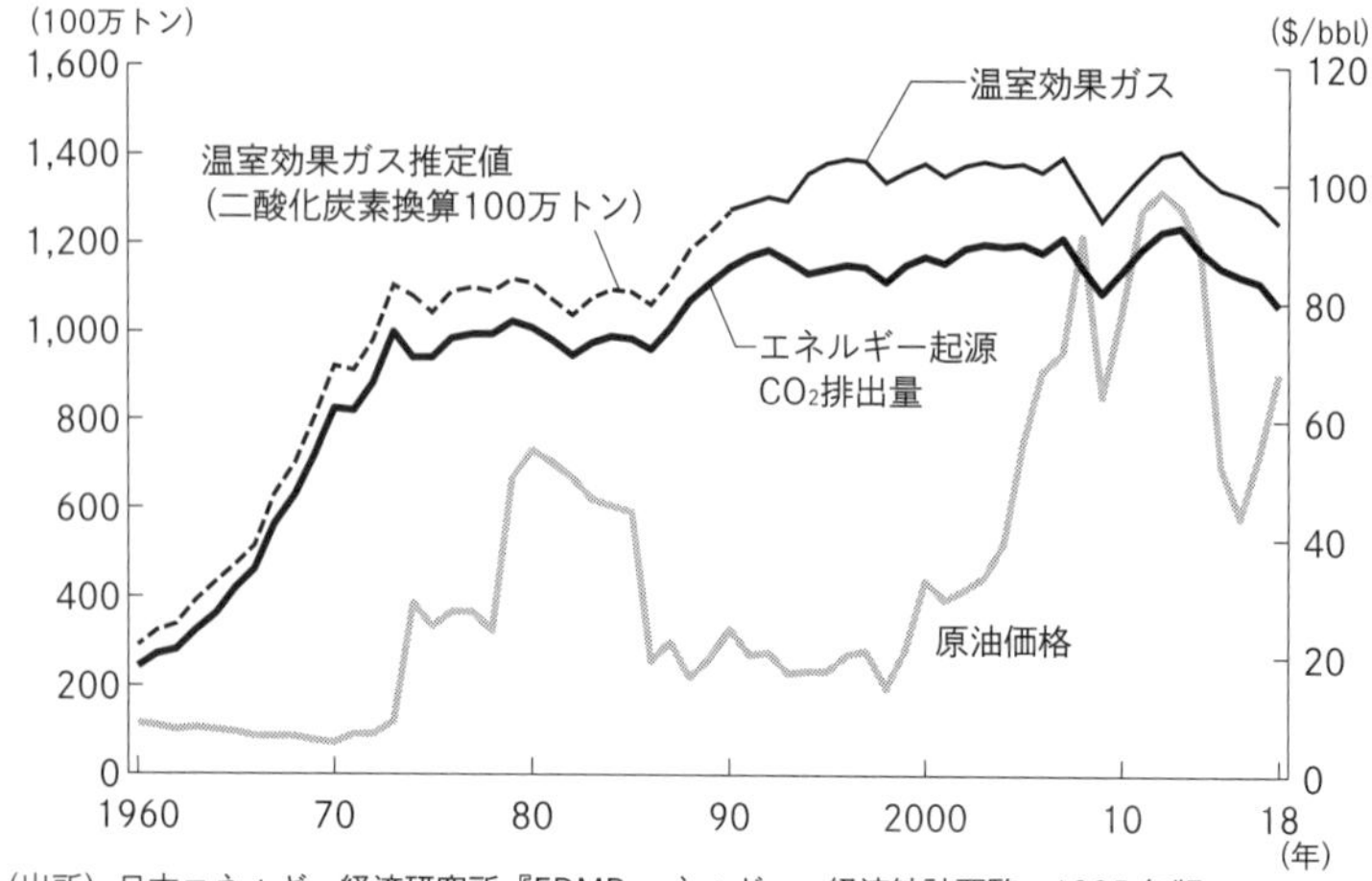

（出所）日本エネルギー経済研究所『EDMD エネルギー・経済統計要覧』1995 年版
世界銀行 World Development Indicators

う（f）。中国ではそれは、１９８０年から２０１６年まで微減している。日本でも、二酸化炭素の排出係数は１９７５年から２０１０年までほぼ一定であったが、２０１６年にはやや上昇している。これは東日本大震災のあとに、二酸化炭素を最も多く排出する石炭火力発電を増大させたからである。ということは、日本もエネルギーの使用効率をあげて、二酸化炭素の排出を削減しようとする努力は行われなかったことになる。中国の排出係数が日本のそれより高いが、それは中国が石炭に大きく依存しているからである。しかし、二酸化硫黄に比較すれば、二酸化炭素の排出係数の日中格差は少ない。これは、技術的に二酸化炭素の排出を削減することが難しいことを示唆している。

　残念ながら、環境クズネッツカーブが主張する逆U字型の関係は、二酸化炭素の排出には該当しそうもない。ここでの考察から得られた最も重要

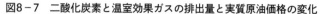

な知見は、強制的な排出抑制策を講じないかぎり、二酸化炭素の総排出量を大幅に削減することはできないということである。

興味深いことに、日本は戦後の経済発展の過程で、二酸化炭素の排出を継続的に増やしてきたわけではない。図8－7に示したように、高度成長期には温室効果ガスの約8割を占める二酸化炭素の排出量を急激に増やしたが、1970年代は停滞し、その後は微増を続けている。[8] その大きな原因は、原油価格の変化であると思われる。1970年代に2度のオイルショックで原油価格が上昇すると、経済全体が省エネに努め、二酸化炭素の排出が抑制された。ところが1980年代に原油価格が下落すると、再び二酸化炭素の排出量が増えてしまい、1990年以後は原油価格の上昇傾向と経済の停滞で再び二酸化炭素の排出が抑制されるようになった。なお日本ばかりでなく、多くの先進国で二酸化炭素の排出量が石油ショックのときに最低を記録している。

ということは何を意味するのであろうか。誘発的技術進歩論が主張するように、価格の上昇はその財の使用を減らすような努力を引き出すということである。日本の経験から判断すると、その数量的効果はきわめて大きいように思われる。これは、世界中のGHGsの削減を考えるうえで、貴重な情報である。つまり、エネルギー価格の上昇はエネルギーの節約を促す強い効果があるということだ。

4　気候変動の元凶

GHGsの排出の直接の原因は、具体的には何であろうか。少しデータは古いが、図8－8は

図8－8　温室効果ガスの発生源

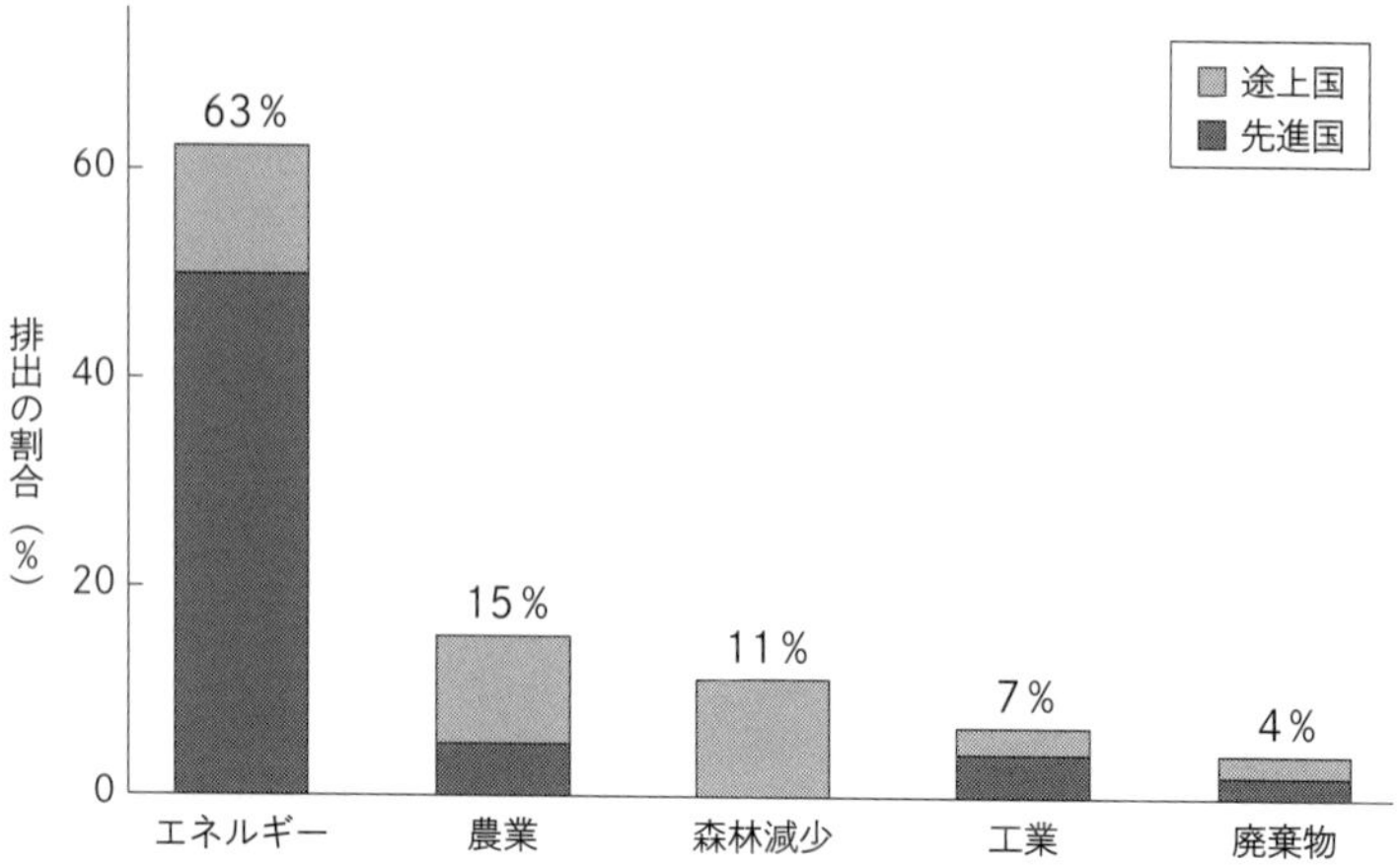

（出所）World Bank（2007)a

２００７年ごろのＧＨＧｓの発生源、ならびに途上国と先進国の排出量を示している[9]。発生源の中で圧倒的に重要なのは、化石燃料を用いたエネルギーの生産であり、それによるＧＨＧｓの排出が全体の63％を占めている。またその大半は、先進国での排出である。

意外なのは、農業からのＧＨＧｓの排出の多さである。特に、途上国でそれが目立っている。大きな理由は、水田からのメタンガスの発生である。窒素肥料を用いて、常に湛水状態で水稲を栽培するとメタンガスが放出される。その他には、工場でのフロン等の排出やゴミから放出されるＧＨＧｓもあるが、重要度はかなり低い。

３番目に大事なのは、森林伐採にともなう樹木の焼却と腐敗である。これはもっぱら途上国で起きており、ＧＨＧｓの11％を排出している。いまでこそ先進国では森林伐採によるＧＨＧｓの排出は少ないが、発展の過程では森林を破壊してＧＨＧｓを放出

図8－9　温室効果ガスの国別排出状況

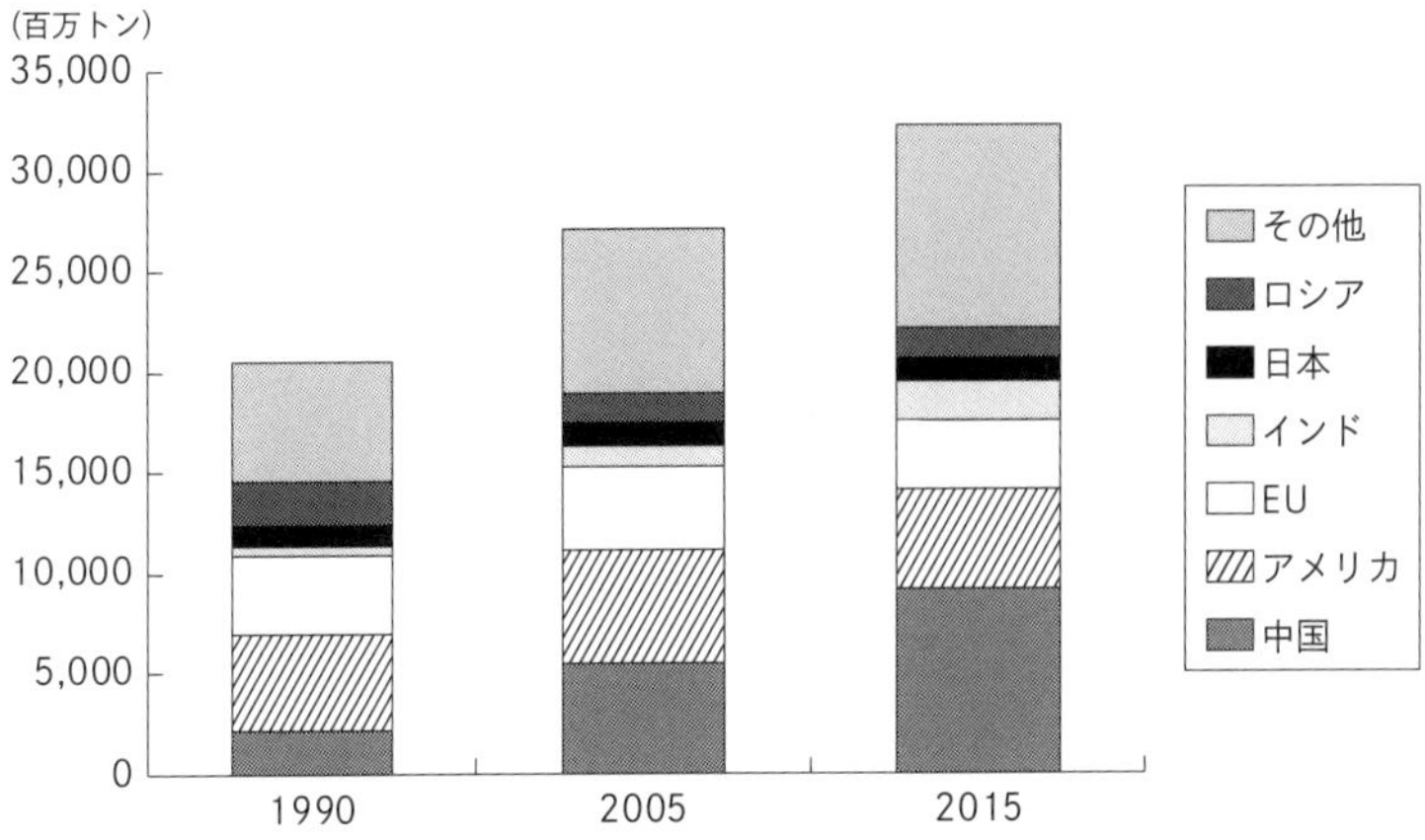

(出所) 国際エネルギー協会 CO_2 Emissions Statistics

したに違いない。なお樹木については、成長するときには二酸化酸素を植物体の中に吸収するが、燃えたり腐ったりすると、同量の二酸化炭素を大気中に排出する。だから、木を植えてそれを割り箸にして使えば、大気中の二酸化炭素の量は不変となり、完璧なリサイクリングといえる。また、アマゾンのような成熟した森では、樹木の質量は不変のため二酸化炭素を吸収していない。つまり、森林面積が増大して樹木の質量が増加するときには、二酸化炭素が吸収され、逆に森林伐採等の理由で樹木の質量が低下するときには、樹木から二酸化炭素が放出されるのである。だから、アマゾンの森があっても大気中の二酸化炭素は減らないが、この森を破壊すれば樹木の中に取り込んであった大量の二酸化炭素が大気中に放出されてしまうことになる。

ここで強調しなければならないのは、２００７年ごろの段階で途上国によるＧＨＧｓの排出が、すでに地球全体の40％近くに達していることである。歴史をさかのぼれば、先進国によるＧＨＧｓの排出が圧倒的に多かったと思われるが、現在では、途上国も大量のＧＨＧｓを排出しているというのが事実である。

その様子をさらに鮮明に示したのが、図８－９である。１９９０年から２０１５年にかけて、世界全体のＧＨＧｓの排出量は50％以上増大した。これは、大きな問題であるが、中でも中国や「その他」の国々（その多くは途上国）での排出量が大きく増大した。いまや中国は、アメリカを抜いて世界一のＧＨＧｓ排出国になっている。またこのグラフからは読み取りにくいが、途上国全体の排出量は50％を若干上回るようになった。だから、途上国を含む「すべての国」がＧＨＧｓの排出削減の努力をしなければ、世界全体のＧＨＧｓの排出の大幅な削減は実現できない状況になっている。

途上国によるＧＨＧｓの排出削減への努力がなければ、気候変動の阻止・緩和は絵に描いた餅になる。途上国も何らかの形でＧＨＧｓの削減に努力することで合意が得られているが、排出削減に積極的であるとはいえない。「差異のある責任」は尊重すべきだが、いまや途上国を含む世界中が必死の努力をしなければ、気候変動にストップをかけることは到底できないのが現実である。

5　途上国は積極的に世界の枠組みに参加を

これまで長い間途上国は、先進国がＧＨＧｓを排出して気候変動を引き起こしてしまったのだから、先進国だけがＧＨＧｓの排出を抑制すべきであると主張してきた。それはある程度は理にかなったことであり、先進国がより多くの責任を負う「差異のある削減」は当然だと思う。World Bank

（2009）によれば、人口が6分の1である先進国が、大気中に蓄積されているＧＨＧｓの3分の2を排出してきた。しかし、途上国もＧＨＧｓを削減すべきであるという先進国の提案に、途上国自身が消極的であることは大きな問題である。世界最大のＧＨＧｓ排出国である中国が、排出削減にコミットしようとしないことがまず問題である[(10)]。中国のリーダーシップの下で他の途上国も、排出削減にはできるだけコミットしないことで足並みをそろえてきた。また、2番目のＧＨＧｓの排出国であるアメリカは、先進国が平均でＧＨＧｓの排出を１９９０年から２０１０年までに5％削減しようという京都議定書の提案から脱退してしまったし、もっとはるかに大きな排出削減を目指す２０１５年のパリ協定からも離脱することになっている。アメリカと中国というＧＨＧｓ排出の2大国がその大幅な削減に消極的であるから、気候変動の緩和はたいした成果を上げることができないのも当然である。ただし最近になって、途上国の中でも海面上昇によって水没が心配されているような島嶼国で、ＧＨＧｓ排出削減に関して前向きの姿勢が出てきたのは、歓迎すべきことである。

気候変動の阻止のために、途上国がもっと積極的な行動を取るべきであるという理由はいくつかある。まず第1に、Stern（2006）が指摘するように、気候が悪化した場合に最も被害を受けるのは、最も貧困な国々であり最も貧困な人々である。温暖化の影響が深刻なのは、すでに気温の高い熱帯の途上国であって、先進国ではない。World Bank（2009）は、気候変動による被害の75－80％は途上国が受けることになるであろうと予測している。また温暖化にせよ異常気象にせよ、裕福な人々は空調設備や様々な防御策を講じて、被害から免れることができる。しかし、貧困な人々は気候変動の影響をもろにかぶってしまう。

京都議定書からの撤退であった。アメリカが温室効果ガスの排出を抑制することは、アメリカ国民に我慢を強いることになる。その見返りは、地球環境の改善によるアメリカ人の利益である。両者を天秤にかけて、ブッシュ大統領は不参加を表明したのだ。ここで忘れられていることは、アメリカが温室効果ガスの排出を抑制すると、アメリカ以外の「世界中の仲間」が利益を得るということである。

あの取調室の泥棒と同じように、ブッシュ大統領は、アメリカの決断による「世界中の仲間」への影響を無視してしまったのだ。

ブッシュ大統領ばかりではない。もっとひどいのはトランプ大統領である。「アメリカ第一主義」を掲げて、アメリカはパリ協定から離脱の手続きを始めている。もしトランプ大統領が真の愛国主義者であれば、パリ協定に積極的に参加し、アメリカを含む世界の利益に貢献すべきであった。

日本政府の対応も恥ずかしい限りである。東日本大震災のために、日本は原子力発電を活用できなくなったことにより、二酸化炭素の排出量の多い石炭を使った火力発電所を増やした。とはいえ、グローバルな環境への悪影響を無視して二酸化炭素を排出している行為は、論外である。それに加えて、途上国向けの石炭火力発電所の建設に融資まで行っているという。関係する大臣たちの発言を聞いていても、日本は自らの利益しか考えないあの「囚人」にそっくりである。

温室効果ガスの削減をめぐる国際交渉を見ていると、EU や海面上昇によって被害が予想される島嶼国を除いて、多くの国々が自国の利益ばかり考えているとしか思えない。しかしそれでは、温室効果ガスの排出削減もできないし、気候変動も回避できない。世界のリーダーたちが、自国の利益を超えて互いの利益を考えるようにならなければ、あの２人の泥棒と同じように、全員が不幸な目にあってしまう。

世界全体が協力すれば、気候変動を軽減することができ、その結果、世界全体の人々がより快適な生活を送れるようになるはずである。そういうグローバルな視点を、世界のリーダーたちに（あるいは世界中の人々に）持ってほしいと私は切に思う。

BOX8－2　典型的な囚人のジレンマ的状況

親しい2人の友人が、金に困って泥棒をすることにした。2人は泥棒に入る前に、証拠は絶対に残さないようにしよう、そしてたとえ警察に捕まったとしても絶対に黙秘して無罪を勝ち取ろうと固く約束した。泥棒のほうは首尾よくうまくいったのだが、あいにく挙動不審で2人とも警察に捕まってしまった。しかしながら、泥棒したことの証拠はない。だからもし2人が約束通り黙秘すれば、2人は無罪になるはずであった。

2人に対して、別々の部屋で取り調べがはじまった。取調官がいう。「君の仲間は、別室で取り調べを受けている。もし君が、泥棒したことを仲間より早く白状すれば、罪は軽くなる。しかし、君の仲間が君より先に白状したら、君の罪はきわめて重くなる」。この男は考えた。「もしあいつが先に白状したら、オレは重い罪に処せられる。しかし、もしあいつが白状せずにオレが先に白状したら、オレの罪は軽くなる。だったら、白状したほうが得だ」。

そして、この男は仲間との約束を破って泥棒したことを白状してしまった。彼の仲間も誘惑に勝てずに、やはりすぐに白状した。結果として2人とも、相当に重い刑罰を受ける囚人になってしまったのである。

泥棒に加担する気はないが、2人には証拠がないのであるから、黙秘権を行使すべきであった。そうすれば、2人とも無罪になったはずである。何で2人とも白状してしまったのか。それは、「白状すると仲間が迷惑する」という、仲間への悪影響を考えていないことに原因がある。

ブッシュ元アメリカ大統領の気候変動に関する考え方は、仲間（他の国々）の利害を無視した点でこの泥棒によく似ている。

彼はいった。「京都議定書に加わることによって温室効果ガスの排出を抑制することが、わが国にとって利益があるかどうかを考え、参加の是非を決定したい」。答えは自明である。それは、アメリカの

第2に、もし途上国がGHGsの削減にコミットしなければ、先進国のエネルギー消費型の産業は、途上国に進出してGHGsの排出を継続する可能性がある。それでは、先進国によるGHGsの削減は尻抜けになってしまう。おまけに、先進国の省エネによってエネルギーの国際価格は減少する傾向が生まれるから、放っておけば、途上国が安くなったエネルギーの消費を増やしてしまう可能性も高い。つまり先進国だけの努力では、地球全体のGHGsの排出削減に対して多くを期待することはできないのである。

第3は、現在は中国を含む途上国全体のGHGsの排出量が、世界のおよそ半分に達していることである。これはとりもなおさず、途上国も気候変動を悪化させている当事者なのである。この状態では、先進国だけがGHGsの削減に取り組んでいたのでは、GHGsの排出量の半減は達成不可能となる。つまり途上国の参加なくしては、気候変動の大幅な緩和はできなくなっているのである。途上国の責任はゼロではすまされない。

第4に、CDM（クリーンデベロップメントメカニズム）の活用という問題がある。CDMとは、先進国が途上国でのGHGsの排出を削減した場合に、その削減分が先進国のGHGsの削減としてカウントされるという制度である。途上国のエネルギーの使用効率は一般に悪いから、先進国からの技術移転によってそれを引き上げることは比較的容易である。これを積極的に活用して、先進国により大量にGHGsの排出削減をさせることは、気候変動の緩和にとって望ましい。しかし、最近の国際交渉では、途上国でのGHGs排出の削減の一部を途上国側の削減としてカウントすべきであるという主張がなされるようになって、議論が紛糾している。いずれにせよ、エネルギーの使用効率の向上は公害を減らす効果もあり、公害に苦しみはじめた途上国には福音である。[11]

第5に、途上国は、高温抵抗性、旱魃抵抗性、洪水抵抗性のある穀物品種の開発のような技術変化が必要になるであろうし、防波堤、ダム、堤防の建設のような気候変動対策のための新たなインフラ投資も必要になるであろう。[12] そのためには、途上国は先進国からの追加的援助を必要とするようになるはずである。「差異のある責任」は堅持するものの、途上国もＧＨＧｓ削減にコミットし、ＧＨＧｓの排出削減と気候変動による被害の削減の双方で、先進国と協力することがこれまで以上に重要になる。

にもかかわらず、ＧＨＧｓの排出削減を議論している国際会議（ＣＯＰ）の状況を見ていると、途上国ばかりでなくアメリカや日本や中国を含む各国が、自国の損得ばかりを前面に押し出しているように見える。その結果、議論は暗礁に乗り上げ、「囚人のジレンマ」に陥っているようだ（これについてはＢＯＸ８－２を参照）。気候変動の本質を理解し、世界全体が協調することの決定的な重要性を認識し、途上国を含めた世界全体が実行可能性のある大胆なＧＨＧｓ削減量を決定することがまず必要である。その決定に強くコミットしなければ、気候変動のために人類が莫大な損失をこうむることは不可避である。

パリで開かれた２０１５年12月の国連の気候変動枠組条約締結国会議（ＣＯＰ21）では、２０２０年以降の温室効果ガスの排出について、米中を含むすべての国が、「自主的な目標」を掲げる方向で合意した。しかし「自主的な目標」とは何だろうか。世界のリーダーの誰もが、自国の利益だけを考えて「自主的削減目標」を決めたのでは、どの国も囚人のジレンマに陥ることになるのは確実である。

6 むすびにかえて――「持続的」発展の設計図

本節では、本章のまとめとともに、本書全体のまとめをしてみることにする。そのために、図8−10を参照していただきたい。図の下のほうで、工業化戦略の成功が工業化・都市化をもたらすことと、農業発展戦略の成功が農業発展をもたらすことが示されている。その大きな目的は貧困削減であり、2つの四角いボックスから貧困削減に向かって矢印が引かれている。また、ここには示していないが、農業と工業の間は、人口移動や財・サービスの取引でつながっている。[13] 一言でいえば、第1章から第7章までは、この部分について説明を行ってきた。

ところが工業化や都市化は、ＧＨＧｓの放出を通じて地球環境に悪影響を与える。また農業の発展、特に水田農業の発展はＧＨＧｓの1つであるメタンガスの放出を通じて地球環境を悪化させる。あまり可能性は高くないが、食糧が十分に生産されるようになれば、砂糖キビやヤシ油等を植物燃料として使用し、環境への負荷を減らすこともできるかもしれない。[14]

他方、農業発展の失敗は、耕地拡大のための森林伐採等の自然環境の悪化をもたらす。特に非農業部門で仕事の見つからない貧困者は、森林を伐採して耕地を拡大する行動に出るであろう。森林伐採は、二酸化炭素の放出を通じて地球環境に悪影響を及ぼす。また貧困な人々は、現在の食べ物を確保するために、家畜を過剰に放牧するようになるかもしれない。これは、砂漠化の大きな原因となる。

気候変動は、海面の上昇や伝染病の蔓延等で人間の暮らしを直撃するとともに、気温の上昇と気象

図8－10　気候変動と貧困削減と開発戦略との関係

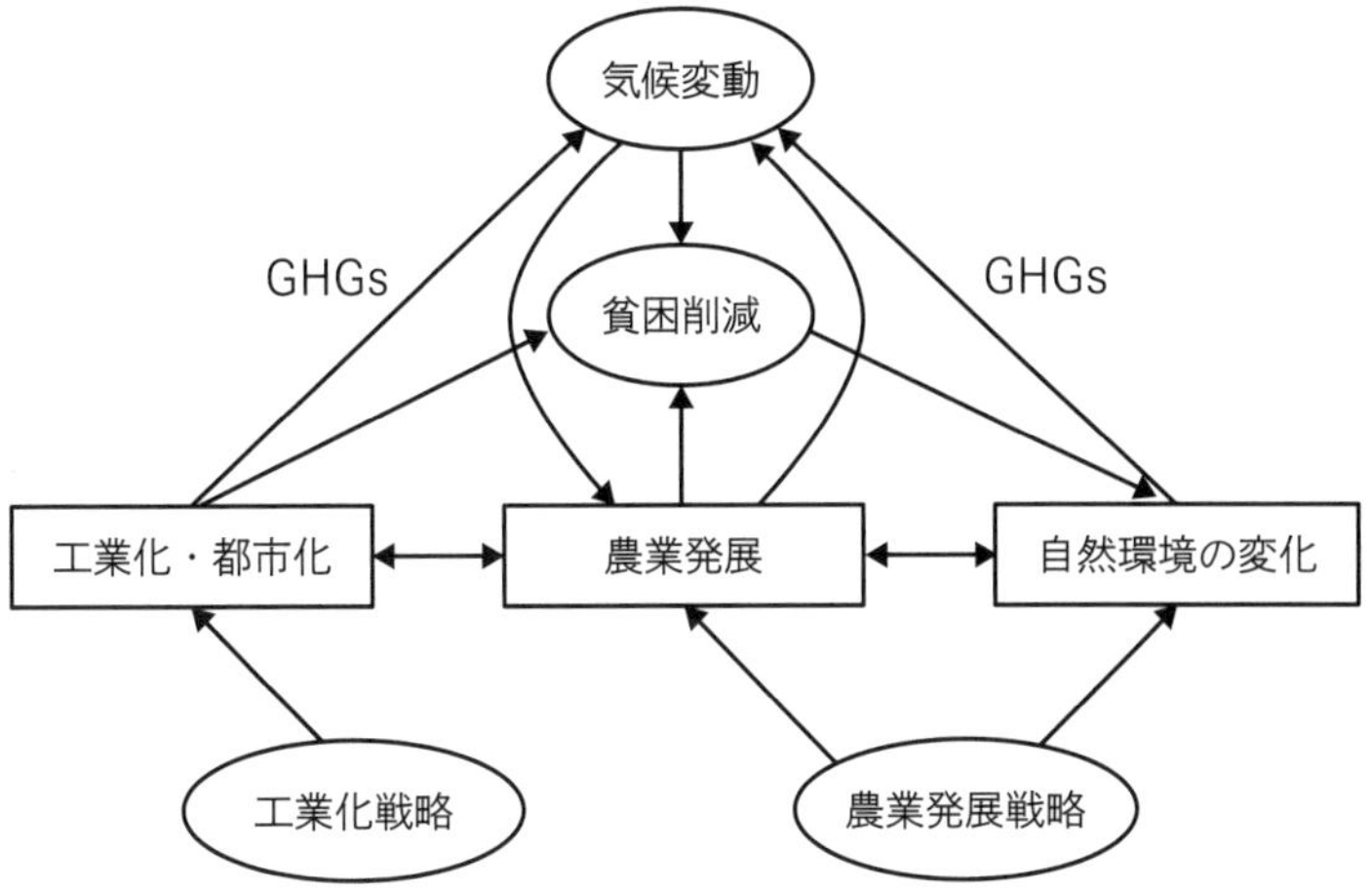

災害の増加によって農業生産にマイナスの効果をもたらす。これが、本章の簡単なまとめである。

図8－10には示さなかったのだが、ＧＨＧｓの排出削減自体が農業にマイナスの影響をもたらす可能性がある。排出を削減するには、化石燃料の使用量を減らさなければならない。これは、企業側から見るとエネルギー価格の上昇と基本的に同じことである。心配なのは、エネルギー価格が上昇すると、肥料の生産コストが上がって肥料価格自体も上がることである。そのために肥料投入が減って、農業生産が減少することになる。図8－11に示したように、２００８年に穀物価格が上昇したときには、原油価格が大きく上昇した。したがって、エネルギーの使用量の減少と肥料価格、そして穀物生産との関係は注視しなければならない問題である。おそらく、いまより効率的な肥料の使用方法を考える必要が生じるであろう。気候変動があるからといって、工業化と農業発展への努力を緩めるべきではない。それ

図8－11　近年の食糧価格と原油価格との関係

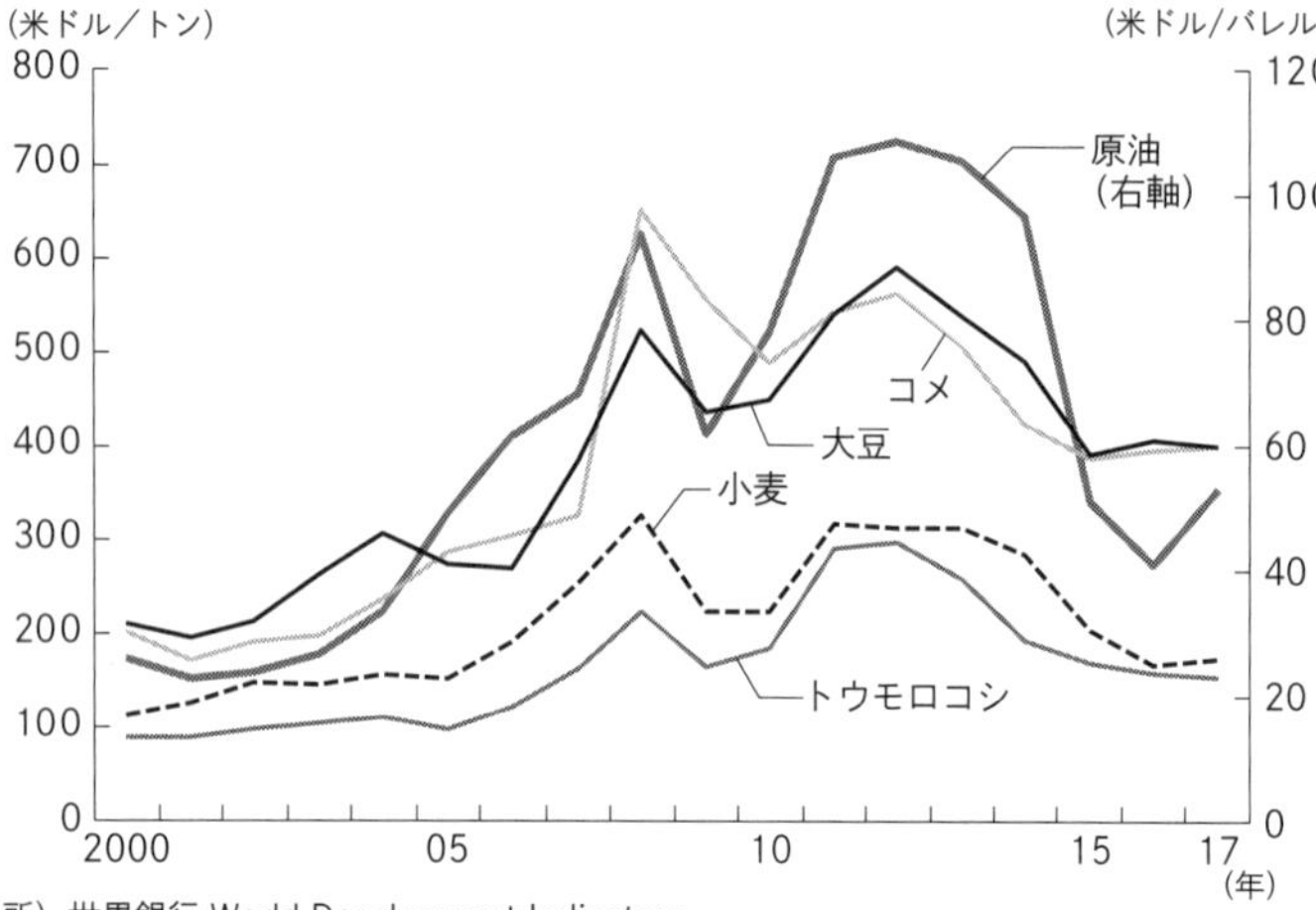

（出所）世界銀行 World Development Indicators

は、貧困削減のために強力に推進すべきである。特に、農業発展に失敗したり、貧困削減に失敗したりすれば、自然環境の悪化をも招いてしまう。

ＧＨＧｓの排出を削減するためには、まず第１に、工業化や都市化によって発生するＧＨＧｓの排出を抑制すべきである。そのためには、各国が使用している化石燃料の総量を人為的に制限する必要がある。それには、化石燃料を使って生産されるエネルギーの使用コストを吊り上げることが効果的である。炭素税でもよいし、化石燃料の総使用量の人為的削減でもよい。それによってガソリン、火力発電所から送られてくる電気、都市ガスの価格や料金を大幅に引き上げるのである。

エネルギーの使用コストが高くなれば、消費者や企業は省エネに努力するであろうし、省エネ型の器具や機械設備を購入するようになるであろう。日本が、オイルショックのときにエネルギーの消費を切り詰めて、二酸化炭素の排出を抑制したことは象徴的である。また長期的に、省エネ型の製品への需要が高まることを見越して、企業は省エネ技術の開発に努力するようになるであろう。それに対応して、大学や研究所も、省エネ技術の開発のために莫大な資源を投入するようになるであろう。また、再生可能な太陽光や風力等の自然エネルギーの利用効率の向上にも、大きな研究努力が向けられるに違いない。

このように「誘発的技術進歩」が経済の随所で起こるようにするためには、化石燃料に依存するエネルギーの使用コストを上げることが絶対条件である。これは、技術革新の「母」となるであろう（この点については、ＢＯＸ８－３を参照）。

しかしながら、化石燃料の使用の削減を先進国だけでやっていたのでは、不十分である。先進国が化石燃料の使用量を減らすと、国際的な化石燃料の価格は減少する。そのために、途上国の消費者や企業は、以前よりも化石燃料の消費を増やし、ＧＨＧｓの排出を増やしてしまうであろう。それだけではない。先進国のエネルギー消費型の産業は、生産基地を化石燃料の価格の安い途上国に移してしまうだろう。そうなれば、元も子もない。途上国は、気候変動の最大の被害者は自分たちであることを正確に認識し、こうした事態の発生を阻止しなければならない。そのためには、途上国はＧＨＧｓ排出削減の国際的な取り組みにいま以上に積極的に参加し、ＧＨＧｓの排出量の上限を定めて排出削減に努めなければならない。

第2に、農業については、水田からのメタンの排出が問題である。このメタンの放出は、水田にいつも水を張っているのではなく、水を入れたり抜いたりすることによって大幅に削減できることが知られている。それをいかにモニターし、飴（メタンを出さないと報酬を与える）と鞭（メタンを出すと罰金を課す）を使って、農民にメタン排出の削減を動機づけるかが重要な問題である。また、樹木が増えることは二酸化炭素を吸収することになるから、森林保護や植林には飴が、森林伐採には鞭が与えられるようなシステムができれば、地球の気候変動の阻止には大いに役立つ。しかしここでも、樹木の成長や伐採をモニターし、それに応じた賞罰を課すことが考えられなければならない。

グローバルな気候変動の問題は、グローバルな協力によってのみ解決可能である。「わが国がX Gtの GHGsの排出を削減したら、わが国にどのような損失と利益が発生するか」という発想では、GHGsの

い。また、研究開発によって、再生可能な自然エネルギーの利用効率も飛躍的に高まるようになるであろう。自然エネルギーの発電量は自然条件に左右されるが、吉野彰氏のノーベル賞受賞で脚光を浴びたリチウムイオン電池で蓄電できれば、利用効率が格段に高まる。エネルギー価格の高騰は、リチウムイオン電池の改良を含めて、うかがい知れないほどの「技術革新」の引き金になる。

「必要」は発明の母だが、その「必要」の背景のかなりの部分は、価格の上昇である。すでに検討したように、オイルショック時代の日本は、短期間のうちに大幅な省エネを実現した。

私が確信を持って思うには、技術的に温室効果ガスの排出を抑えようとするのであれば、エネルギー価格上昇が最も効果的な「良薬」である。技術開発によって人類の苦しみを長期的に和らげるためには、人類は短期的には苦しんだほうがいい。グローバルな気候変動を抑制するには、まず化石燃料の使用を制限するように、化石燃料を使用するコストを人為的に吊り上げることが最も効果的である。私は、発明の「母」の正体は価格の上昇であると信じて疑わない。

排出削減は実現不可能である。「わが国がX GtのGHGsの削減をすれば、他の国々はY GtのGHGsの削減をする。わが国がX Gtを削減し、世界全体で（X＋Y）Gtの削減が行われたときに、わが国にとって利益があるか」と考えるべきである。もしこれに従って、国際交渉でGHGsの排出削減を英断すれば、気候変動も緩和することが可能であろう。またもしそれができれば、科学技術の進歩が気候変動を解決または大幅に緩和してくれると考えられる。それは、貧困削減と地球環境の保護を同時に実現する唯一の方法である。われわれに残された選択肢は、おそらくそれしかない。

BOX8－3　「誰」が発明の母か？

人間は困ると頑張る。これは、本書で繰り返し言及している誘発的技術進歩論のエッセンスである。われわれは、エネルギー価格が上がれば困る。逆説的だが、エネルギー価格が上がらなければもっと困ることになると思う。

例えば、原油価格も電気料金も天然ガス・ガソリンの価格も３倍になったらどうだろう。われわれは本当に生活に困るが、これはビジネスチャンスでもある。冷暖房の費用を大幅に節約できる断熱材のメーカーは、血眼になって断熱材の改良に取り組むであろう。なぜならば、そうした断熱材に対する需要が大幅に増大するからである。自動車メーカーは、燃費の良いハイブリッドカー、電気自動車、燃料電池車の開発に必死に取り組むであろう。なぜならば、消費者がいままで以上にガソリンの節約につながる車を欲するからである。電機メーカーも、社運を賭して節電型の電気器具の開発を進めるであろう。それ以外にも、多くの民間企業や公的な研究機関が、省エネのための技術開発にしのぎを削ることになるに違いな

注

【第1章】

（1）この世界開発報告では、経済発展には8つの異なる類型があり、適切な開発戦略は基本的に異なるという議論がなされている。ただし若干ではあるが、類似性があることも指摘されている。

（2）これは、Otsuka, Ranis, and Saxonhouse（1988）として発表された。

（3）Hayami and Otsuka（1993）、David and Otsuka（1994）、大塚・劉・村上（1995）、Otsuka, Liu, and Murakami（1998）、大塚・黒崎（２００３）、園部・大塚（２００４）、Sonobe and Otsuka（2006）、Estudillo and Otsuka（2016）。

（4）Otsuka and Place（2001）、Quisumbing, Estudillo, and Otsuka（2004）、大塚・櫻井（2007）、Otsuka, Estudillo, and Sawada（2009）、大塚・白石（２０１０）、Sonobe and Otsuka（2011）、Holden, Otsuka, and Deininger（2013）、Otsuka and Shiraishi（2014）、Sonobe and Otsuka（2014）、Otsuka and Sugihara（2019）。

（5）Holden, Otsuka, and Place（2009）、Yamano, Otsuka, and Place（2011）、Otsuka and Larson（2013, 2016）、Otsuka, Jin, and Sonobe（2018）。

（6）大塚・浜田・東郷（２０１０）、Hamada, Otsuka, Ranis and Togo（2011）。

（7）例えば、年間所得が１００万円から３００万円に変化したとして、物価が50％上がったとしたら実質所得は１００万円から２００万円（３００／１・５）に変化したと考える。

（8）本書でどのような国のデータを示すべきかは、難問であった。あまり多くの国のデータを示したのでは表が大きすぎて理解しにくいが、かといってあまりにも少数の国のデータを示したのでは一般性に欠ける。またアフリカについては、過去のデータが得られない国々も多い。読者には、表に示した国の選択はある種の妥協の産物であると理解していただきたい。

（9）以前は「1日1ドル」が、貧困ラインとして使われていたが、最近は「1日1・25ドル」がより適切であると考えられている（Ravallion et al. 2009）。

（10）これは、Poverty Headcount Ratio と呼ばれる指標である。この他に、貧困者の数ばかりでなく貧困の深刻度を考慮した Poverty Gap Ratio とか Squared Poverty Gap Ratio という指標もある。

【第2章】

（1）その他の目標は、初等教育の完全普及、女性の地位の均等化、乳児死亡率の削減、母体の健康改善、エイズやマラリアへの対策強化、持続的環境の実現、発展へのグローバルパートナーシップの確立、である。

（2）これは目新しいファインディングではなく、広く知られた事実である。例えば、Chen and Ravallion（2010）参照。

（3）途上国では、家事手伝い（House Maid）の給料は驚くほど低い。

（4）これには、アフリカでのエイズの流行が関係しているかもしれない。

（5）1人っ子政策を採用してきた中国では、高齢化が深刻な問題になっている。その際に重要になるのは、生産年齢にある人口の生産性を上げることであり、それには効果的な発展戦略が必要である。

（6）以上の議論は、Otsuka（2007）に基づいている。なお戦後の日本で農地改革が成功を収めた大きな理由は、絶大な権力を持った占領軍の指揮の下で、徹底的な土地の移譲が行われたからである。

【第3章】

（1）なお本書では議論しないが、こうしたハードインフラ以外に、所有権を保護する法律制度、公正な市場取引を確保するための独占禁止法などのソフトインフラもある。

（2）経済学ではこれをパレート最適と呼ぶ。

（3）残念なことに、よく知られたレストランや一流のホテルやデパートが経営するレストランが、使っている食材を偽装していたことが2013年の秋に次々と発覚した。これは、自分たちが過去につくり上げた消費者からの信用を悪用した詐欺行為である。それはこうしたレストランの存在意義を否定するものであり、こうしたレストランは壊滅的打撃を受けるであろう。

（4）MDGsの目的の1つは、すべての子供に少なくとも初等教育を受けさせることであり、特にアフリカではそのための援助が活発に行われたといわれている。しかし就学率が高くなったために、1人の先生が指導する生徒の数が増え、教育の質は低下したことが指摘されている。

（5）『中国統計年鑑』によれば、1990年の1人当たりの「等級道路」の距離は0・65mである。等級道路はほぼ舗装道路に対応するものと思われるので、ここからも中国の道路建設が急速に進んだことがわかる。この点は、劉徳強教授にご指摘をいただいた。

（6）これについては、Momita, Matsumoto, and Otsuka（2019）で検討を加えた。

（7）情報の非対称性が強いために市場そのものが成立していないような場合（例えば作物保険）も、市場は失敗している。その場合にも、政府は市場の成立を助けるような政策（例えば法整備）を採用すべきである。

（8）この点についてはOtsuka（2019a）を参照されたい。

（9）RCTで選ばれなかった人々を見捨ててよいのか、という倫理的な問題もある。私自身は、プロジェクトに効果があることがわかったのなら、最初のRCTで選ばれなかった人々にもプロジェクトを適用するのが、研究者の果たすべき責任であると考えている。

（10）アフリカの稲作の生産性を上げるためには、改良種子と肥料を配布すればよいと考えている国際機関が多い。私は、改良種子と肥料に加えて、畔づくり、田んぼの均平化、直線に沿った田植えなどの栽培方法も重要であると考えている。これを証明するために、RCTを使って研究した。これについてはTakahashi, Mano, and Otsuka（2019）参照。

（11）道路などの公共的インフラも、利用する人をランダムに選べない。

（12）さらに詳しい議論については大塚（２０２０）を参照されたい。

【第４章】

（1）この節の議論は、Otsuka（2013）に基づく。
（2）ここでの議論は、Hayami and Otsuka（1993）に基づく。
（3）本節の議論は、Otsuka and Larson（2013, 2016）に大きく依存する。
（4）本節の議論は、David and Otsuka（1994）に基づく。
（5）日本では、１９７０年以降コメが過剰になり、生産増につながる収量増大型の技術開発は行われなくなった。このことは、日本から途上国への技術移転の可能性を大きく損なうことになった。
（6）この節の議論は、主にOtsuka and Larson（2013 2016）に基づく。
（7）詳しくは、Otsuka and Place（2014）やHolden and Otsuka（2014）を参照。
（8）詳しくは、Takahashi, Muraoka, and Otsuka（2020）を参照。

【第５章】

（1）図表は再生可能であることが鉄則である。今回の改訂にあたって、図５－１の再計算と最近年までのアップデートを試みたが実はできなかった。この図は、筆者が世界開発報告の執筆に参加したときに、世界銀行の優秀なアシスタントと苦労して作成したものである。読者には申し訳ないが、そのような事情で図５－１では２００９年以降の数値を示すことができなかった。
（2）Mahbubani（2013）は、日本の成功がなかったら、アジアの大半は、先進国の仲間入りを果たした国がまだ1つもないアフリカ、アラブ、中南米のようになっていただろう、と述べている。また中国には、日本の経済発展の成功がなければ中国の発展はなかったと考えている人は多い。
（3）このボックスは、大塚・浜田・東郷（２０１０）やHamada et al.（2011）を参考にしている。

【第6章】

（1）スペイン語読みはアシエンダだが、フィリピンではハシエンダと呼ばれている。

（2）この節の議論は、Hayami and Otsuka（1993）とOtsuka（2007）、Holden, Deininger, and Otsuka（2013）に基づいている。

（3）このボックスでの議論は、Holden, Otsuka, and Deininger（2013）とOtsuka and Place（2014）に基づいている。

（4）タイのパイナップルは缶詰向けが多く、品質に対する要求が少ないのに対して、フィリピンではより新鮮度と高品質が要求される青果が主体であり、生産と出荷のコーディネーションが重要であるために、プランテーションにメリットがあるのかもしれない。

（5）タンザニアでは、つぶれてしまった旧国営大農場の土地を、外国企業に売却している。

（6）ただし、外国企業が栽培方法を指導し、肥料や改良種子を前貸しする契約栽培が行われている場合がある。これは、市場の失敗を克服する効果的なやり方かもしれない。

（7）この節の議論は、Otsuka and Place（2001）や大塚（１９９９）、Takahashi and Otsuka（2016）に基づく。

（8）Kijima, Sakurai, and Otsuka（2000）が戦後の入会地の事例研究を展開している。

（9）それ以外にも、ナイジェリアはインフラ投資を怠ったとか、政情が不安定であったとかいう問題があった。

【第7章】

（1）しかしながら契約栽培には、農民が配布された肥料を他の目的に使ったり、契約していない商人に生産物を売ったり、商人が買い付けに来なかったりという問題がある（Otsuka, Nakano, and Takahashi 2016）。

（2）事実、コートジボワール等のいくつかのアフリカ諸国では、外国系企業と小農がコメの契約栽培をはじめている。しかしながら、少なくともコートジボワールのケースでは、企業側の農業に関する知識が不十分なためにコメの契約栽培は失敗に終わった。

（3）西アフリカの内陸部などは非常に乾燥していて、トウモロコシを栽培することもできず、ソルガムやミレットなどの、生産性は低いが乾燥に強い雑穀を生産せざるをえない。しかしながら、これらの雑穀の生産性はアジアでもきわめて低く、アフリカでその生産性を上げることは至難の業である。
（4）この節の議論は、Otsuka and Larson（2013, 2016）に負うところが大きい。
（5）アフリカでは水田のうちの約12％が、氾濫原と呼ばれる洪水多発地域である。こうした地域では、背の低い近代品種は不利であるし、畔もさほど重要ではない。こうした地域をどのように開発するかについてはまだ目処が立っていないが、最近ＩＲＲＩが開発した冠水に強い稲が有効か、あるいは上流にダムまたは貯水池を建設することが採算に合うか、検討する必要がある。
（6）表7－2や表7－3のデータはやや古いが、最近の研究でも同じ傾向が確認できる。これについては、Otsuka（2019b）を参照。
（7）この節の議論は、Sonobe and Otsuka（2006, 2011, 2014）や Otsuka, Jin, and Sonobe（2018）に依拠している。
（8）直接投資が行われれば、地元の企業はほぼ自動的に多くの進んだ技術や経営のノウハウを学ぶことができると考えている人は多い。しかし実際には、地元企業が外資から学ぶには相応の能力と努力が要求される。そのため、継続して研修を通じた人的資本への投資が重要である（Otsuka 2018）。

【第8章】

（1）ＭＤＧｓの合意の背後に、世界銀行や援助国の支持もあったので、国連だけを問題視するのは適切ではないかもしれない。
（2）しかしながら、多くの子供が小学校に行くようになったので、教育の質が落ち、読み書きのできない小学生が増えているといった教育の質の低下が問題になっている。
（3）それ以外の温室効果ガスとして、亜酸化窒素、ハイドロフルオロカーボン、パーフルオロカーボン類、六フッ化硫黄がある。
（4）この図の作成については、西岡修三慶應義塾大学名誉教授にお世話になった。なお地球が吸収していると思われたＧＨＧｓは、深海に貯まっているだけでやがて大きな被害をもたらすという見解もある。なおＧＨＧｓの排出量については、CO_2換算と炭素（Ｃ）換算の場合がある。前者は、後者の３・67倍である。

（５）２０１４年のＩＰＣＣの第５次報告によれば、実際のネットの排出量は16Gtに達しており、事態はより深刻になっている。

（６）本節の議論は、Yaguchi, Sonobe, and Otsuka（2007）に基づく。

（７）それには、貧しい農村の人々が徐々に都市に移動する等、いろいろな原因が考えられるがここでは立ち入らない。

（８）１９９０年以前については、温室効果ガスの排出量の公式統計はない。ここでは、日本エネルギー研究所の末広茂氏のご厚意で入手した排出量の推定値を示した。末広氏の議論は、「〝温室効果ガス排出、２０５０年に80％削減〟のマクロ的イメージ」（２０１４年）に掲載されている。

（９）残念ながら、最近のデータを使って図８－８を再生しようとしたが、途上国と先進国別のデータを入手することができなかった。しかし、最近の状況と大差はないと思われる。

（10）「コミット」とは、固く約束を守ることである。

（11）本章を執筆中にデリーと北京に出張することがあったが、両大都市とも、大気汚染がきわめて深刻であった。なおＣＤＭについては、ＧＨＧｓの排出削減の一部を、途上国の貢献としてカウントすべきであるという議論があり、結論が得られていない。

（12）稲の近代品種は早生であり、短期間に収穫できるので旱魃や洪水を回避しやすい。この点については、Tsusaka and Otsuka（2013）を参照。

（13）これまで議論してこなかったが、都市化や工業化は水に対する需要を高め、このことが農業での水の使用と競合するようになることも重要である。

（14）薪や炭を含む植物燃料の利用は、吸収した二酸化炭素と同量の二酸化炭素を放出するので、原理的には環境への影響はゼロであり、化石燃料を使わないですむという点では環境にプラスの影響がある。

(3): 445-70.

(和文)

大塚啓二郎（1999）『消えゆく森の再生学』講談社現代新書

大塚啓二郎（2010）「貧困問題と開発経済学」『経済セミナー』2・3月号

大塚啓二郎・黒崎卓（編）（2003）『教育と経済発展：途上国における貧困削減にむけて』東洋経済新報社

大塚啓二郎・櫻井武司（編）（2007）『貧困と経済発展：アジアの経験とアフリカの現状』東洋経済新報社

大塚啓二郎・白石隆（編）（2010）『国家と経済発展』東洋経済新報社

大塚啓二郎・浜田宏一・東郷賢（編）（2010）『模倣型経済の躍進と足ぶみ：日本戦後史の遺産と教訓』ナカニシヤ出版

大塚啓二郎・劉徳強・村上直樹（1995）『中国のミクロ経済改革：企業と市場の数量分析』日本経済新聞社

黒崎卓・大塚啓二郎（編）（2015）『これからの日本の国際協力』日本評論社

園部哲史・大塚啓二郎（2004）『産業発展のルーツと戦略：日中台の経験に学ぶ』知泉書館

Sonobe, T., and Otsuka, K. (2011), *Cluster-Based Industrial Development: A Comparative Study of Asia and Africa*. Hampshire, UK: Palgrave Macmillan.

Sonobe, Tetsushi, and Otsuka, Keijiro (2014), *Cluster-based Industrial Developments: Kaizen Management for MSE Growth in Developing Countries*, Hampshire, UK: Palgrave Macmillan.

Stern, N. (2006), *The Economics of Climate Change*. The Office of Climate Change, UK Government.（『気候変動の経済学』環境省、2007年）

Takahashi, Kazushi, Mano, Yukichi, and Otsuka, Keijiro (2019), "Learning from Experts and Peer Farmers about Rice Production: Experimental Evidence from Cote d'Ivoire." *World Development* 122: 157-69

Takahashi, Kazushi, Muraoka, Rie, and Otsuka, Keijiro (2020), "Technology Adoption, Impact, and extension in Developing Counties' Agriculture: A Review of the Recent Literature." *Agricultural Economics*, 51 (1): 31-45.

Takahashi, Ryo and Otsuka, Keijiro, (2016), "Determinants of Forest Degradation under Private and Common Property Regimes: The Case of Ethiopia." *Land Economics*, 92 (3): 450-67

Tsusaka, T., and Otsuka, K. (2013), "The Changing Effects of Agro-Climate on Cereal Crop Yields during the Green Revolution in India, 1972 to 2002." *Journal of Sustainable Development* 6 (4): 11-36.

World Bank (2007), *World Development Report 2008: Agriculture for Development*. Washington, DC: World Bank.

World Bank (2009), *World Development Report 2010: Development and Climate Change*. Washington, DC: World Bank.

World Bank (2012), *World Development Report 2013: Jobs*. Washington, DC: World Bank.

Yamano, T., Otsuka, K., and Place, F., eds. (2011), *Emerging Development of Agriculture in East Africa: Markets, Soil, and Innovations*. Amsterdam, Netherlands: Springer.

Yaguchi, Y., Sonobe, T., and Otsuka, K. (2007), "Beyond the Environmental Kuznets Curve: A Comparative Study of SO_2 and CO_2 Emissions between Japan and China." *Environment and Development Economics* 12

and Economics, edited by Justin Lin and Celestin Monga, Oxford: Oxford University Press.

Otsuka, K., Ranis, G., and Saxonhouse, G. (1988), *Comparative Technology Choice in Development: The Indian and Japanese Cotton Textile Industries*. London: Macmillan Press.

Otsuka, K., and Shiraishi, T., eds. (2014), *State Building and Development*. London, UK: Routledge, forthcoming.

Otsuka, Keijiro, and Sugihara, Kaoru, eds. (2019), *Paths to the Emerging State in Asia and Africa*. Dordrecht, Netherlands: Springer.

Otsuka, Keijiro, and Zhang, Xiaobo (2020). "Transformation of the Rural Economy." In *Agricultural Development: New Perspectives in a Changing World*, edited by Keijiro Otsuka and Shenggen Fan. Washington, DC: International Food Policy Research Institute, mimeo.

Quisumbing, A. R., Estudillo, J. P., and Otsuka, K. (2004), *Land and Schooling: Transferring Wealth across Generations*. Baltimore: Johns Hopkins University Press.

Ravallion, M. (2012), "Fighting Poverty one Experiment at a Time: A Review of Abhijit Banerjee and Esther Duflo. *Poor Economics: A Radical Rethinking of the Way to Fight Global Poverty*." *Journal of Economics Literature* 50 (1): 103-14.

Ravallion, M., Chen, S., and Sanguraula, P. (2009), "Dollar a Day Revisited." *World Bank Economic Review* 23 (2): 163-84.

Rosenzweig, M. (2012), "Thinking Small: A Review of Poor Economics: A Radical Rethinking of the Way to Fight Global Poverty by Abhijit Banerjee and Esther Duflio." *Journal of Economics Literature* 50 (1): 115-27.

Sachs, J. (2005) *The End of Poverty*. New York: Penguin Press.（鈴木主税・野中邦子訳『貧困の終焉』早川書房、2006年）

Schultz, T. W. (1964), *Transforming Traditional Agriculture*. New Haven, CT: Yale University Press.

Sonobe, T., and Otsuka, K. (2006), *Cluster-Based Industrial Development: An East Asian Model*. Hampshire, UK: Palgrave Macmillan.

Policy." In *Applying the* Kaizen *in Africa: A New Avenue for Industrial Development*, edited by Keijiro Otsuka, Kimiaki, Jin, and Tetsushi Sonobe, New York, NY: Palgrave Macmillan.

Otsuka, Keijiro (2019a), "Technology Transfer and Agricultural Development: A Comparative Study of Asia and Africa." In *Paths to the Emerging State in Asia and Africa*, edited by Keijiro Otsuka and Kaoru Sugihara, Dordrecht, Netherlands: Springer.

Otsuka, Keijiro (2019b), "Evidence-Based Strategy for a Rice Green Revolution in Sub-Saharan Africa." JICA Research Institute, Policy Note No. 5.

Otsuka, K., Estudillo, J. P., and Sawada, Y., eds. (2009), *Rural Poverty and Income Dynamics in Asia and Africa*. London: Routledge.

Otsuka, Keijiro, and Fan, Shenggen, eds. (2020), *Agricultural Development: New Perspectives in a Changing World*. Washington, DC: International Food Policy Research Institute, mimeo.

Otsuka, Keijiro, Jin, Kimiaki, and Sonobe, Tetsushi, eds. (2018), *Applying the* Kaizen *in Africa: A New Avenue for Industrial Development*. New York, NY: Palgrave Macmillan.

Otsuka, K., and Larson, D., eds. (2013), *An African Green Revolution: Finding Ways to Boost Productivity on Small Farms*. Dordrecht: Springer.

Otsuka, Keijiro, and Larson, D.F., eds. (2016), *In Pursuit of an African Green Revolution: Views from Rice and Maize Farmers' Fields*. Dordrecht, Netherlands: Springer, 2016.

Otsuka, K., Liu, D., and Murakami, N. (1998), *Industrial Reform in China: Past Performance and Future Prospects*. Oxford: Clarendon Press.

Otsuka, Keijiro, Nakano, Yuko, and Takahashi, Kazushi (2016), "Contract Farming in Developed and Developing Countries." *Annual Review of Resource Economics* 8: 353-76.

Otsuka, K., and Place, F., eds. (2001), *Land Tenure and Natural Resource Management: A Comparative Study of Agrarian Communities in Asia and Africa*. Baltimore, MD: Johns Hopkins University Press.

Otsuka, K., and Place, F. (2014), "Evolutionary Changes in Land Tenure and Agricultural Intensification in Sub-Saharan Africa," In *Handbook of Africa*

Kijima, Y., Ito, N., and Otsuka, K. (2012), "Assessing the Impact of Training on Lowland Rice Productivity in an African Setting: Evidence from Uganda." *World Development* 40 (8): 1619-33.

Kijima, Yoko, Sakurai, Takeshi, and Otsuka, Keijiro (2000), "*Iriaichi*: Collective vs. Individualized Management of Community Forests in Post-War Japan." *Economic Development and Cultural Change* 48 (4): 867-86.

Kuznets, S. (1966), *Modern Economic Growth: Rate, Structure, and Spread.* New Haven and London: Yale University Press.（塩野谷祐一訳『近代経済成長の分析』東洋経済新報社、1968年）

Lewis, A.W. (1954), "Economic Development with Unlimited Supplies of Labor." *Manchester School of Economic and Social Studies* 22 (2): 139-91.

Maddison (2010), *Maddison Project Database.* (http://www.ggdc.net/maddison/maddison-project/data.htm)

Mahbubani, K. (2013), *The Great Convergence: Asia, the West, and the Logic of One World.* New York: Public Affairs.

Momita, Yasuyuki, Matsumoto, Tomoya, and Otsuka, Keijiro (2019), "Has ODA Contributed to Growth? An Assessment of the Impact of Japanese ODA." *Japan and the World Economy*, 49(C): 161-75.

Mottaleb, K. A., and Sonobe, T. (2011), "An Inquiry into the Rapid Growth of the Garment Industry in Bangladesh." *Economic Development and Cultural Change* 60 (1): 67-89.

Nelson, G.C., Rosegrant, M.W., Palazzo, A., Gray, I., Ingersoll, C., Robertson, R., Tokgoz, S., Zhu, T., Sulser, T.B., Ringler, C., Msangi, S., and You, L. (2010), *Food Security, Farming, and Climate Change to 2050.* Washington, DC: International Food Policy Research Institute.

Otsuka, Keijiro (2007), "Efficiency and Equity Effects of Land Markets." In *Handbook of Agricultural Economics, Volume III*, edited by Robert E. Evenson and Prabhu Pingali, Amsterdam: Elsevier.

Otsuka, Keijiro (2013), "Food Insecurity, Income Inequality, and the Changing Comparative Advantage in World Agriculture." *Agricultural Economics,* 44 (51): 7-18.

Otsuka, Keijiro (2018), "*Kaizen* as a Key Ingredient of Industrial Development

workshop, March 8th.

Hamada, K., Otsuka, K., Ranis, G., and Togo, K., eds. (2011), *Miraculous Growth and Stagnation: Lessons from the Experience of Postwar Japanese Economic Development*. London: Routledge.

Harris, J.R., and Todaro, M.P. (1970), "Migration, Employment and Development: A Two-Sector Analysis." *American Economic Review* 60 (1): 126-42.

Hashino, Tomoko (2012), "Institutionalising Technical Education : The Case of Weaving Districts in Meiji Japan." *Australian Economic History Review* 52 (1): 25-42.

Hashino, Tomoko and Otsuka, Keijiro , eds. (2016), *Industrial Districts in History and the Developing World*. Dordrecht, Netherlands: Springer.

Haughton, J., and Khandker, S. (2009), *Handbook on Poverty and Inequality*. Washington, DC: World Bank.

Hayami, Y. (2001), "Ecology, History and Development: A Perspective from Rural Southeast Asia." *World Bank Research Observer* 16 (2): 169-98.

Hayami, Y., and Godo, Y. (2005), *Development Economics*. New York, NY: Oxford University Press.

Hayami, Y., and Otsuka, K. (1993), *The Economics of Contract Choice: An Agrarian Perspective*. Oxford: Clarendon Press.

Hirschman, A. O. (1958), *The Strategy of Economic Development*. New Haven, CT: Yale University Press.（麻田四郎訳『経済発展の戦略』巌松堂出版、1961年）

Holden, S. T., Otsuka, K., and Deininger, K., eds. (2013), *Land Tenure Reforms in Asia and Africa: Assessing Impacts on Poverty and Natural Resource Management*, Hampshire, UK: Palgrave Macmillan.

Holden, S.T., and Otsuka, Keijiro (2014), "The Role of Land Tenure Reforms and Land Markets in the Context of Population Growth and Land Use Intensification in Africa." *Food Policy*, 48 (1): 88-97.

Holden, S. T., Otsuka, K., and Place, F., eds. (2009), *The Emergence of Land Markets in Africa: Assessing the Impacts on Poverty, Equity, and Efficiency*. Baltimore, MD: Resources for the Future.

参考文献

(英文)

Banerjee, A.V., and Duflo, E. (2011), *Poor Economics*. Public Affairs.（山形浩生訳『貧乏人の経済学』みすず書房、2012年）

Becker, G. S. (1964), *Human Capital*. New York and London: Columbia University Press.

Bosworth, B.P., and Collins, S.M. (2003), "The Empirics of Growth: An Update."*Brookings Papers on Economic Activity* 34 (2): 113-206.

Chen, S., and Ravallion, M. (2010), "The Developing World Is Poorer Than We Thought, but No Less Successful in the Fight against Poverty." *Quarterly Journal of Economics* 125 (4): 1577-625.

David, C.C., and Otsuka, K., eds. (1994), *Modern Rice Technology and Income Distribution in Asia*. Boulder: Lynne Rienner.

Deaton, A. (2009), "Instruments of Development: Randomization in the Tropics, and the Search for the Elusive Keys to Economic Development," NBER Working Paper No. 14690.

deGraft-Johnson, M., Suzuki, A., Sakurai, T., and Otsuka, K. (2014) "On the Transferability of the Asian Rice Green Revolution to Rainfed Areas in Sub-Saharan Africa: An Assessment of Technology Intervention in Northern Ghana." *Agricultural Economics*. 45 (5): 555-70.

Easterly, W. (2006), *The White Man's Burden*. New York: The Penguin Press.（小浜裕久・織井啓介・冨田陽子訳『傲慢な援助』東洋経済新報社、2009年）

Estudillo, J.P., and Otsuka, Keijiro (2016), *Moving out of Poverty: An Inquiry into Inclusive Growth in Asia*, London, UK: Routledge.

Godo, Y. (2011), "Estimation of Average Years of Schooling for Japan, Korea and the United States." PRIMCED Discussion Paper Series, No.9, Hitotsubashi University.

Godo, Y. (2013), "The Role of Education in the Economic Catch-Up in East Asia." Paper presented at the PRIMCED international research

【著者紹介】
大塚 啓二郎（おおつか・けいじろう）
神戸大学特命教授・ジェトロ・アジア経済研究所上席主任調査研究員
1948 年生まれ。71 年北海道大学農学部農業経済学科卒業、74 年東京都立大学大学院修士課程修了、79 年シカゴ大学大学院博士課程修了、同年イェール大学ポストドクトラルフェロー、91 年東京都立大学教授、2001 年政策研究大学院大学教授、2016 年から現職。この間、国際稲研究所理事長、国際農業経済学会会長、世界銀行『世界開発報告 2013』編集委員、開発経済学会会長を歴任。2010 年紫綬褒章、18 年日本学士院会員。国際、アメリカ、アフリカの各農業経済学会名誉会員
主な著書に『消えゆく森の再生学』（講談社現代新書）『中国のミクロ経済改革』（共著、日本経済新聞社、日経・経済図書文化賞受賞）『産業発展のルーツと戦略』（共著、知泉書館、日経・経済図書文化賞受賞）『教育と経済発展』（共編著、東洋経済新報社、NIRA 大来政策研究賞受賞）『貧困と経済発展』（共編著、東洋経済新報社）『国家と経済発展』（共編著、東洋経済新報社）『これからの日本の国際協力』（共編著、日本評論社）などがある。

なぜ貧しい国はなくならないのか

2014年 3 月19日　1 版 1 刷
2020年 3 月10日　2 版 1 刷
2024年 5 月16日　　　3 刷

著　者　大塚啓二郎
©Keijiro Otsuka, 2014

発行者　中川ヒロミ

発　行　株式会社日経BP
日本経済新聞出版

発　売　株式会社日経BPマーケティング
〒105－8308　東京都港区虎ノ門4－3－12

印刷・製本　中央精版印刷
DTP　マーリンクレイン

ISBN978－4－532－35848－8